5824
1456
7280
48
7328

7328
1832
9160
86
9246

9246
23

~~[illegible]~~

7280
1820
9100
86
9186
9186
2294

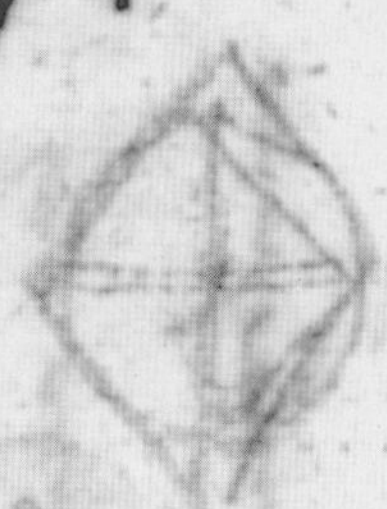

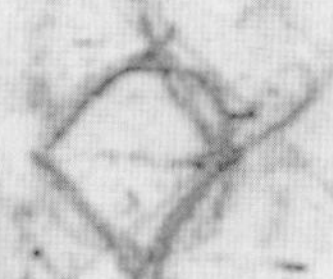

1504
1906
~~2414~~
5824

~~[illegible]~~

214

5824
1456
7280
1820
9100
2275
~~[illegible]~~

458 ~~[illegible]~~
114 [illegible]
572 = 14 [illegible]

1456
48
~~1504~~
2275
139
2414

7328
9186
11514

577
144 = 2
721

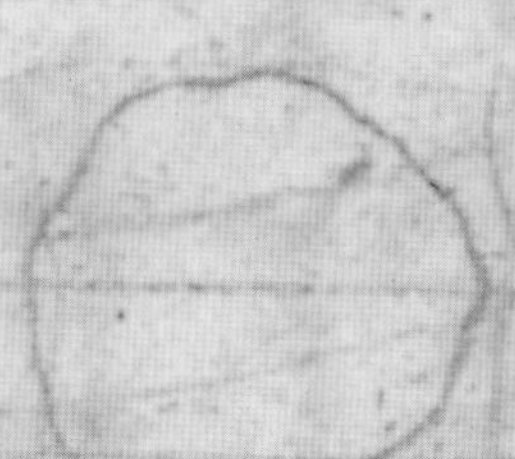

„Wie eintönig wäre der Schnee,
hätte Gott
nicht den Raben erschaffen" Jules Renard

Otto Krätz/
Helga Merlin

Casanova

Liebhaber der Wissenschaften

„Süß ist es, alles zu wissen"

Callwey

Manche Menschen sind groß –
weil sie es eben sind.
Andere
– vielleicht nicht minder bedeutend –
sind es,
weil sie uneigennützig noch größeren
die Entfaltung ihrer wahren Größe
erst ermöglichen.

Dem Andenken
Seiner Erlaucht
Joseph Carl Emmanuel
Graf von Waldstein, Herr auf Dux,
Oberleutensdorf und anderen Ortschaften
1755–1814,
der Giacomo Casanova half,
während der letzten dreizehn Jahre seines
Lebens
in der ländlichen Abgeschiedenheit Böhmens
die zur Abfassung unsterblicher Werke
erforderliche innere Ruhe zu finden.

Doch wie schrieb einst Casanova:
»... was sind schon Widmungen?
Sie mißfallen mir noch mehr als Leichenreden,
denn diese haben wenigstens den Vorzug
den Betroffenen nicht zu langweilen ...«
Bei posthumen Zueignungen spielt dieser
Gesichtspunkt jedoch
keine Rolle mehr.
Doch weiß man's?

zu S. 2

Das Flair des galanten Zeitalters hat der Maler Canaletto bei diesem Paar meisterlich eingefangen. Ausschnitt aus dem Gemälde »Il Bacino di San Marco«, National Museum of Wales, Cardiff.

Anmerkung zu den Zitaten: Ist unter dem Text nur die Bandnummer aufgeführt, beziehen sich die Textstellen immer auf die Memoiren.

Die Deutsche Bibliothek – CIP-Einheitsaufnahme
Casanova : Liebhaber der Wissenschaften / Otto Krätz; Helga Merlin. – München : Callwey, 1995
ISBN 3-7667-1119-9
NE: Krätz, Otto; Merlin, Helga

Umschlaggestaltung Bernd Wegener, Remshalden, unter Verwendung der Abbildungen der Seiten 59, 75, 78, 84, 96, 162. Abbildung auf der Vorderseite des Schutzumschlages rechts oben: »Der Dogenpalast und der Markusplatz«, Gemälde von Antonio Canal (Canaletto). Florenz, Galleria degli Uffizi; Rückseite links oben: Dechiffrierscheibe Casanovas.
Abbildung auf Vor- und Nachsatz wie auch Seite 171: Berechnungen und Zeichnung Casanovas zur Verdoppelung des Würfels.
Lithos Fotolito Longo, Bozen
Satz Filmsatz Schröter GmbH, München
Druck Kastner & Callwey, Forstinning
Buchbinder Conzella, Aschheim
Printed in Germany
ISBN 3-7667-1119-9

Inhalt

Alljährlich an Christi Himmelfahrt fuhr der Doge auf seinem Prunkschiff mit großem Geleit durch das Hafenbecken von San Marco nach San Niccolò am Lido, um dort die symbolische Vermählung mit dem Meer zu feiern. Dies war nur eines der prunkvollen Feste in Casanovas Geburtsstadt, die er so sehr liebte und die ihn in seinem weltmännischen Auftreten, seiner Liebe zur Prachtentfaltung, aber auch seiner unersättlichen Neugier so sehr prägte. Canaletto, »Die Rückkehr des Bucentaurus«. Sammlung Aldo Crespi, Mailand.

»... das Leben – mag es glücklich, mag es unglücklich sein – ist das einzige Gut, das der Mensch besitzt, und wer das Leben nicht liebt, ist des Lebens nicht würdig ...«

Einführung

Giacomo Girolamo Casanova (echter bürgerlicher Name), »Chevalier de Seingalt« (Adel von eigenen Gnaden), Doktor beider Rechte, Ritter vom Goldenen Sporn und päpstlicher »Protonotar extra urbem« (alles wirklich und wahrhaftig) – geboren am 2. April 1725, gestorben am 4. Juni 1798 –, gelang es, in Tausenden von gedruckten und ungedruckten Seiten seine Persönlichkeit zu einem die Jahrhunderte überdauernden Begriff zu stilisieren – und sie gleichzeitig so zu verbergen, daß von seinem wahren Wesen kaum etwas zu erkennen ist.

Wie er selbst es vorausgesehen, gefürchtet und dennoch erhofft hatte, wurde sein letztes Buch, die Memoiren, zu einem Werk der Weltliteratur. Frühere Schöpfungen sind dagegen weitgehend in den Schatten des Vergessens geraten.

Die scheinbar fröhliche Selbstcharakterisierung in seinen Lebenserinnerungen prägt das geläufige Casanova-Bild:

»... Der Kultus der Sinneslust war mir immer die Hauptsache: niemals hat es für mich etwas Wichtigeres gegeben. Ich fühlte mich immer für das andere Geschlecht geboren; daher habe ich es immer geliebt und mich von ihm lieben lassen, soviel ich nur konnte. Auch die Freuden der Tafel habe ich leidenschaftlich geliebt ...« [1] So glauben wir ihn typisch. Auch daß er ein schöner, zumindest sehr beeindruckender Mann war, ist eine vertraute Vorstellung. Für einen Menschen des 18. Jahrhunderts wirkte er mit seiner Körpergröße von fast einem Meter neunzig recht imposant. Beeindruckende Gesichtszüge, sein natürliches, »schönes Haar«, braun und voll, und seine »dreißig Zähne, und schwerlich konnte man schönere als sie sehen ...« [2] rundeten das Bild eines vitalen, mit nahezu unverwüstlicher Gesundheit gesegneten Mannes ab, dem erstaunliche Kräfte in der Liebe, aber auch im Kampf zu eigen waren. Sein langer Arm und seine Gewandtheit ließen ihn zu einem gefürchteten Fechter werden. Die Zeitgenossen und er selbst haben festgehalten, wie eitel er war:

»... Noch heute erinnere ich mich gern des angenehmen Eindrucks, den ich auf mich selber machte, als ich mich in einem schönen Spiegel bewundern konnte. Ich war von mir entzückt ...« [3]

Doch hinter dem strahlenden Spiegelbild verbarg sich ein doch wohl eher ängstlicher Mensch. Es lassen sich in seinen Memoiren, wenn auch selten, durchaus widersprüchliche Selbstschilderungen finden. So schreibt er einmal über seine Jugendzeit: »... damals hatte ich nicht das geringste Selbstvertrauen, obwohl ich von meiner Person einen guten Begriff hatte ...« [4]

Doch auch später – und nun nicht mehr jugendlichen Inferioritätsgefühlen zuzuschreiben – verrät er, daß sein Selbstbewußtsein geradezu konträr zu seiner Selbstdarstellung war: »... Wenn in der glänzendsten Gesellschaft eine einzige Person ist, die mich auffällig mustert, so verliere ich die Selbstbeherrschung. Ich werde verdrießlich, weiß nicht mehr, was ich sagen soll, und stehe wie ein Einfaltspinsel da. Dies ist ein Fehler, aber ich kann nichts dafür ...« [5]

Nach dieser nicht anzuzweifelnden Selbstaussage muß sein Leben doch wohl ein steter Kampf um Aufmerksamkeit und Anerkennung gewesen sein. Er wußte schließlich sehr früh, was es bedeutete, sich in Szene zu setzen und Anerkennung zu ernten: Seine Eltern waren Schauspieler, seine Mutter, »schön wie der Tag« [6], war in Anbetracht ihrer Engagements in Warschau, St. Petersburg und Dresden recht erfolgreich. Zwei seiner Brüder wurden übrigens noch heute bekannte Maler. Francesco, genannt »Cecco« (1727–1802), erntete Ruhm als Schlachtenmaler, Bildhauer und Zeichner. Giovanni Battista, genannt »Zanetto« (1730–1795), brachte es zum Direktor der Akademie der schönen Künste in Dresden – insgesamt eine honorige, wenngleich nicht immer seriöse Familie. Giovanni beispielsweise leistete sich eigenartige Scherze, wenn er dem Begründer der klassischen Archäologie, Johann Joachim Winckelmann (1717–1768), eigene Gemälde als Werke der klassischen Antike unterschob. Zumindest dieser Bruder – Schüler und Freund von Anton Raphael Mengs (1728–1779) – muß Giacomo recht ähnlich gewesen sein, wie seine Verurteilung in Abwesenheit zu einer zehnjährigen Galeerenstrafe wegen Wechselfälschung vermuten läßt. Die Herkunft der Familie war rein bürgerlich – einer der Großväter war Schuhmacher gewesen –, doch Giacomos Jugend war von einer gewissen Wohlhabenheit gekennzeichnet: »... ich kannte nur das Haus, in dem ich geboren und aufgewachsen war und worin Sauberkeit und ein anständiger Überfluß herrschten ...«[7]

Zur inneren Unsicherheit kam noch ein weiteres Hemmnis. In der Rückschau wußte er sehr deutlich: »... daß ich nicht Verstand genug für meinen Charakter und nicht Charakter genug für meinen Verstand besaß ...«[8] Kürzer läßt sich die innere Gefährdung Casanovas nicht formulieren. Doch gab es eine Triebkraft, die schon sehr früh dominierend wurde: »... außerdem ward ich von dem Wunsch getrieben, mir bei den zivilisierten und gebildeten Nationen entweder in den schönen Künsten oder in der Literatur oder in einer anderen ehrenvollen Laufbahn Ruhm zu erwerben ...«[9]

Die Definition von »Ehre« sei dahingestellt, auch die Erörterung, wie »ehrenvoll« oder nicht Casanovas »Laufbahn« war, es sollte tatsächlich die Literatur sein, die ihn schließlich unsterblich werden ließ. An Gestaltungsmaterial sollte es ihm dabei nie fehlen: »... mein Leben ist mein Stoff, und mein Stoff ist mein Leben ...«[10] Sein Wissensdurst war stets der Antrieb seines Handelns: »... Ich habe mich für alles begeistert, was meine Neugier erregte ...«[11] Neben Frauen und gesellschaftlichen Verhältnissen waren es auch und gerade die Naturwissenschaften und verwandte Wissensgebiete wie Alchemie, Medizin und Mathematik, die seine Neugier wecken und auf seinen Lebensweg einwirken sollten.

Zu schreiben muß er früh begonnen haben; schon der sehr junge Casanova dichtete Oden auf gesellschaftliche Ereignisse und scheint bereits damals Manuskripte in Mengen verfaßt zu haben. Mehrfach ist überliefert, daß Tische, an denen er schrieb, von Papier überquollen. Seine eigenen Werke verraten eine nachgerade phantastische Belesenheit in so gut wie allen Bereichen der Literatur. Auf seinen zahlreichen Reisen führte er stets eine beachtliche Bibliothek mit sich. So erwähnt er, daß er bei einer päpstlichen Zollvisitation dreißig verbotene Bücher hinterlegen mußte. Da anzunehmen ist, daß er in etwa mindestens die gleiche Menge an unverdächtigen Werken bei sich gehabt haben konnte, dürfte seine Reisebibliothek wohl zwischen sechzig und hundert Bänden umfaßt haben.

Die Kunst der Verführung und erlesene Tafelfreuden vereinte Casanova zu einem exquisiten Gesamtkunstwerk der Sinnesfreude. Zeit seines Lebens legte er auf kulinarische Genüsse großen Wert. Moreau le Jeune, »Galantes Souper«.

So unruhig sein Lebenslauf auch werden sollte, zu einem ganz frühen Zeitpunkt muß er ein gut abgesichertes Aufbewahrungssystem entwickelt haben, indem er bei Menschen seines Vertrauens Tagebuchaufzeichnungen, Manuskripte und Bücher deponierte: »... Ich hinterließ bei Signora Manzoni alle meine Papiere und verbotenen Bücher ...«[12]. Die Nachfolgerinnen der Signora Elisabetta Manzoni (geb. 1732) im Laufe der folgenden Jahrzehnte verrät er leider nicht und auch nicht, wie er später wieder an seine vielen »Hinterlassenschaften« kam. Alles verdichtet sich zum Bild eines Menschen, der lebte, um zu lesen, und der las, um zu schreiben. Er lebte mit äußerster Intensität, las mit gebanntester Aufmerksamkeit und schrieb mit fröhlichem Fanatismus Tausende von Seiten. Ganz im Kontrast zu seinem selbstgeschaffenen, eher zweifelhaften Nachruhm hinterließ er eine Fülle äußerst beachtenswerter Arbeiten: neben dickleibigen historischen Werken – darunter eine dreibändige Geschichte Polens, die seine Zeitgenossen besonders beeindruckte – zahlreiche Dichtungen, auch lateinische Sonette auf Jesus Christus. We-

Casanova verkehrte nicht nur in den Kreisen der guten Gesellschaft, sondern auch in Schenken, Kneipen und Bordellen. Eine routinierte Dienerin der Venus zeigt dieses Detail aus William Hogarths »Der Lebenslauf eines Wüstlings. III. Szene in einer Schenke«.

nige zahlende Käufer fand seine Übersetzung der Ilias ins Venezianische, auch sein großer utopischer Roman »Eduard und Elisabeth« war kein buchhändlerischer Erfolg; doch seine Bearbeitungen und Übersetzungen fremder Bühnenstücke, so von Voltaire, waren zu ihrer Zeit nicht ohne Bedeutung. Die literarische Sensation seiner Memoiren erahnte er nur, ihr Erscheinen hat er nicht mehr erlebt. Daß rund zweihundert Jahre nach seinem Hinscheiden im abgelegenen böhmischen Exil in Dux ein über weite Strecken unediertes Manuskript über den »Selbstmord und die Philosophen«[13] im Druck erschien, unterstreicht die herausragende Bedeutung dieses Verfassers.

In all seinen Werken, aber in besonders hohem Maße in den Memoiren, erweist sich Casanova als ein äußerst scharfer Beobachter seiner Epoche und seiner selbst. Für unsere Zeit mit ihrer Wissenssplitterung in ein extrem segmentiertes »Fachidiotentum« erscheint ein Dilettant, dessen breites Wissensspektrum den höchsten Ansprüchen seiner Zeitgenossen genügte, fast unglaublich. Man müßte wohl lange suchen, um in unserer Zeit einen Menschen von Casanovas Bildungsstand zu finden. Er war nach heutigen Kriterien zwar kein Wissenschaftler, doch umfaßte im 18. Jahrhundert die geistige Kultur eines wirklich gebildeten Menschen eben tatsächlich auch weite wissenschaftliche Bereiche. Und »Wissenschaft« ist entgegen der Behauptung vieler moderner Theoretiker eben kein scharf definierter Begriff. Erst im nachhinein lehrt die Geschichte, was in einer bestimmten Epoche nun Wissenschaft war oder vielleicht gewesen wäre. Daß heute eine Reihe »wissenschaftlicher« Thesen früherer Zeiten als blanker Unsinn erscheint, sagt nichts über deren Wert zur Zeit ihrer Aktualität aus. Kommende Jahrhunderte werden mit entsprechenden Theorien unserer Zeit nicht glimpflicher verfahren – es sei hier nur an das geradezu atemberaubende Tempo im Wechsel widersprüchlicher soziologischer, politologischer, pädagogischer und psychologischer Theorien während der letzten Jahrzehnte erinnert.

All dies muß in Bezug gesetzt werden, wenn nun im folgenden immer wieder auch so obskure »Wissenschaften« wie Kabbala und Alchemie und der bedenkliche Gebrauch, den Casanova von ihnen machte, eine große Rolle spielen. Wir vergessen offensichtlich auch gern, daß nicht wenige Denkansätze beispielsweise des großen Sir Isaac Newton (1643–1727), die heute in Lehrbüchern hübsch rational dargeboten werden, aus krausen kabbalistischen Gedankengängen erwuchsen. Unter Germanisten ist es übrigens auch nicht übertrieben populär, sich der Tatsache zu entsinnen, daß Johann Wolfgang von Goethe (1749–1832) – großer Dichter und naturwissenschaftlicher Organisator der Universität Jena in einer geistesgeschichtlich äußerst spannenden Epoche – in seiner Jugend und fast zeitgleich zu ähnlichen Erlebnissen Casanovas praktizierender Alchemist war. Bei aller Unvergleichbarkeit der Intentionen wird der aufmerksame Leser doch manche Parallele finden. Betrug mit und in der Wissenschaft ist auch in unserer Zeit ein spannendes Thema. Um einen Bestseller-Romantitel von Carl Djerassi zu variieren: Es wird noch mancher »Cantor« heute und in Zukunft sein »Dilemma« finden oder anderen bereiten.

Im Vergleich mit anderen Autobiographien des 18. Jahrhunderts, beispielsweise den weinerlichen Betrachtungen eines Jean-Jacques Rousseau (1712–1778), ist Casanovas Standpunkt erstaunlich objektiv.

»... Meine Berufung war das Studium und die Ausübung der Heilkunst ...
Aber es wurde nicht auf mich gehört ...«

Magische und naturwissenschaftliche Einflüsse auf Casanovas Jugend

Der sonderbar scheinende Zusammenhang von krisenhaft schwächlicher Konstitution in der Kindheit und daraus später oft kontrastreich erwachsender Lebenskraft – als hätte die Lektion der Gefährdung und des Widerstandes die Lebensgeister besonders mobilisiert – ist auch in der Kindheitsgeschichte des später so vitalen Giacomo Casanova zu finden. Er war ein äußerst schwächliches und kränkliches Kind und sein Entwicklungsstand offensichtlich sehr verzögert: »Das Organ des Gedächtnisses entwickelte sich bei mir Anfang August 1733; ich war also damals acht Jahre und vier Monate alt. Ich habe nicht die geringste Erinnerung an Ereignisse, die vor dieser Zeit liegen ...« [1]

Die erste Begebenheit seines Lebens, an die er sich später erinnern sollte, war ein gewaltiges und sozusagen immerwährendes Nasenbluten. Die besorgte Großmutter Marzia Farussi (?–1743), der gute Geist von Casanovas Jugend, brachte ihren schwächlichen Enkel heimlich, denn die Inquisition durfte davon nichts erfahren, in einer Gondel zu einer alten »Hexe« oder »Fee« auf Murano. Diese trieb allerlei Hokuspokus. Das Nasenbluten wurde seltener und hörte nach einiger Zeit ganz auf: »... die Blutungen wurden von Tag zu Tag geringer, und allmählich entwickelte sich mein Gedächtnis. In weniger als einem Monat lernte ich lesen ...« [2] Jahrzehnte später äußert sich Casanova in seinen Memoiren eher skeptisch über das Wirken der Fee: »... Ohne Zweifel wäre es lächerlich, meine Heilung diesem tollen Zauber zuzuschreiben; ich glaube aber auch, daß man unrecht hätte, wollte man rundweg leugnen, daß er vielleicht viel dazu beigetragen hat ...« [3]

Es lohnt sich dennoch, die Szene mit dem Heilungszauber der Fee auf Murano aufmerksam zu lesen, denn unschwer läßt sich erkennen, daß dieses Ereignis für Casanova später ein Modell abgeben sollte, wenn es galt, selbst wunderbare Ereignisse zu inszenieren und anderen das Wirken geheimnisvoller Kräfte vorzugaukeln.

Schon früh muß Giacomo mit Physik in Berührung gekommen sein. Mehr an der psychologischen Darstellung seines Lebenslaufes interessiert, schildert er in seinen Memoiren eher nur im Vorübergehen die Art und Weise, wie er sich nach und nach positive Kenntnisse aneignete. Daß sein Vater Physik und insbesondere Optik getrieben hatte, erfährt man beinahe zufällig, weil Casanova weit eher daran liegt, die frühe Gefährdung seines Charakters begreiflich zu machen: Der Vater besaß einen großen, in Facetten geschliffenen Kristall; blickte man hindurch, sah man alle Gegenstände vervielfältigt. Giacomo trachtete danach, sich dieses Wundergebilde anzueignen und ließ es daher verschwinden. Der Vater bemerkte den Diebstahl. Um der fälligen Bestrafung zu entgehen, steckte Giacomo diesen Kristall heimlich in die Jackentasche seines kleineren Bruders. Dort wurde er gefunden – und prompt erhielt der Falsche eine Tracht Prügel.

Sechs Wochen nach diesem Vorfall bekam Casanovas Vater eine Mittelohrvereiterung und starb nach nur einwöchiger Krankheit am 18. Dezember 1733. »... In sein Grab folgte ihm das Bedauern des Publikums, besonders des Adels, der in ihm einen Mann achtete, der sich durch seine Lebensführung wie durch seine Kenntnisse in der Mechanik über seinen Stand erhob ...« [4]

Diese spätere Beschreibung des Mimen Gaetano Casanova aus der Feder seines Sohnes wirkt aus heutiger Sicht erstaunlich, doch zu jener Zeit war es nichts Ungewöhnliches, daß sich ein intelligenter Schauspieler, insbesondere wenn er auch Regieaufgaben wahrnahm, mit Optik und Mechanik auseinandersetzte. Mitte des 18. Jahr-

Blickt man durch eine in mehreren Facetten geschliffene Glaslinse, so kann man ein Objekt gleichzeitig mehrfach betrachten – im 18. Jh. ein sehr geschätzter optischer Trick, den Casanovas Vater Gaetano Giuseppe (1697–1733) seinen Söhnen vorführte.

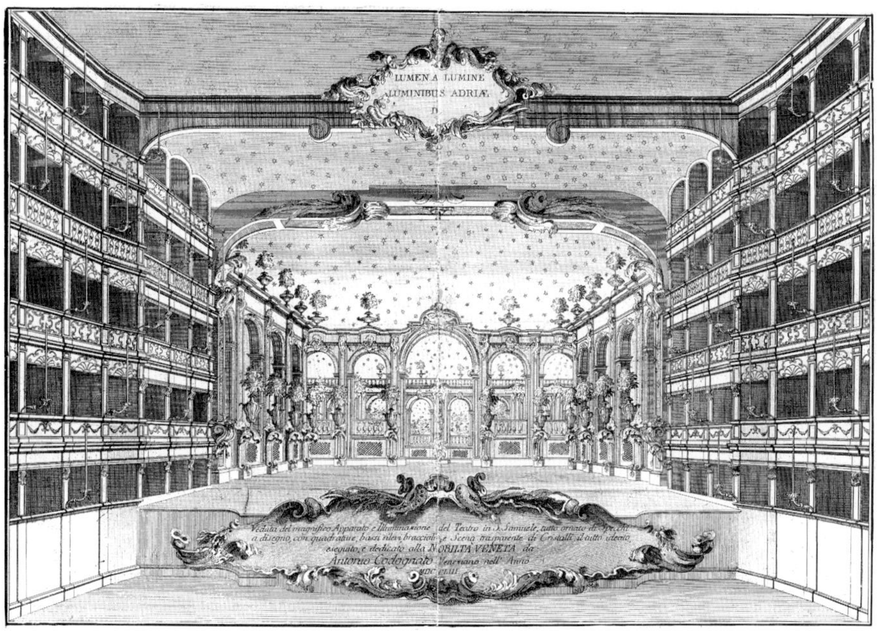

In Venedig benannte man Theater nach den Pfarreien, in denen sie gelegen waren. Auf der Bühne des »San Samuele« im Besitz der Grimani waren sowohl Casanovas Mutter, »la Buranella«, als auch sein Vater aufgetreten. 1746 spielte Casanova hier die Geige.

hunderts war die große Zeit des Maschinentheaters; eine Vielzahl von optischen und mechanischen Zaubertricks gehörte zur Spielhandlung. Die Kerzen der Lüster im Zuschauerraum brannten auch während der Aufführung, so daß dieser nie ganz dunkel wurde. Die Bühne war auch nur recht ärmlich ausgeleuchtet. Öllampen oder Kerzen standen in Reihe am Rand der Rampe und hellten die Gesichter der Schauspieler von unten her nur spärlich auf. Diese trübe Bühnenbeleuchtung gestattete es andererseits, mit eher primitiv gemalten Kulissen auszukommen; einfache optische und mechanische Tricks waren so auch relativ leicht zu verschleiern. Daß auf einer solchen Bühne pyrotechnische Effekte besonders gut wirkten, ist leicht einzusehen.

So erklären sich also »die Kenntnisse in der Mechanik« des Mimen Gaetano Casanova aus dem Theaterbetrieb selbst.

Auch nach dem Tod des Vaters war Giacomo noch ein äußerst kränkliches Kind: »...Ich war sehr schwach, hatte keinen Appetit, war zu keiner Anstrengung fähig und sah aus wie ein Blödsinniger.«[5] Sein Gesundheitszustand wurde so bedrohlich, daß ein Freund des verstorbenen Vaters, der venezianische

Oben: Fahrapparat zum Auf- und Niederschweben himmlischer Boten.
Mitte und unten: Winden für das Aufziehen und Niederlassen des Vorhangs.

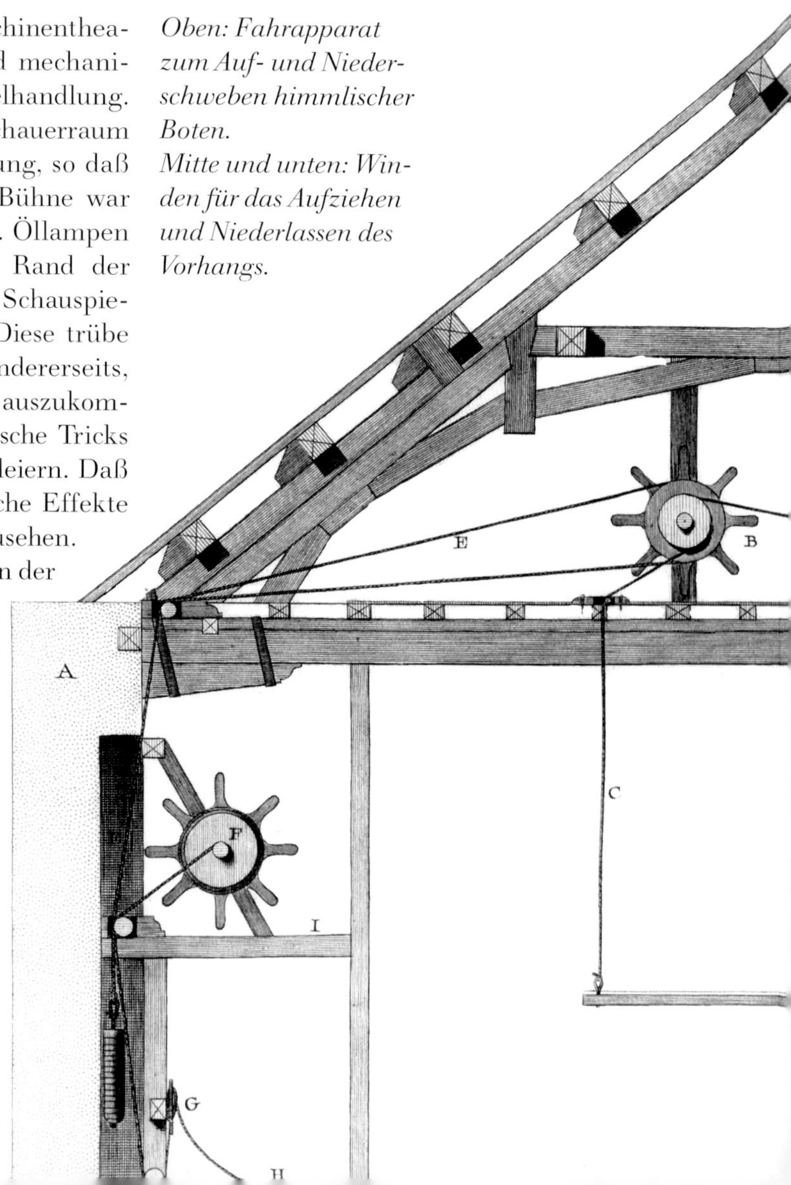

Dichter Giorgio Baffo (1694–1768), ein großer Meister einer äußerst leichten Muse, eine medizinische Koriphäe ersten Ranges konsultierte, Alexander Knipps-Macop (1662–1748), Professor der Medizin in Padua. Der berühmte Arzt empfahl Luftveränderung und Baffo drängte, diesen Rat auch in die Tat umzusetzen: »... Dieser Signor Baffo, ein erhabener Geist und ein Poet, der sich nur in Gedichten der schlüpfrigsten Art versuchte, in dieser aber groß und einzig war – Baffo also veranlaßte, daß meine Familie sich entschloß, mich nach Padua in Pension zu geben; folglich verdanke ich ihm mein Leben ...«[6] Es ist vielleicht nicht allzu gewagt, in dem erotischen Dichter Baffo den Inspirator zu Casanovas späterem literarischen Werk zu sehen.

Da Casanova die Herkunft seiner naturwissenschaftlichen Kenntnisse stets verschleiert, muß man sich aufmerksamst auf Spurensuche begeben. So gewinnt das folgende Zitat besonderes Gewicht: »... Sobald der Orakelspruch des Professors Macop als zutreffend erachtet war, übernahm es der Abbate Grimani, mit Hilfe eines in Padua wohnenden, ihm bekannten Chemikers für mich eine gute Pension zu finden. Er hieß Ottaviani und war zugleich auch Antiquar ...«[7]

Über Carlo Ottaviani ist leider so gut wie nichts überliefert. Da sich aber der alte Casanova in seinen Memoiren noch an diese eher befremdliche Berufskombination von Chemiker und Antiquar erinnert, ist anzunehmen, daß es Ottaviani war, der in dem nun bald sich intellektuell entwickelnden Giacomo ein tieferes Interesse für Chemie, Alchemie und alte alchemistische Literatur weckte.

Während der Fahrt auf einem getreidelten Schiff, dem »Burchiello«, auf dem Brenta-Kanal nach Padua kamen dem Kind Giacomo zum Entsetzen seiner frommen Familie erstmals Zweifel am ptolemäischen Weltsystem, denn das scheinbar stillstehende Schiff ließ die Bäume am Ufer vorüberziehen, obwohl es sich natürlich umgekehrt verhielt: Das Schiff fuhr, die Bäume standen. Der Umkehrschluß ließ sich auch auf die Erde beziehen: Die Sonne steht, es ist die Erde, die sich bewegt – eine Ansicht, die freilich im Kontrast zur damals herrschenden katholischen Kirchenlehre stand.

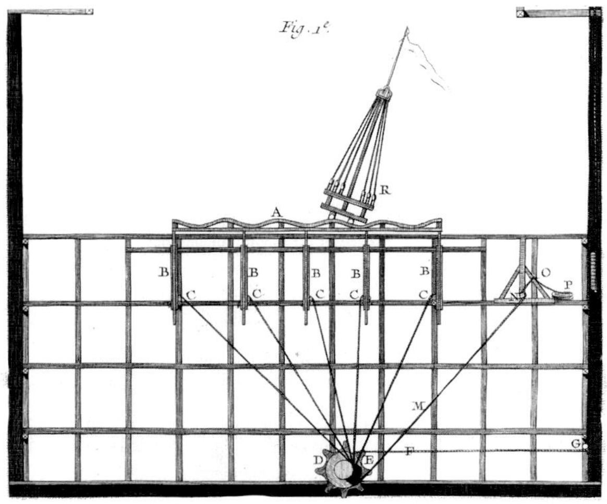

Links: Wellenmaschine aus Diderots Enzyklopädie.
Mitte: »Das berstende Grab«, ein spektakulärer Theatertrick, aus Diderots Werk.
Unten links: Jean Bérain, Phaetons Sonnenwagen.

Das 18. Jh. war die große Epoche des »Maschinentheaters«. Für eine gute Bühne war es selbstverständlich, durch die Luft fliegende Götter und Genien, fliehende Wolken, wogendes Meer, schlingernde Schiffe, berstende Gebäude, Vulkanausbrüche und Brände mit einer Vielzahl mechanischer und pyrotechnischer Tricks möglichst naturgetreu »aufzuführen«. Ein aufgewecktes Kind einer Schauspielerfamilie konnte so durch das Bühnengeschehen mancherlei mechanische und chemische Kenntnisse erwerben. Die Mechanisierung der Unterhaltungsindustrie war damals schon weit fortgeschritten.

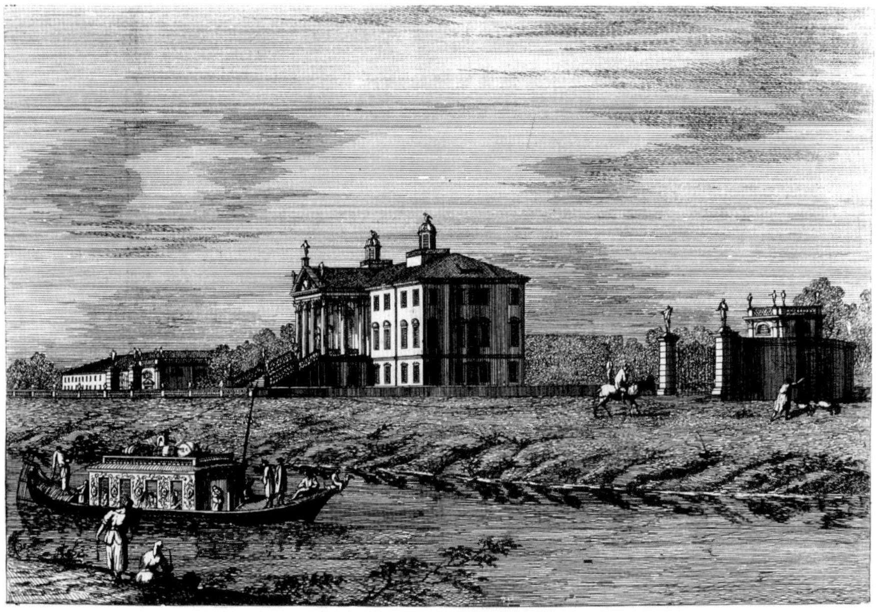

Giacomo hat oft als Schüler und Student die Strecke zwischen Venedig und Padua im »Burchiello« zurückgelegt, einem im Brenta-Kanal mit Pferden getreidelten Schiff, das in der Lagune von Venedig gesegelt oder gerudert wurde.

In Padua wurde Giacomo von dem Abbate Antonio Maria Gozzi (1709–1783), Doktor beider Rechte und späterer Pfarrer in Cantarara und Erzpriester in Valle San Giorgio, betreut: »... Er war ein schöner Priester von sechsundzwanzig Jahren, rundlich, bescheiden, von ehrerbietigem Wesen... Er liebte ein gutes Bett, seinen Schoppen Wein und Fröhlichkeit im Familienkreise...«[8] Dr. Gozzi muß beachtliche erzieherische Fähigkeiten gehabt haben, denn er war in der Lage, Giacomos erwachenden Widerspruchsgeist zu ertragen, der dem würdigen Geistlichen begreiflich zu machen suchte, daß »die fleischliche Sünde... nur die allerkleinste sein könne...«[9] Zwar war sein naturwissenschaftlicher Unterricht ziemlich altmodisch – »... Der gute Doktor, der ganz und gar kein Philosoph war, ließ mich die Logik der Peripathetiker und die Kosmographie des alten Ptolemäischen Systems lernen, über das ich mich beständig lustig machte...«[10], doch, und dies ist recht hoch zu bewerten, gelang es Gozzi recht erfolgreich, gediegene Fundamente für die spätere umfassende Allgemeinbildung seines Schülers zu legen. »... Während dieser Zeit teilte er mir alles mit, was er wußte, und das war allerdings nicht viel, doch aber genügend, mich in alle Wissenschaften einzuführen. Er lehrte mich auch Violine spielen...«[11] Insbesondere jedoch erlernte Giacomo eine fast schon virtuos zu nennende Beherrschung des Latein und gute Kenntnisse des Griechischen. Im Hause Gozzis erlebte er auch sein erstes erotisches Abenteuer. »... Sie schleuderte... in mein Herz die ersten Funken einer Leidenschaft, die in der Folge meine herrschende wurde...«[12]

Die Postbarke, wie sie auch Casanova benützte. Auf seiner ersten Reise mit dem »Burchiello« kamen dem Kinde Giacomo erste Zweifel am ptolemäischen Weltsystem.

In jenen Zeiten genügte eine solche Ausbildung, um früh mit einem Studium an der Universität zu beginnen. Casanova verbrachte dann noch ein Jahr in Padua, um die Rechte zu studieren, doch seiner allmählich hervorbrechenden Veranlagung folgend, geriet er in den gefährlichen Strudel studentischen Lebens: »... Da ich nun die Freiheit, in deren Besitz ich mich glaubte, voll und ganz genießen wollte, so machte ich bald unter den berühmtesten Studenten die allerschlechtesten Bekanntschaften. Denn die berühmtesten müssen natürlich gerade die schlechten Subjekte sein: Wüstlinge, Spieler, Hurer, Trunkenbolde, Prasser, Verführer ehrbarer Mädchen, Raufbolde, Lügner – mit einem Wort: alles Menschen, die nicht imstande sind, auch nur das geringste Gefühl von Tugend zu hegen ...«[13] In dieser Gesellschaft ging es mit dem Studenten Casanova rasch bergab: »... Ich verkaufte oder versetzte alles, was ich hatte, und machte Schulden, die ich nicht bezahlen konnte ...«[14] Die liebevolle Großmutter half ihm zwar aus der Klemme, es schien ihr aber geraten, ihren unruhigen Enkel mehr unter ihre Fittiche zu nehmen. Am 1. Oktober 1739 holte sie ihn nach Venedig zurück. »... Beim Abschied schenkte mir der Doktor unter strömenden Tränen das Liebste, was er besaß: eine Reliquie von ich weiß nicht mehr welchem Heiligen. Ich würde sie vielleicht noch besitzen, wäre sie nicht in Gold gefaßt gewesen ...«[15]

Die Familie, offenbar noch immer blind für die Begabungen wie Gefährdungen Giacomos, sah für ihn weiterhin die klerikale Laufbahn vor. »... Meine Berufung war das Studium und die Ausübung der Heilkunst, denn zu diesem Beruf fühlte ich eine starke Hinneigung. Aber es wurde nicht auf mich gehört, man verlangte von mir, daß ich mich dem Studium der Gesetze widmete, gegen die ich innerlich eine unüberwindliche Abneigung hatte ...«[16] So wird das spätere medizinische und naturwissenschaftliche Interesse Casanovas leicht verständlich.

Man teilte ihn nun dem Pfarrer von San Samuele zu, in dessen Kirchsprengel der Palazzo der Grimanis und das dieser Familie gehörende Theater »San Samuele« lag, in welchem die Eltern Casanovas früher als Schauspieler aufgetreten waren.

In Padua drang Casanova nicht nur in die Geheimnisse der Wissenschaft ein, sondern entdeckte auch die Anziehungskraft des schönen Geschlechts. Bonnet, »Der zerbrochene Fächer«.

Der Patriarch von Venedig, Monsignore Antonio Francesco Correr (1676–1741), schnitt ihm die Tonsur und erteilte die vier niederen Weihen. Zur unaussprechlichen Freude der Großmutter – »... sie weinte vor Glück, ihr Enkelkind als Apostel zu sehen ...«[17] – war Giacomo Abbate geworden. Er sollte seine Studien fortsetzen: »... Signor Baffo wählte den Abbate Schiavo, um mich reines Italienisch schreiben zu lehren, besonders aber die Sprache der Poesie, für die ich eine ausgesprochene Vorliebe hatte ...«[18]

Durch einen glücklichen Zufall wurde Casanova Tischgenosse des Senators Alvise Gasparo Malipiero (1664–1745) und als Günstling dieses Aristokraten Mitglied in dessen literarisch-kulturellem Zirkel: »... Er sagte mir, in diesem Kreise würde ich viel größere Weisheit lernen als aus Gassendis Philosophie, die ich damals auf seinen Rat studierte, statt der aristotelischen, die er lächerlich fand ...«[19]

Tatsächlich basierte die von der katholischen Kirche noch zur Zeit Casanovas gepflegte Scholastik weitgehend auf den Werken des griechischen Philosophen Aristoteles (384–322 v. Chr.).

Die ausgeprägten medizinischen und chirurgischen Kenntnisse Casanovas und die häufige Behandlung medizinischer Themen in seinen Werken dürften ihren Ursprung in Anatomie-Vorlesungen der Universität Padua haben. Die äußerst steilen Galerien des »Anatomischen Theaters« aus dem 16. Jh. boten den Studenten beste Sicht in die geöffneten Leichen.

Petrus Gassendi (1592–1655), nacheinander Professor für Theologie in Avignon, der Philosophie in Aix-en-Provence und zuletzt der Mathematik am Collège de France in Paris, hatte gegen das mittelalterliche, aristotelisch-scholastische Weltbild polemisiert, aber auch die Lehren von René Descartes (1596–1650) angegriffen. Er bemühte sich um eine Renaissance der antiken Atomistik eines Demokrit (um 460–380 v. Chr.). Leider ist nicht bekannt, welche Werke Gassendis Casanova tatsächlich gelesen hat; vielleicht waren es die mathematischen Arbeiten dieses universalen Geistes, die seine sich später zeigende Neigung zur Mathematik wachriefen.

Venedigs Ghetto mit seinen zahlreichen Synagogen ist als »halb Festung, halb Pferch« beschrieben worden. Es spielte eine große Rolle im geistigen Leben der Stadt. Schon früh gab es christlich-jüdische Druckereien, die eine Fülle talmudistischer und kabbalistischer Literatur hervorbrachten. Innenraum der Canton-Synagoge, 1532.

Zur Zeit Casanovas gehörte Santa Maria della Salute den Somasker-Mönchen. Hier lehrte Pater G. Barbarigo (1723–1792) Physik.

Alles hätte in geordneten Bahnen weiter verlaufen können, doch allmählich machte sich Giacomos sinnenfreudiges Temperament bemerkbar. Stolz auf sein prachtvolles natürliches Haar, gefiel er sich zunächst darin, eine für einen jungen Geistlichen recht gewagte Haartracht zu zeigen – derart gewagt, daß er das Opfer eines handgreiflichen Anschlages des Pfarrers von San Samuele wurde, der dem schlafenden Casanova, offenbar mit stillschweigender Billigung durch dessen eigene Familie, einen guten Teil der Haare einfach abschnitt. Der tiefgekränkte Casanova fand Hilfe bei dem geschickten Friseur Malipieros, der dem Gezausten eine Frisur verpaßte, die noch gewagter war als die vorherige: »... denn jetzt verdiente ich wirklich die Exkommunikation für meine äußerst kokette Haartracht ...«[20]

Merkwürdigerweise war gerade dieser Zwischenfall der Anlaß für Casanovas kurze Rolle als Prediger. Da Malipiero nämlich auch Präsident der Bruderschaft vom Heiligen Sakrament war, konnte er – gewissermaßen als Rache am Pfarrer von San Samuele – erzwingen, daß Casanova im Alter von Fünfzehn eine recht heidnisch geratene Predigt in der Kirche zum Heiligen Sakrament halten durfte. »... In dem Beutel, in den man eine Gabe für den Prediger zu legen pflegt, fand der Sakristan, der ihn ausleerte, fünfzig Zechinen und eine Anzahl Liebesbriefe, woran die Frommen großes Ärgernis nahmen ...«[21]

Bei der nächsten Predigt fiel Casanova angetrunken in Ohnmacht, und seine Laufbahn als Prediger war für immer zu Ende. »... Dann reiste ich nach Padua, um mein drittes Examen zu machen. Um Mitternacht kam ich dort an und nahm Nachtquartier beim guten Doktor Gozzi; von meinem unglücklichen Erlebnis ihm etwas mitzuteilen, fühlte ich mich nicht versucht ...«[22]

Im Alter von erst sechzehn Jahren erwarb er nun in Padua den Grad eines »Doctor utroque iure«, verfolgte aber weiterhin das Studium der Theologie. Er besuchte das Seminar des Klosters Maria della Salute, das dem 1528 von Girolamo Aemiliani gegründeten Somasker-Orden gehörte, der seinen Namen nach dem Hauptkloster zu Somasca bei Bergamo trug und sich in der Hauptsache karitativen Aufgaben widmete. Zu dieser Zeit hatte Casanova bereits das Hauptuntersuchungs-

„... im Alter von sechzehn Jahren wurde ich Doktor. Mein Thema im Zivilrecht lautete: ›De testamentis‹ und im Kirchenrecht: ›Utrum hebrei possint construere novas synagogas‹. Meine Berufung war das Studium und die Ausübung der Heilkunst, denn zu diesem Beruf fühlte ich eine starke Hinneigung. Aber es wurde nicht auf mich gehört, man verlangte von mir, daß ich mich dem Studium der Gesetze widmete, gegen die ich innerlich eine unüberwindliche Abneigung hatte. Man behauptete, ich könnte mein Glück nur machen, wenn ich Advokat würde – und was noch schlimmer war: geistlicher Advokat. Wäre man vernünftig gewesen, so hätte man mich meiner Neigung folgen lassen, und ich wäre Arzt geworden, hätte also einen Beruf ergriffen, wo man mit Scharlatanerie noch mehr ausrichten kann als im Advokatenstande. Ich bin weder Advokat noch Arzt geworden, und anders konnte es auch nicht kommen. Freilich ist dies der Grund, warum ich niemals etwas von Advokaten wissen wollte, wenn ich Ansprüche vor Gericht zu vertreten hatte, und ebenso wenig je einen Arzt rief, wenn ich krank war. Das Rechtswesen richtet viele Familien zugrunde ... und durch Ärzte kommen viel mehr Menschen um, als durch ihre Hilfe gesund werden ...“

Band I, Seite 71 und 72

❞ Da ich nicht wußte, wohin ich meine Schritte lenken sollte, und keinen Heller in der Tasche hatte, ging ich in die Bibliothek von San Marco ... ❞
Band 1, Seite 154

❞ Zum Abendessen ging ich zu meinem Bruder Francesco, der bei einem Maler namens Guardi in Pension war; die Tyrannei bedrückte ihn wie mich ... ❞
Band 1, Seite 153

gebiet seiner lebenslangen Studien gefunden: die Erforschung des schönen Geschlechts. So ist es leicht erklärlich, daß er in seinen Memoiren nur so nebenbei mitteilt, daß er außer Liebeleien und Theologie noch anderes trieb: »... Ich verbrachte die Fastenzeit zum Teil mit meinen beiden Engeln, die mich immer mehr beglückten, zum Teil mit dem Studium der Experimentalphysik im Kloster S. Maria della Salute; abends besuchte ich die im Hause des Signor Malipiero sich ver-

Guardi, »Die Piazzetta San Marco in Venedig«, rechts die Biblioteca Marciana. Staatl. Museen Preuß. Kulturbesitz, Berlin. Guardi unterhielt ein Pensionat für Malschüler, das auch Francesco Casanova besuchte.

Zeichenkurse waren sehr begehrt, da sie Künstlern die Chance des sozialen Aufstiegs boten. Ch.-N. Cochin, »Die Zeichenschule«.

sammelnde Gesellschaft ...«[23] Sein Lehrer in Physik war der Somasker-Pater Girolamo Barbarigo (1723–1792), der später Professor für Philosophie und Physik in Padua werden sollte. Da sich Casanovas naturwissenschaftliche Interessen mehr in Richtung Chemie, weniger in Richtung Physik entfalten sollten, liegt der Gedanke nahe, daß »Physik« für ihn Naturwissenschaft schlechthin bedeutete. Ein Blick auf die recht interessante Publikationsliste Pater Barbarigos bestätigt diese Vermutung. Neben rein physikalischen Büchern verfertigte er eine überaus wichtige Übersetzung der Arbeiten über die Chemie der Gase des englischen Chemikers Joseph Priestley (1733–1804) ins Italienische.

In diese Zeit fallen die Bemühungen von Casanovas Mutter, ihrem Sohn ein geistliches Amt zu verschaffen, worüber mit allen unerwarteten Folgen im nächsten Kapitel die Rede sein wird.

Zunächst einmal geriet Casanova nun in eine Pechsträhne. Seine über alles geliebte Großmutter starb, und mit ihrem Tod verlor er seinen familiären Halt, den er dringend gebraucht hätte. Seine Mutter war als Schauspielerin meist abwesend und hatte einen der Brüder mitgenommen. Die Familie begann zu zerfallen.

Der Versuch Casanovas, dem Senator A. G. Malipiero (1664!!–1745) die arg junge Geliebte Ursula Maria Gardela (1730!!–1793/94) auszuspannen, endete mit Hieben und dem Hinauswurf aus dem Palazzo. Dreiecksverhältnisse wurden damals häufig thematisiert. Le Prince, »Der heimliche Liebhaber«. Bayer. Staatsgemäldesammlungen, München.

»... Schwindelei ist ein Laster, aber ehrenhafte List kann für Klugheit des Geistes gelten ...«

Die erste alchemistische Betrügerei

Alessandro Volta (1745–1827) entzündete in »Knallgaspistolen« (Fig. I und II) sowie Flaschen (Fig. V) Gasgemische mit einem elektrischen Funken. Diesen erzeugte er mit Hilfe eines »Elektrophors« (Fig. IV). In Fig. III wird das drucklose Umfüllen von Gasen durch Auslaufen von Sand gezeigt. Das 18. Jh. war die große Zeit der Gaschemie. Eine der neu entdeckten »Lüfte« war das explosive Sumpfgas, das, wie inzwischen bekannt, meist aus Methan besteht. Damals glaubte man, daß es bei der Entstehung von Irrlichtern eine Rolle spielen könnte.

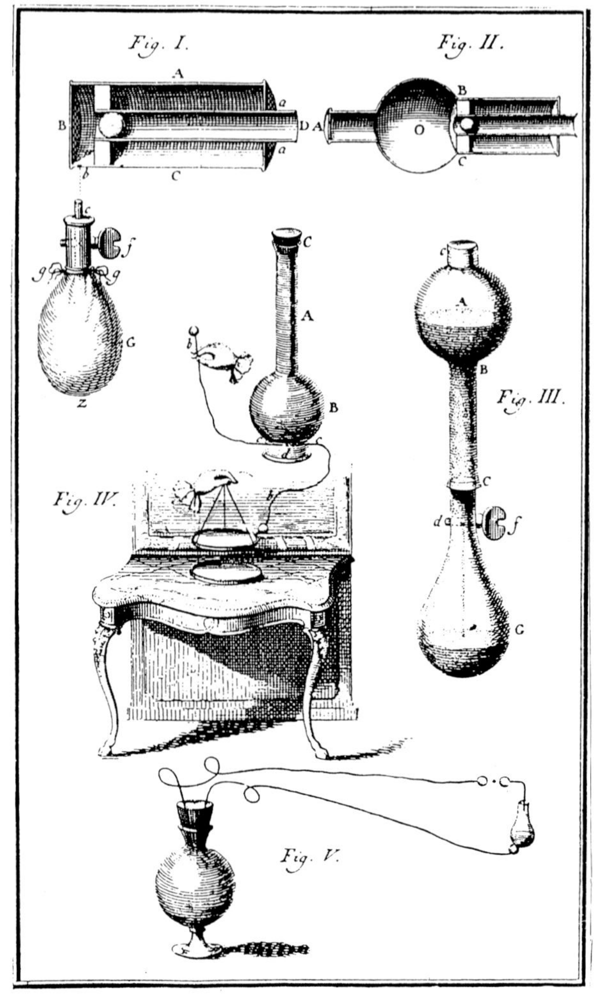

Wahrscheinlich waren schon zu jener Zeit, als sich des Menschen Sippschaft bis zu den Verzweigungen mehrgradiger Vettern ausgedehnt und zu größeren sozialen Verbänden zusammengerauft hatte, gute Beziehungen eine wesentliche Voraussetzung für einen erfolgreichen Lebensweg – je komplexer die Gesellschaften, desto wesentlicher florierte dieses Beziehungsmuster. Das war im 18. Jahrhundert nicht anders, als man es heute kennt. Allerdings waren damals auch geistliche Ämter noch so attraktiv, daß ihre Vergabe zuweilen unter – gelinde gesagt – eigenartigen Umständen geschah.
Auch Casanovas Mutter Giovanna Maria, »Zanetta« (1708–1776), die inzwischen als erfolgreiche Schauspielerin in Warschau lebte und sich – durchaus zu Recht – um ihren Sohn Giacomo sorgte, mußte auf winkelzügige Beziehungshilfe sinnen. Denn »la Buranella«, wie sie nach ihrer Herkunft von ihren Bewunderern im Theater auch genannt wurde, sah sich zu arm, dem jungen Abbate eine Pfründe zu kaufen. Sie hatte einen Minimenmönch kennengelernt, dessen intellektuelle Begabungen sie an ihren Sohn erinnerten. Dieser Pater aus dem Orden der »mindersten Brüder«, einem Seitenzweig der Franziskaner mit besonders strenger Ordensregel, legte ihr eine Art Tauschhandel nahe: Da es der Buranella gelungen war, zur Königin von Polen eine engere Beziehung aufzubauen, konnte man schließlich die verwandtschaftlichen Bande zum Thron von Neapel nutzen, wo deren Tochter ihrerseits Königin war. Also warf sich Casanovas Mutter »voller Gottvertrauen« der Königin von Polen zu Füßen, damit diese auf ihre Tochter einwirkte, den Minimenmönch in Kalabrien zum Bischof zu machen und ihm seitens der päpstlichen Kurie ein Bistum übertragen zu lassen. Tatsächlich ernannte der Papst Pater Bernardo de Bernardis (1699–1758) zum Bischof von Martirano. Als Gegenleistung versprach dieser nun dem jungen Abbate Casanova ein geistliches Amt an seiner Kathedrale. Daß diese merkwürdige Intrige von Erfolg gekrönt war, lag vermutlich nur daran, daß der Bischofssitz Martirano dermaßen ärmlich war, daß ihn in der Kurie niemand sonst begehrte.

„ Eine Stunde hinter Castelnuovo bemerkte ich in einer Entfernung von zehn Schritten zu meiner Rechten eine spannenhohe, pyramidenförmige Flamme, die etwa vier oder fünf Fuß über dem Erdboden schwebte. Diese Erscheinung fiel mir auf, denn sie schien mich zu begleiten. Ich wollte sie genauer untersuchen und suchte mich ihr zu nähern, aber sie wich mir aus und blieb immer in der gleichen Entfernung. Sie blieb stehen, sobald ich stillstand; wenn der Rand der Straße mit Bäumen eingefaßt war, verschwand die Flamme und ich sah sie nicht mehr; aber ich fand sie wieder, sobald der Wegrain wieder frei wurde... Das eigenartige Feuerzeichen verließ mich erst, als das Tageslicht die Schatten der Finsternis verscheuchte.
...Ich muß aufrichtig gestehen, daß trotz meiner physikalischen Kenntnisse der Anblick des kleinen Irrlichts mir doch recht eigentümliche Gedanken eingeflößt hat. Ich war so vorsichtig, keinem Menschen je davon zu sprechen. “

Band 1, Seite 210

Zunächst einmal geriet Casanova, der ja nun eine Versorgung in Aussicht hatte, außer Rand und Band, verscherbelte sorglos die bewegliche Habe seiner Familie und beging jene Reihe jugendlicher Torheiten, deren Erörterung im vorangegangenen Kapitel sicher Gefühle der Anteilnahme mit der Familie dieses ausufernd ungefügen Sohnes weckte. Im Sommer 1743 machte er sich dann schließlich auf den Weg nach Kalabrien. Die zahlreichen Abenteuer auf dieser teils zu Fuß, teils in gemieteten Wägelchen zurückgelegten Reise seien hier übergangen. Außer einem beunruhigenden Irrlicht, dem er auf vulkanischem Boden in der Nacht vom 31. August zum 1. September zwischen Castelnuovo und Rom begegnete, ereignete sich nichts naturwissenschaftlich Berichtenswertes.

Casanovas Verhältnisse waren außerordentlich ärmlich. Da er ohne Koffer reiste, verlangten mißtrauische Wirte die Bezahlung der Zeche im vorhinein. Der notorische Geldmangel brachte ihn in Neapel zu dem Entschluß, »... den Spaziergang zu Fuß zu machen und ganz frech um Essen und Nachtlager zu betteln ...«[1] Doch dieser Vorsatz wurde bereits in Portici gebrochen. »... Schon begann sich die Müdigkeit fühlbar zu machen; ich wollte es eigentlich nicht, aber meine Beine lenkten mich nach einem Gasthaus, wo ich ein Zimmer und Abendessen verlangte ...«[2] Da er seine Zeche nicht mehr hätte bezahlen können, nahm er sich daher lieber etwas Zeit: »... Am andern Morgen sage ich, nachdem ich mich angezogen habe, zum Wirt, ich würde zu Mittag speisen, und gehe aus, um mir das königliche Schloß anzusehen ...«[3] Vom touristischen Standpunkt betrachtet, war dies ein verständlicher Wunsch, denn dieses seither berühmte Bauwerk war nur fünf Jahre zuvor entstanden. Wie häufig in seinem Leben, hatte Casanova auch diesmal Glück. Am Eingang des Schlosses traf er einen Mann »... in orientalischer Tracht mit einnehmenden Gesichtszügen ...«[4], der sich anbot, ihn unentgeltlich zu führen. Dieser Grieche aus Zante gab sich als venezianischer Untertan und als Händler von Wein und Chemikalien zu erkennen: »... ›Ich habe Samos und Kephalonier. Ich habe auch ein Quantum Mineralien: Vitriol, Zinnober, Antimon und hundert Zentner Quecksilber‹ ...«[5] Sofort beschloß Casanova, Quecksilber zu kaufen. In seiner bedrängten Lage hatte er keinerlei Verwendung dafür, aber offenbar war ihm der Gedanke zu einer chemisch-alchemistischen Betrügerei gekommen. Er erzählt mit keiner Zeile, woher er diesen Trick kannte, doch der Vorfall selbst verrät, daß Casanova zu diesem Zeitpunkt bereits beträchtliche Kenntnisse der praktischen

Versuch, »der brennbaren Luft sumpfichter Wässer habhaft zu werden, ohne sich zu Beschmutzen«, Jan Ingenhousz, 1774.

»Es ist ganz natürlich und geschieht ohne jede Absicht einer Täuschung, wenn ein junger Mensch, der an Armut nicht gewöhnt ist und sich schämt, arm zu erscheinen, im Gespräch mit einem Reichen von seinem Vermögen, seinen Mitteln erzählt. Während wir uns unterhielten, fiel mir ein, daß das Quecksilber sich mit Blei und Wismut verbindet. Es nimmt durch die Mischung um ein Viertel zu. Ich sagte nichts davon, aber ich dachte, wenn der Grieche das Geheimnis nicht kennte, würde ich vielleicht Vorteil daraus ziehen können ... Ich mußte ihn also mit dem Wunder der Vermehrung überraschen, darüber lachen und ihn an mich herankommen lassen. Schwindelei ist ein Laster, aber ehrenhafte List kann für Klugheit des Geistes gelten. Freilich ist sie eine Tugend, die wie Spitzbüberei aussieht; aber darüber muß man sich hinwegsetzen, und wer sie im Fall der Not nicht mit Anstand anzuwenden weiß, der ist ein Dummkopf. Diese Klugheit heißt auf Griechisch ›kerdaleophron‹; ›kerdale‹ heißt Fuchs.«

Band 1, Seite 212

Chemie gehabt haben muß. Es war ihm bekannt, daß die drei Metalle Quecksilber, Wismut und Blei in einem bestimmten Verhältnis ein Amalgam bilden, das ebenso flüssig ist wie unvermischtes Quecksilber und diesem auch im Aussehen völlig gleicht. Die Sprache der modernen Chemie bezeichnet dies als ein Eutektikum. Bei Raumtemperatur läßt sich diese Legierung wie reines Quecksilber durch feines Leder pressen. Diese Kenntnisse genügten Casanova, um eine wunderbare Vermehrung des Quecksilbers in Szene zu setzen und er brachte den griechischen Händler dazu, ihm dieses »Geheimnis« auch abzukaufen: »... bat ich ihn um eine Flasche Quecksilber zum Marktpreis und trug sie in mein Zimmer... Ich ging ebenfalls aus und kaufte zweieinhalb Pfund Blei und ebensoviel Wismut; mehr hatte der Drogist nicht. Ich ging ins Wirtshaus zurück, ließ mir einige große Flaschen geben und nahm meine Mischung vor...«[6] Casanova und sein Opfer speisten dann in heiterer Laune gemeinsam zu Mittag. Der neugierige Grieche wollte wissen, wozu ein Reisender denn eine Flasche Quecksilber bräuchte. Casanova führte dann auf seinem Zimmer das vermehrte Quecksilber vor: »... Nach dem Essen kommt er mit mir und sieht sein Quecksilber auf zwei Flaschen verteilt. Ich verlange ein Gemsleder, seihe das Quecksilber durch und fülle die Flasche des Griechen. Er war ganz verblüfft, als er sah, daß ich noch eine viertel Flasche schönes Quecksilber übrig hatte... Über sein Erstaunen lache ich laut auf, rufe den Kellner und schicke ihn zum Drogisten, um das übriggebliebene Quecksilber zu verkaufen...«[7]

Der Kellner kam mit fünfzehn Karlinen zurück. Am Nachmittag gingen die beiden »... in Richtung nach dem Vesuv...«[8] spazieren, wo der Grieche vorschlug, mit den weiteren drei Flaschen Quecksilber zusätzliche fünfundvierzig Karlinen zu verdienen. Casanova behauptete nun, er habe die Vermehrung des Quecksilbers lediglich vorgenommen, um den Griechen mit

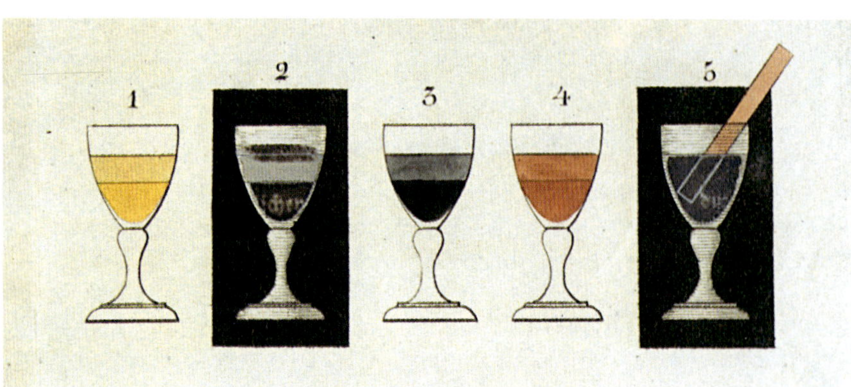

Chemische Reaktion des Quecksilbers, aus der Zeitschrift »Das Laboratorium«, 1820.

Auch der Engländer J. Priestley (1733–1804) untersuchte »Sumpfgas«, ein Gemisch von Methan und Phosphorwasserstoff, dessen gelegentliche Selbstentzündung die Erscheinung von »Irrlichtern« hervorruft. Ford Madox Brown, »John Dalton sammelt Sumpfgas«. Town Hall, Manchester.

einer angenehmen Überraschung zu ergötzen, wobei er diskret zu erkennen gab, daß er zusammen mit einem Onkel an einem Verfahren zur Vermehrung von Gold arbeiten würde.

Nachdem Casanova in Portici alles erforderliche Wismut schon aufgekauft hatte, fuhren die beiden nach Torre de Greco, um weiteres Ausgangsmaterial zu besorgen. Hier schloß Casanova mit dem Griechen einen Vertrag, in welchem dieser sich verpflichtete, ihm nach Erhalt des Geheimnisses zweitausend Unzen Gold zu bezahlen. Doch zu spät mußte der gute Grieche nun erkennen, daß das »vermehrte« Quecksilber andere chemische Eigenschaften hatte, eben doch kein reines Quecksilber mehr war und sich zu weiterer Vermehrung somit nicht eignete. Zu Recht fühlte er sich geprellt. Casanova hielt ihm vor, daß er ja prozessieren könne, wenn ihm daran gelegen sei, sich in aller Öffentlichkeit zu blamieren. Doch nun begannen die beiden, »... vernünftig zu verhandeln...«[9], und schließlich begnügte sich Casanova mit nur hundert Unzen Gold. Der Grieche war so dankbar, günstig aus dem Vertrag entkommen zu sein, daß er ihm noch ein Fäßchen Muskateller und ein Kästchen mit zwölf wertvollen Rasiermessern schenkte: »... Wir trennten uns also in voller Freundschaft und waren gegenseitig vollkommen miteinander zufrieden.«[10]

Casanovas Schilderung schließt mit einer überaus bemerkenswerten moralischen Feststellung: »... Ich war gesund, hatte über hundert Zechinen in der Tasche und war stolz auf meinen Erfolg, über den ich mir meiner Meinung nach keine Vorwürfe zu machen brauchte. Denn mein geschicktes Verhalten beim Verkauf meines Geheimnisses konnte nur von einer zynischen Moral mißbilligt werden, und diese hat im alltäglichen Leben keine Geltung...«[11]

Von seinen erstaunlichen Fähigkeiten in der Handhabung von Quecksilberlegierungen wird später noch einmal die Rede sein.

Die Reise endete mit einem Fiasko. Das sonnendurchglühte Kalabrien war nichts für den jungen Casanova: »... nichts als jämmerliches Elend und völliger Mangel an jenem angenehmen Überflüssigen, wodurch das Leben erst erträglich wird...«[12]

Die Armut des Bistums und die jämmerliche Existenz des Bischofs entsetzten ihn. Am schlimmsten aber fand er die intellektuelle Isolation, die ihm hier in Martirano drohte, und so hielt er seinem Bischof vor: »... Es gebe keinen einzigen richtigen Buchhändler, ja es gebe sogar niemanden, der Interesse am Zeitunglesen habe! Er versprach mir jedoch, wir wollten zusammen die Wissenschaften pflegen, sobald er die in Neapel bestellten Bücher erhalten hätte. Das hätte ja wohl sein können; aber ohne eine gute Bücherei, ohne einen auserlesenen Verkehrskreis, ohne geistigen Wetteifer, ohne literarischen Briefwechsel – war dies das Land, wo ich im Alter von achtzehn Jahren mich fest niederlassen konnte?...«[13]

Nein, Kalabrien war freilich nicht das Land, den jungen Venezianer Giacomo Casanova mit all seinem Wissensdurst und Lebenshunger zu halten.

Physikalische Tricks für den Hausgebrauch waren sehr beliebt. Hier herrscht große Freude über einen »Zauberbecher«, der scheinbar endlos Flüssigkeit aufnimmt. Fragonard, »Der Zauberkelch«. Musée du Petit Palais, Paris.

»... Ich erkannte, wie leicht es den alten heidnischen Priestern gewesen sein mußte, die unwissende, und daher leichtgläubige Welt zu betrügen...«

Drei Junggesellen und der »Engel des Lichts«

Noch nicht ganz zwanzigjährig, hatte Casanova schon ein recht bewegtes, von mancherlei Abenteuern und Liebesaffären begleitetes Leben hinter sich. Seereisen hatten ihn zweimal nach Korfu und Konstantinopel geführt; eine Zeitlang hatte er sogar als Fähnrich bei venezianischen Truppen gedient. Er hatte, wenn auch jeweils nicht übertrieben lange, als Gehilfe bei verschiedenen Rechtsanwälten und Notaren und als Sekretär bei Kardinal Troyano Francisco Acquaviva d'Aragona (1696–1747) in Rom gearbeitet. Sogar er selbst scheint eingesehen zu haben, daß sein Lebensweg nun doch in eine etwas ruhigere Phase einmünden sollte und so faßte er einen selbst bei wohlwollendster Betrachtung nicht übertrieben seriösen Entschluß: »... Da ich nun daran denken mußte, einen Beruf zu ergreifen, um meinen Lebensunterhalt zu gewinnen, so entschied ich mich dafür, gewerbsmäßiger Spieler zu werden. Dame Fortuna war jedoch anderer Ansicht, denn sie verließ mich schon bei meinen ersten Schritten in dieser neuen Laufbahn, und acht Tage später hatte ich keinen Soldo in der Tasche...«[1]

Infolgedessen mußte, wenngleich widerwillig, eine Art bürgerliche Existenz gefunden werden. Warum er nicht abermals in die Praxis eines Notars oder Rechtsanwaltes eintrat – immerhin war er ja promovierter Jurist –, verraten die »Memoiren« nicht; man darf befürchten, es könnten Anschuldigungen vorgelegen haben, die diese Lösung vereitelt hätten: »Ich mußte leben und wurde Geigenspieler. Beim Doktor Gozzi hatte ich genug gelernt, um in einem Theaterorchester mitfiedeln zu können...«[2] Sein Vormund Michele Grimani (1697–1755) brachte ihn im Orchester des von ihm selbst geleiteten Theaters San Samuele unter, auf dessen Bühne schon Casanovas Eltern gespielt hatten. Dort verdiente er täglich einen Scudo: »... Zufrieden damit, mir selbst anzugehören, genoß ich meine Unabhängigkeit, ohne mir wegen der Zukunft den Kopf zu zerbrechen...«[3] Er schloß sich – im heutigen Sprachgebrauch – einer Jugendbande an, deren Hauptbeschäftigung das Vollbringen mehr oder weniger gelungener, allemal aufsehenerregender Streiche war: »... wenn man uns entdeckt hätte, so hätte man uns wohl für einige Zeit auf der Galeere des Rates der Zehn, die gegenüber den beiden großen Säulen auf dem Platze San Marco lag, rudern lassen.«[4]

Bevor er jedoch ins Rudern kam, trat nun völlig überraschend die große, seinen weiteren Lebensweg bestimmende und beschützende Wende ein. Anläßlich der Hochzeit des Signor Girolamo Cornaro mit Canziana Soranzo di San Paolo ging der kirchlich feierlichen Trauung am 20. April 1746 ein dreitägiges Fest voraus: In allen Nächten gab es große Bälle, zu denen man drei Kapellen engagiert hatte – zu einer gehörte Casanova. In der letzten Ballnacht bemerkte er beim Verlassen des Festes, kurz vor Morgengrauen, einen Senator in roter Robe, der soeben einen Brief verlor. Casanova hob ihn auf, und der dankbare Senator lud den jungen Mann in seine Gondel. Wenige Augenblicke danach erlitt er einen Schlaganfall, wie der medizinkundige Casanova sofort erkannte. Er ließ bei der Brücke der Calle Bernardo landen, um aus einem Kaffeehaus einen Wundarzt herbeizuholen, der den Kranken noch in der Gondel zur Ader ließ. Dann ruderte man weiter zum Pfarrsprengel Santa Marina, wo der Palazzo des Senators lag. Dort ließ Casanova abermals einen Arzt holen, der den Senator zum zweiten Mal zur Ader ließ. Zwei weitere Patrizier, die ebenfalls in dessen Palazzo wohnten, fanden sich im Krankenzimmer ein. Casanova hätte nun gehen können, aber er konfrontierte die beiden

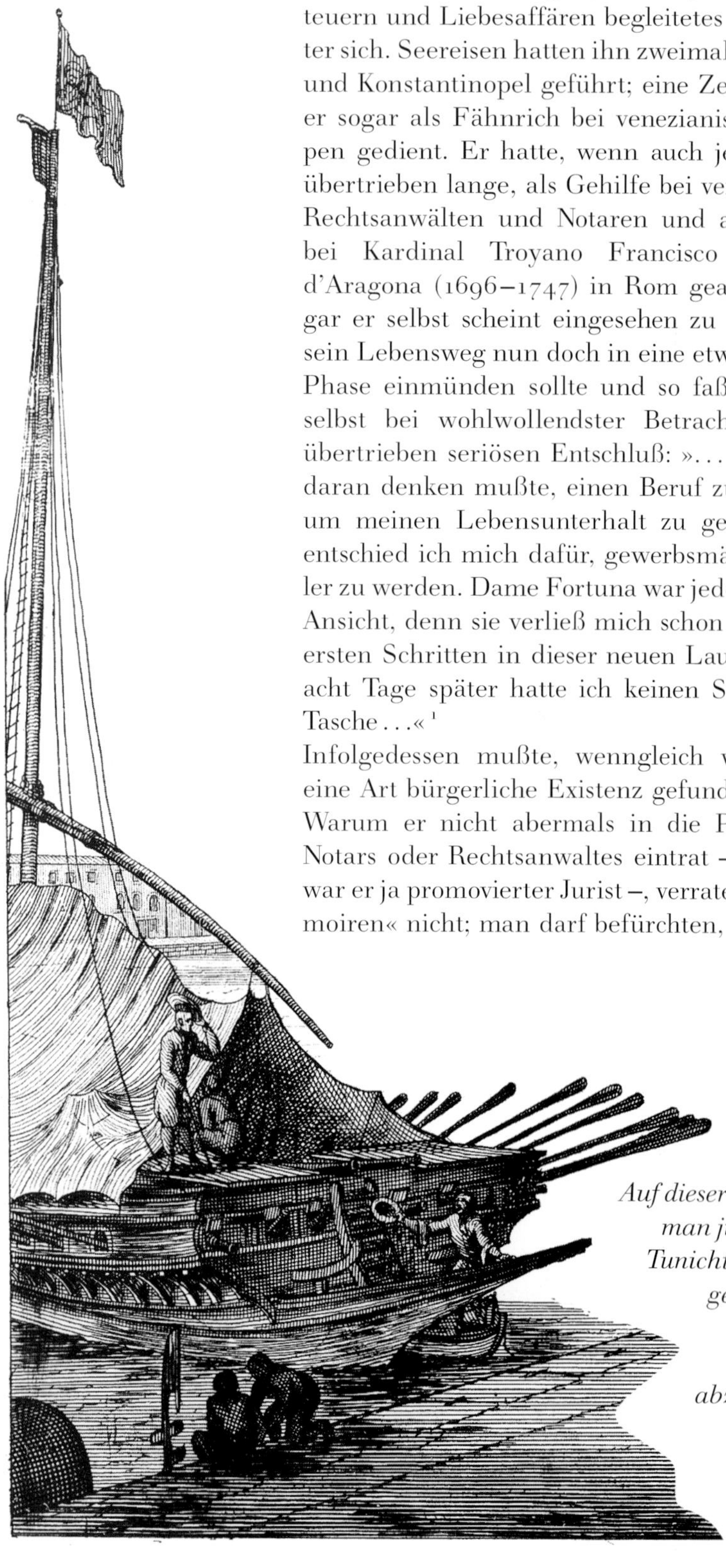

Auf dieser Galeere bot man jugendlichen Tunichtguten Gelegenheit, ihren Übermut kontrolliert abzureagieren.

mit der unverfrorenen Bemerkung: »... ich bin überzeugt, daß er so lange leben wird, als ich hier bleibe ...«[5] Verblüfft fanden sich die Aristokraten mit Casanovas Anwesenheit ab, und tatsächlich sollte sich seine dreiste Prophezeiung bald bewahrheiten. Der Arzt rieb die Brust des Kranken mit einer giftigen Quecksilbersalbe ein – dessen Zustand verschlimmerte sich drastisch. Nach einigen Stunden erkannte Casanova, daß der Senator im Sterben lag. Eigenmächtig entfernte er das mercurialische Pflaster und wusch die Brust des Kranken, dem er so das Leben rettete. Casanova begriff, daß ihm hier das Schicksal eine ganz große Chance bot. Bei dem bald völlig Genesenen handelte es sich um ein Mitglied einer der ältesten Familien Venedigs: Matteo Giovanni – genannt »Zuane« – Bragadin (1689–1767). »... Dieser Signor Bragadin war in Venedig ebenso sehr durch seine Beredsamkeit und seine großen Talente als Staatsmann berühmt wie durch die galanten Abenteuer seiner brausenden Jugend. Er hatte Torheiten für die Frauen begangen und mehr als eine Schöne hatte dasselbe für ihn getan. Er hatte viel gespielt und hatte viel verloren ...«[6] Er besaß somit alle jene Eigenschaften, die ihn zum idealen älteren Freund und lebenslangen Förderer Casanovas machen sollten. Vor allem aber war er ein großer Anhänger kabbalistischer Geheimlehren, denen er zusammen mit seinen – gleichfalls in Ehelo-

❞ Bei einer Erziehung, die mir einen ehrenvollen Stand in der Welt hätte sichern können, bei geistigen Eigenschaften, einer guten Grundlage literarischer und wissenschaftlicher Bildung und außerdem mit jenen zufälligen physischen Eigenschaften ausgestattet, die in der Welt ein so vorteilhafter Empfehlungsbrief sind, sah ich mich im Alter von zwanzig Jahren als Jünger einer erhabenen Kunst, bei deren Ausübung man mit Recht die Mittelmäßigkeit ebenso verachtet, wie man die Überlegenheit des Talents anerkennt. Durch meine Lage gezwungen, wurde ich Mitglied in einem Orchester, wo ich weder Achtung noch Beachtung fordern konnte, während ich natürlich erwarten mußte, zum Gelächter der Leute zu werden, die mich als Doktor der Rechte, dann als Anwärter auf die Laufbahn eines Geistlichen und Offizier gekannt hatten ... ❞ Band 2, Seite 187

Vor dem Palazzo Soranzo di San Paolo fand am Morgen des 21. April 1746 die entscheidende Begegnung mit Senator Bragadin statt. Ein vorbeiführender Kanal wurde später zugeschüttet. Auch die prachtvollen Ballsäle, in denen Casanova einst Geige spielte, gibt es nicht mehr.

Oben: Palazzo Grimani am Canal Grande. Casanova rühmte sich, ein illegitimer Sproß der alten Familie Grimani zu sein. In Anbetracht einer gewissen Bevorzugung durch seinen Vormund, Abbate A. Grimani, ist dies nicht einmal unwahrscheinlich. Giacomo durfte in Padua studieren, die Brüder nicht.

Unten: Wasserfront des Palazzo Bragadin, von der Brücke über den »Rio dei Miracoli« gesehen. Hier landete Casanova mit dem kranken Senator.

Rechts: Speisesaal im Palazzo Barbaro mit typischem Terrazzoboden. Zur Herstellung wurde auf Bohlen Mörtel aufgebracht und Gesteinsbruch (in diesem Fall aus Edelsteinen) eingestampft.

❞ ... Durch die Freundschaft dieser drei Männer sicherte ich mir in meiner Vaterstadt Achtung und Einfluß. Ich mußte überdies ein sehr schmeichelhaftes Vergnügen darin finden, der Gegenstand der Unterhaltungen und Spekulationen der müßigen Hohlköpfe zu werden, die die Ursachen aller moralischen Erscheinungen erraten wollen, die sie sehen und über die sie keine Rechenschaft ablegen können.
Man zerbrach sich in Venedig den Kopf, weil man nicht begreifen konnte, wie meine Verbindung mit drei Männern von diesem Charakter möglich war, sie ganz Himmel und ich ganz Welt, sie sehr streng in ihren Sitten und ich allen Vergnügungen hingegeben ... ❞

Band 2, Seite 203

Ein Patrizier beim Besteigen einer Gondel. Ausschnitt aus einem Gemälde von Canaletto.

Unten: Freitreppe im Palazzo Dandolo-Fassetti.

sigkeit lebenden, aus alten Familien stammenden – Freunden Marco Dandolo (1704–1779) und Marco Barbaro (1688–1771) eifrig anhing. Bragadin wird von Casanova als »... schön, gelehrt und kurzweilig ...« geschildert, »... und hatte den sanftesten Charakter ...« Die beiden Freunde galten ihm als »... ehrenwert und liebenswürdig ...«[7]
Bragadin war von seinem Retter überaus angetan: »Der hohe Herr hörte auf mich wie auf ein Orakel ... Signor Bragadin, der mit Vorliebe sich mit abstrakten Wissenschaften befaßte, sagte mir

eines Tages, er finde mich für einen jungen Menschen zu gelehrt; ich müsse daher über übernatürliche Gewalten verfügen. Er bat mich, ihm die Wahrheit zu sagen.«[8] Diese Bitte an einen jungen Spund wie Casanova zu richten, spricht nicht für des Senators Menschenkenntnis: »... faßte ich den tollen Entschluß, ihm in Gegenwart seiner beiden Freunde die falsche und überspannte Mitteilung zu machen, ich besitze eine Zahlenberechnung, wodurch ich, indem ich eine Frage aufschreibe und in Zahlen setze, gleicherweise in

Zunächst sind magische Quadrate ein Problem rechnerischer Tüftelei. Vorgegeben ist, daß die Summe aller Werte in jeder senkrechten und waagrechten Spalte gleich sein muß. Da in der Kabbala jeder Zahl und jeder Rechenoperation übernatürliche Bedeutung zukommt, hatten magische Quadrate hohen Symbolwert und dienten daher als Amulett.

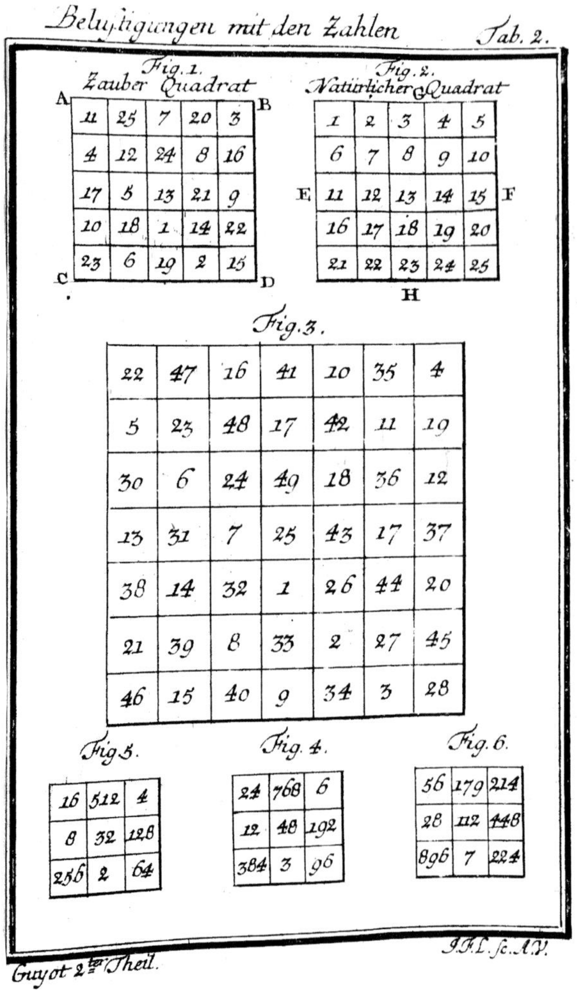

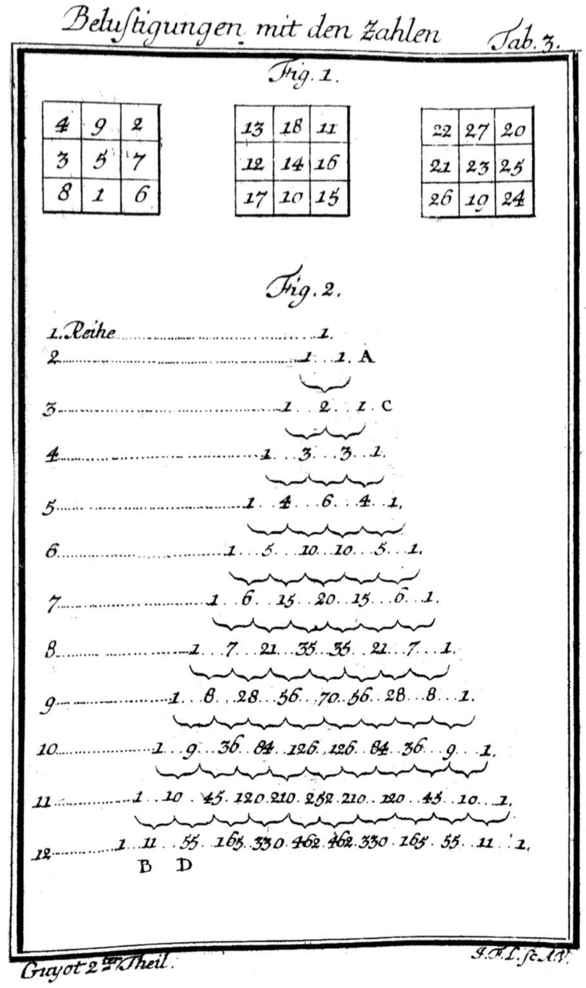

Zahlen eine Antwort erhalte, die mich über alles unterrichte, was ich wissen wolle ... Signor Bragadin sagte mir, dies sei der Schlüssel Salomons, den das gemeine Volk die Kabbala nenne ...«[9] Casanova fabulierte das Blaue vom passenden Himmel: Er habe diese Kunst von einem alten Eremiten auf dem im nördlichen Appenin gelegenen, mächtigen Berge Carpegna, in dessen Nähe er als Gefangener der spanischen Armee festgehalten worden sei. Dieses kabbalistische Orakel sei es auch gewesen, das ihn das Fest im Palazzo Soranzo just in dem Augenblick verlassen hieß, in dem der Senator seinen Brief verlor. Tatsächlich zeigte sich Casanova schon damals äußerst geschickt im Manipulieren kabbalistischer Berechnungen, und da er über großes psychologisches Einfühlungsvermögen und eine äußerst rege Phantasie verfügte, gab sein Orakel ebenso erstaunliche, wie letztlich auch erwartete Antworten: »... Sie schätzten sich durch mich im Besitz des Steines der Weisen, der Universalmedizin, des Verkehrs mit den Elementargeistern, mit allen himmlischen und höllischen Geistern. Endlich bezweifelten sie nicht, durch meine erhabene Wissenschaft der Geheimnisse sämtlicher Kabinette Europas teilhaftig zu werden. Sie glaubten auch an die Magie und nannten sie okkulte Physik ...«[10]

Die drei Junggesellen müssen »den Schlüssel Salomons« in seiner Praktizierung äußerst ernst genommen haben, denn sie enthielten sich ältesten alchemistischen Traditionen gemäß – zu Casanovas völligem Unverständnis – jeglichen Umgangs mit Frauen. Noch Jahrzehnte später hielt er dies eher für einen Ausdruck von Geistesschwäche. Bis zu zehn Stunden täglich trieb man nun zu viert kabbalistische Studien, offenbar aber ohne praktische Alchemie, denn Casanova hielt

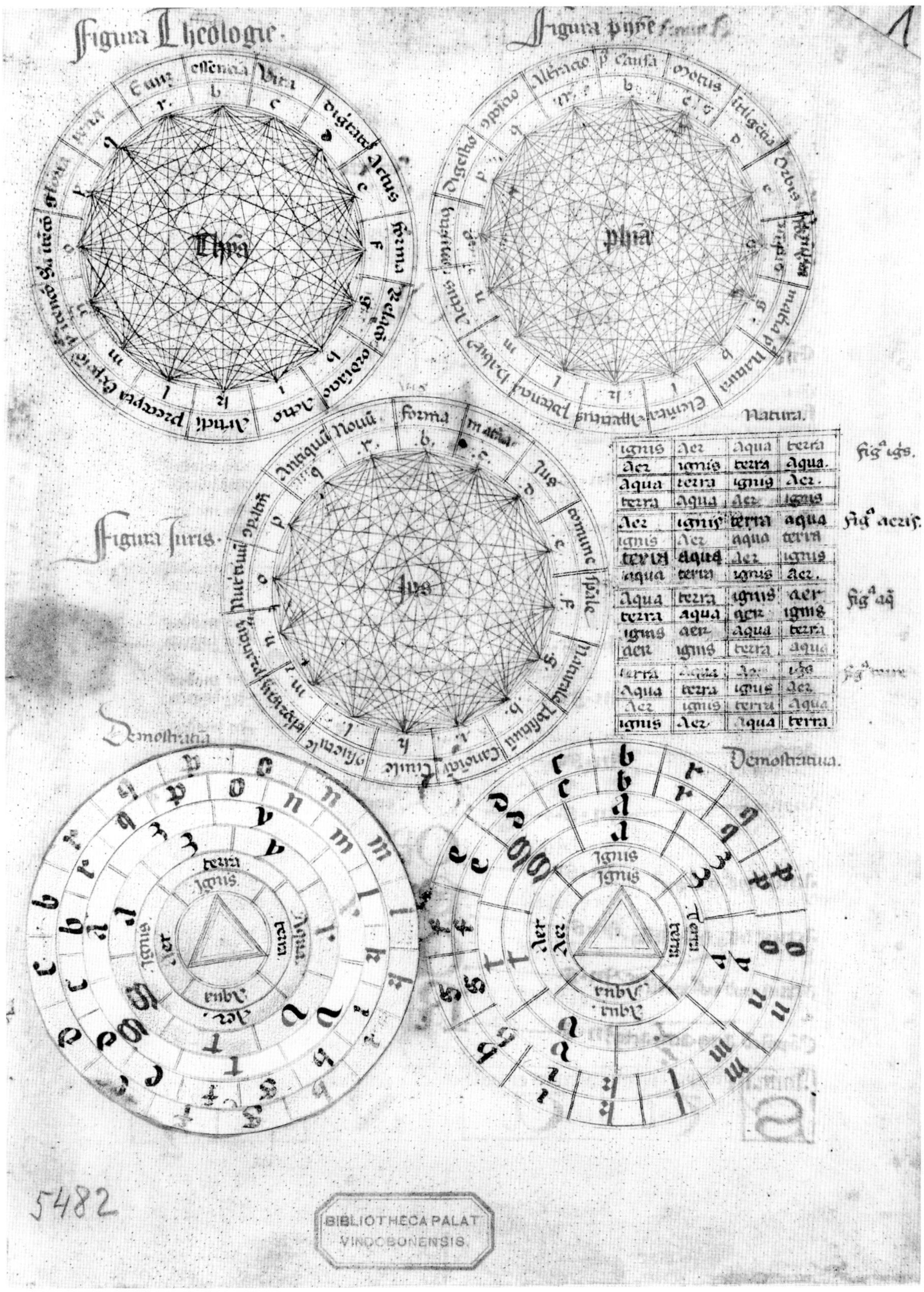

Der Franziskaner Raimundus Lullus (um 1235–1315), ein von Casanova hochgeschätzter Autor, suchte in seiner »Ars Magna« eine perfekte philosophische Sprache zu entwickeln, deren Grundlage eine universale mathematische Kombinatorik sein sollte. Lullus nahm dabei an, daß es ein System aller Ideen gäbe, das allen Menschen gemeinsam sei. Er schrieb auf konzentrische Ringe Buchstaben – hier die oberen drei Figuren –, die »absolute Prinzipien« oder göttliche Grade bedeuten. Nun zieht er alle möglichen Verbindungslinien und erhält »logische« Aussagen über Gott. In den unteren Zeichnungen sind drei konzentrische Kreise abnehmender Größe aufeinandergelegt. Eine Mittelachse hält sie zusammen. Durch Drehen erhält man neue Begriffskombinationen und damit neue theologische Aussagen. Aus: »Figuren der Ars combinatoria des Raimundus Lullus«, 13. Jh., Codex 5482.

Dieses »Hemd«, osmanisch, Mitte 15. Jh., belegt Casanovas Bericht über die Bedeutung geheimnisvoller Charaktere, magischer Quadrate, kabbalistischer Zahlenpyramiden als Talismane. Casanovas heidnischer Talisman erregte bei einem Sturm den Zorn der Seeleute.

Rechts: Pietro Longhi (1702–1785) schuf diese Darstellung dreier venezianischer Alchemisten in ihrem Laboratorium. Ein »Nobile« weist auf ein Experiment, das ein Franziskaner aufmerksam betrachtet. Ein anderer – vielleicht ein Somasker – arbeitet am Herd. Ca'Rezzonico, Venedig.

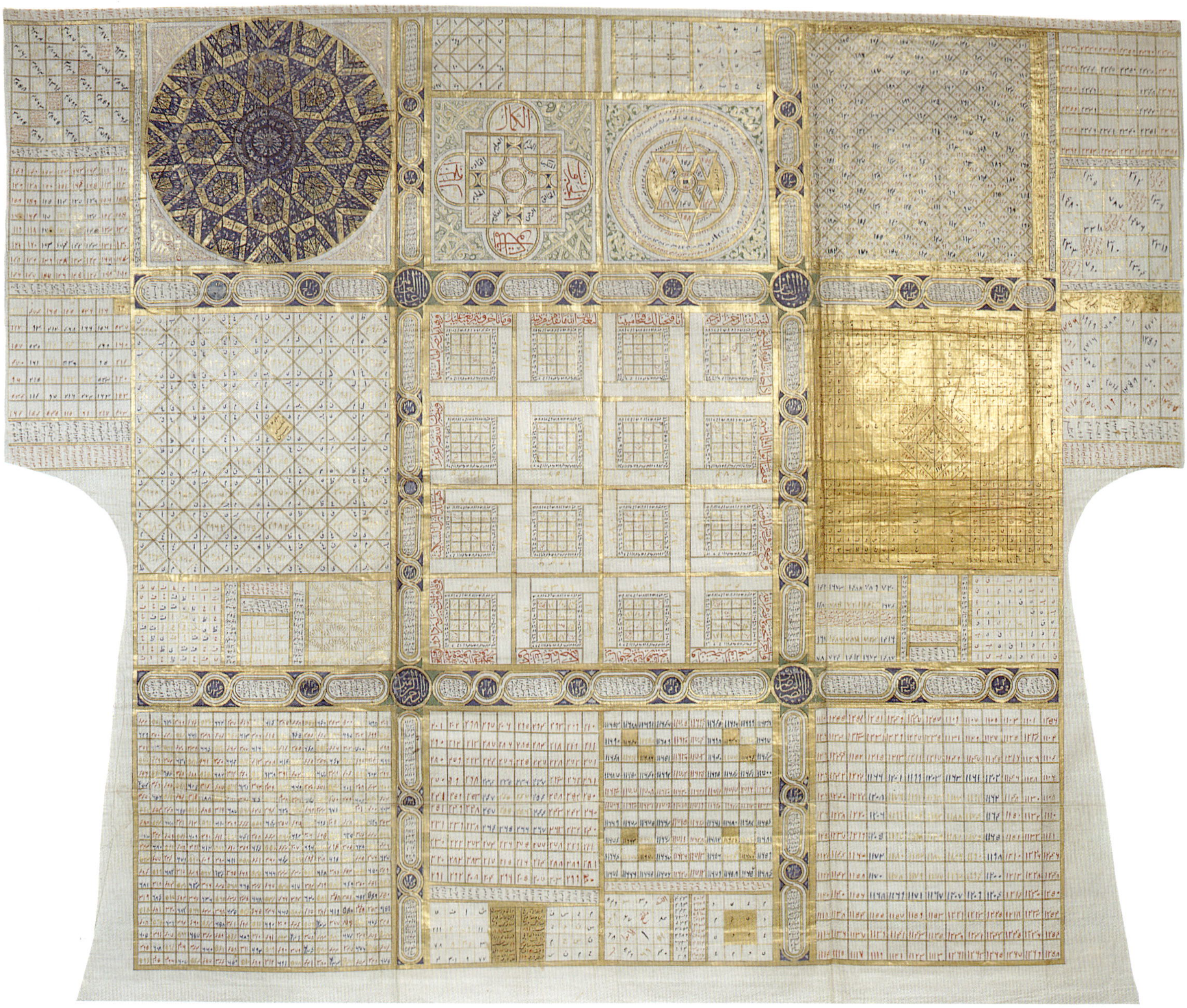

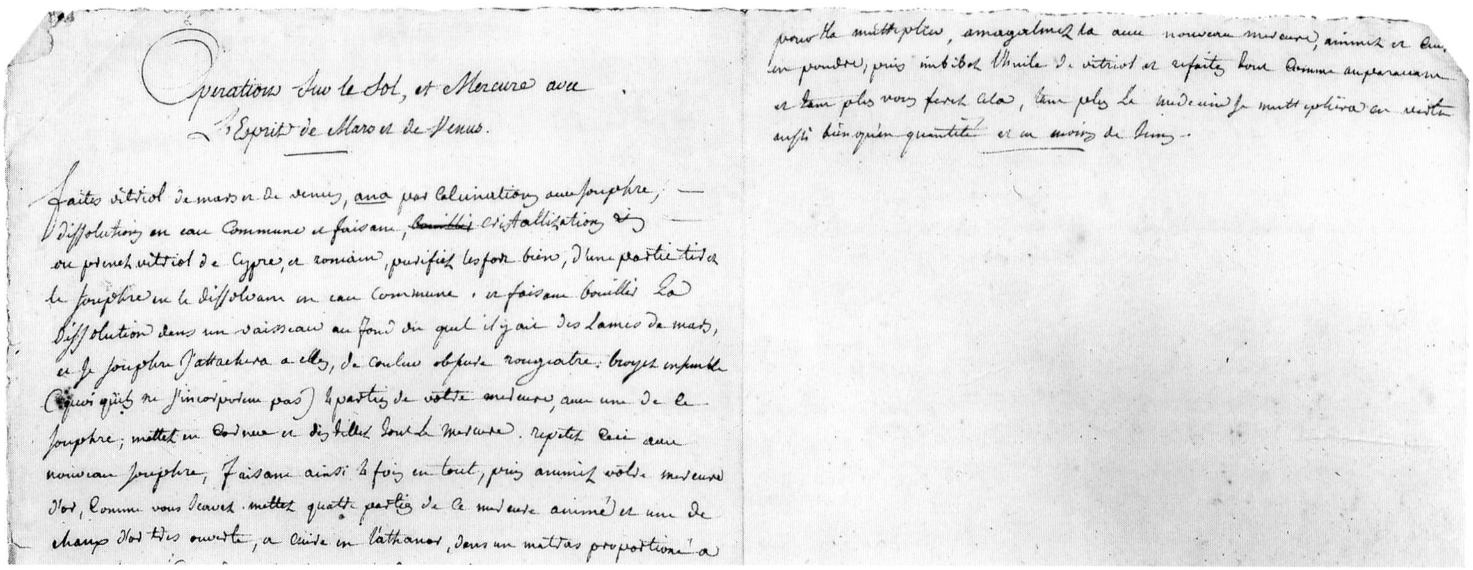
Operations sur le Sol, et Mercure avec
l'Esprit de Mars et de Venus.

Alchemistische Rezeptur Casanovas zur Darstellung von Eisen- und Kupfervitriol. Leider wissen wir nicht, aus welchem Anlaß er sie niederschrieb.

sich in seinen Memoiren zugute: »... ich hätte vielleicht Signor Bragadins Tod verschuldet und hätte die drei ehrenwerten Männer der Gefahr ausgesetzt, das Opfer des ersten besten Spitzbuben zu werden, der sich, durch ihre Manie begünstigt, bei ihnen hätte einführen können und sie ruiniert haben würde, indem er sie zur chemischen Operation des großen Werkes überredet hätte...«[11] Würdigt man diesen Ausspruch genau, so reduziert er sich auf die vernünftige Maxime, daß man die Gans nicht schlachten darf, solange man sie noch rupfen will.

Bragadin behandelte den jungen Casanova wie seinen eigenen Sohn: »... Deine Wohnung steht bereit, lasse deine Sachen hinschaffen; du wirst einen Diener, eine freie Gondel, meinen Tisch und monatlich zehn Zechinen haben...«[12] Offenbar hielt diese Freundschaft bis zum Ableben des Senators und seiner zwei Gefährten, die ihrerseits Casanova ebenfalls ein Leben lang unterstützten. Diese Ereignisse müssen in einem größeren geschichtlichen Zusammenhang gesehen werden: Ende des 13. Jahrhunderts scheinen die ersten Juden nach Venedig gekommen zu sein, die von der Serenissima zwar nur geduldet, aber letztlich besser als in anderen Städten Europas behandelt wurden. Als sie 1492 endgültig aus Spanien vertrieben wurden, kamen viele von ihnen nach Venedig. 1516 siedelte man sie im »Ghetto« bei San Girolamo an. Mit den Juden kam aber auch die jüdische Spiritualität und mit ihr die Kabbala. Zwar verwehrte man den Juden das Recht, eigene Druckereien zu betreiben – Venedig war einer der frühesten und eine Zeitlang der wohl bedeutendste Verlagsort Europas –, doch gestattete man ihnen, in hebräischer Sprache und Schrift eigene Literatur zu publizieren, wenn die Inhaber der Druckereien Venezianer und Christen waren; angestellte Drucker mosaischen Glaubens waren zugelassen. Diese Regelung führte dann doch zu mancherlei Zerwürfnissen, aber Venedig entwickelte sich zu einer Hochburg jüdischer Literatur. Insbesondere zwei christlich-aristokratische Familien beteiligten sich in der zweiten Hälfte des 16. Jahrhunderts am jüdischen Literaturgeschäft: die Giustiniani und in ganz außerordentlichem Umfang die Familie Bragadin. Schon damals kam diese so mit Kabbala und Talmudismus in engste Berührung. Das Hauptwerk der Kabbala, die eigentliche Grundlage der kabbalistischen Alchemie, in Venedig im Druck erschienen, war der »Sohar«, das »Buch des Glanzes«. Der führende Kopf des kabbalistisch-alchemistischen Judentums war der berühmte Rabbi Leone da Modena (1571–1648), der zusammen mit seinem Sohn Marco seit 1615 im Ghetto ein alchemistisches Laboratorium betrieb, wobei beide überzeugt waren, wenigstens zweimal im Verlauf kompliziertester Prozesse aus neun Unzen Blei und einer Unze Silber zehn Unzen reinen Silbers hergestellt zu haben. Doch Marco erlitt ein typisches Alchemistenschicksal, er starb an Blutungen, die er sich nach Meinung Leones durch zu häufiges Arbeiten mit Arsensalzen zugezogen hatte.

Die »minderen Brüder« des hl. Franziskus schätzten die Juden nicht, deren Vorstellungen vom Geldleihen und Zinswucher ihnen zuwider waren. Und doch war es gerade der Orden der Franziskaner, der sich besonders anfällig für Kabbala und Alchemie erwies. Angesichts des Armutsideals dieses Ordens fällt es schwer, sich gerade die Mönche des hl. Franziskus als Betreiber von Laboratorien vorzustellen, doch die große Mehrheit alchemistischer Schriftsteller des ausgehenden Mittelalters und der Renaissance waren Franziskaner. Der Ordensgründer Francesco d'Assisi (1182–1226) hat, wiewohl er sich den Wissenschaften gegenüber eher ablehnend zeigte, in seinem »Cantico delle creature«, dem »Sonnengesang«, in fast schon pantheistischer Intensität dargelegt, daß alle Geschöpfe und Schöpfungen Gott preisen – auch die vier Elemente. Noch heute könnten seine hymnischen Betrachtungen über Feuer und Erde in einem empfänglichen Leser den Wunsch wecken, sein Leben der Erforschung dieser grundlegenden Erscheinungen zu widmen. Die spirituelle Grundlage für die komplexe alchemistisch-kabbalistische Welt des Franziskaners Raimundus Lullus – auch Casanova gehörte zu seinen Lesern – dürfte der hl. Bonaventura (1221–1274) gewesen sein. Generalminister seines Ordens und Kardinal, lehrte er, ausgehend von neuplatonischen Positionen, daß alles, was an Gott unsichtbar sei, vom Anbeginn der geschaffenen Welt durch das Geschaffene geistig erkannt werden könne. Gottes Werke spiegeln somit ihren Schöpfer. Dadurch kann der menschliche Geist Einsicht in des Schöpfers Macht, Weisheit und Güte durch der Dinge Maß, Zahl und Gewicht gewinnen. Durch Betonung dieses aus dem Alten Testament stammenden, schon von Augustinus hervorgehobenen Gedankens legte der hl. Bonaventura die Grundlage zu den kabbalistischen Studien seiner Mitbrüder, die sich fortan in der Suche nach göttlichen Maßzahlen und deren Wirken auch in der Alchemie hervortaten. Die Franziskaner faßten auch in Venedig Fuß, wo sie bedeutende Padres wie den Kosmographen Vincenzo Coronelli und den Architekturtheoretiker und Kabbalisten Francesco Zorzi hervorbrachten. Der wohl herausragendste Franziskaner an der Wende vom 15. zum 16. Jahrhundert war Fra Luca Pacioli (1445–1517), der meist in Venedig publizierte. 1509 übertrug er die »Elemente Euklids« ins Italienische. Vom kabbalistischen Standpunkt ist sein ebenfalls 1509 erschienenes, von Leonardo da Vinci illustriertes Buch »De devina proportione« – eine Auseinandersetzung mit platonischen und halbregulären geometrischen Körpern – das bedeutendste Werk. Dies ist im Zusammenhang mit Casanovas späterem Versuch einer Verdoppelung des Hexaeders erwähnenswert. Doch zurück zur Familie Bragadin, die wenigstens dreimal in der Geschichte der Alchemie aufscheint. Ein Vertreter ihres Namens war der berühmt-berüchtigte Betrugsalchemist Marco Bragadino (?–1591), ein entlaufener Kapuziner und in Wahrheit nur ein Hintersasse der Bragadins auf Kreta. Es war im damaligen Venedig üblich, daß sich getaufte Juden nach ihren Paten und Hintersassen nach ihren Herren benennen durften, ohne wirklich Angehörige der jeweiligen Familien zu sein. Marco Bragadino trat auch in Venedig auf und er muß in dieser Zeit Kontakt zur Familie Bragadin-Bragadino gehabt haben. Er wurde dann, nachdem er den bayerischen Herzog erfolgreich gerupft hatte, am 26. April 1591 auf dem Weinmarkt in München von einem besonders ungeschickten Henker in brutalster Weise enthauptet.

Ende des 17. Jahrhunderts hatte zumindest ein Mitglied der Familie Bragadin engeren Kontakt zu dem ebenfalls betrügerischen Goldmacher Domenico Cajetano, dem vermeintlichen »Grafen« Ruggiero, der einem Bragadin – von den Jahreszahlen her könnte man an Zuane Bragadins Vater denken – sein Goldrezept verkaufte. Ruggiero war die schillerndste, aber auch berühmteste Alchemistenfigur jener Zeit, zu seinen Opfern gehörten der Kaiser, die Könige von Spanien und Preußen und die Kurfürsten von Bayern und der Pfalz. 1709 wurde er in Küstrin gehenkt. Die Akten über seinen Aufenthalt in Venedig sind besonders interessant, weil sie ihn in einem etwas undurchsichtigen Zusammenhang mit Franziskaner-Klöstern zeigen. So hatte er seine alchemistischen Kenntnisse angeblich in einem Kloster in Neapel erworben und pflegte in Venedig Kontakt mit Franziskanern. Tatsächlich liegt in der Nähe des Palazzo Bragadin das Kloster S. Francesco della Vigna, in dem sich Grablegen der Familien Bragadin, Barbaro und Dandolo befinden. Casanova knüpfte durchaus an franziskanische Tradition an, wenn er behauptete, er habe seine Kenntnisse bei einem Eremiten erworben, hatten doch Franziskus und Bonaventura in einsamen Klausen meditiert.

Casanovas Leistungen müssen beachtlich gewesen sein, wenn sich seine Gönner tatsächlich durch ihn im Besitz des Steins der Weisen, des »Lapis philosophorum«, wähnten, einer Substanz, deren bloßer Anblick es einem bei gleich-

Darstellung des Regiments der Venus in einem Planetenkindschaftsbild aus der Nürnberger Bilderhandschrift »Splendor Solis«, um 1531/32.

Staatl. Museen Preuß. Kulturbesitz, Berlin.

zeitig tief empfundenem Glücksgefühl gestattete, die schwierigsten philosophisch-religiösen Probleme zu begreifen. Der Lapis sollte auch die Umwandlung unedler Metalle in Silber und Gold bewirken. Als »Universalmedizin«, auch »Panazee« genannt, sollte er alle Krankheiten heilen und gleichzeitig das Leben verlängern. Paracelsus (1493–1541) hatte die Lehre von den Elementargeistern entwickelt, in der die Salamander über das Feuer, die Undinen über das Wasser, die Sylphiden über die Luft und die Gnome über die Erde herrschen sollten. Ihr jeweiliges Kräfteverhältnis zueinander sollte den Ablauf einer Körperfunktion, etwa die Verdauung, aber auch jede andere chemische Reaktion steuern.

Was sich im Laufe der nächsten Jahre im Palazzo Bragadin ereignete, ist nicht bekannt, nur, daß sich die Zeitgenossen wunderten. Der Spitzel Manuzzi – von ihm soll später noch ausführlicher die Rede sein – schrieb am 11. November 1754 an die Inquisition über Casanova: »... daß er der Ruin seiner Exzellenz Zuane Bragadin gewesen ist, da er ihm viel Geld abgeknöpft hat, indem er ihn glauben ließ, daß der ›Engel des Lichts‹ kommen sollte ...«[13] Schenkt man dem Spitzel Manuzzi Glauben, so beschränkte sich die Schar der von Casanova Gerupften nicht nur auf seine drei aristokratischen Gönner. Er scheint auch sonst die »... verdammten Betrügereien der Rosenkreuzer und der Engel des Lichts ...«[14] begangen zu haben. Manuzzi deckte von Casanova ersonnene Pläne auf, »... um den Herzog Grillo zu umgarnen, indem er ihn mit der Behauptung lockte, ›das Wunderpulver herstellen zu können, und ihn dann davon überzeugte, daß er nicht sterben werde.‹ ...«[15] Offenbar beherrschte Casanova damals alle Künste der Betrugsalchemie. Im Bericht vom 17. Juli 1755 führt Manuzzi aus, daß nach seiner Meinung das kabbalistische Treiben Casanovas 1748 Anlaß für sein fluchtartiges Verlassen Venedigs war. So hätte ihn also die Kabbala nach Paris geführt.

Die geistige Welt des Alchemisten Casanova wird besonders deutlich in der Liste jener Bücher und Handschriften, die man ihm dann bei seiner Verbringung unter die Bleidächer des Dogenpalastes abnahm. Er selbst hat später seine verlorene Bibliothek wehmütig beschrieben: »Ariost, Petrarca, Horaz, einen Band der kleinen Schriften Plutarchs und einige französische Broschüren. Die Handschriften umfaßten angebliche Zauberbücher, die Clavicula Salomonis, Talismane, die Kabbala, das Ben Zechor, Picatrix, Duftrezepte und Beschwörungsformeln, um mit den Dämonen aller Klassen ins Gespräch zu kommen ...«[16]

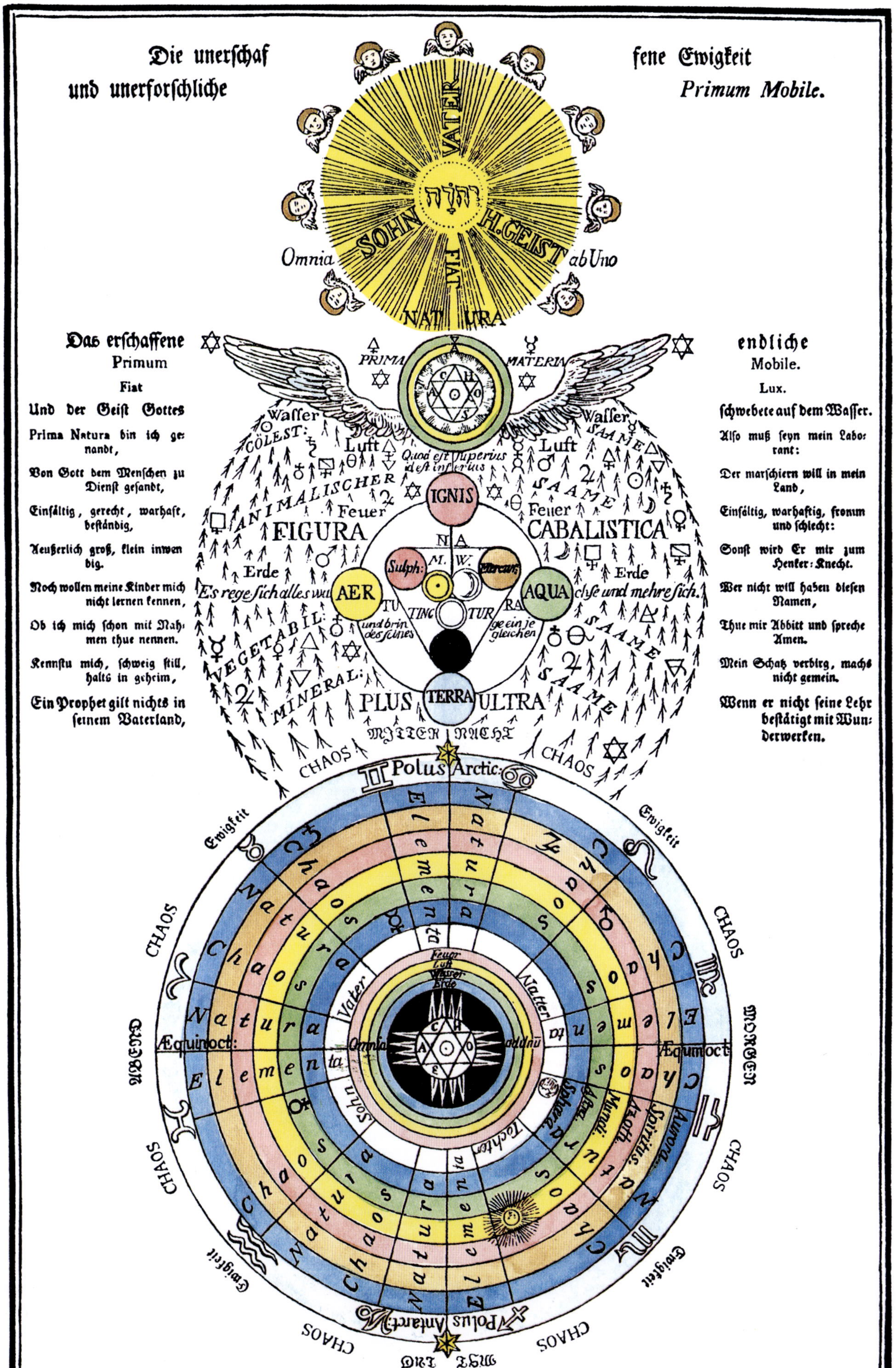

Wenn man den Berichten des »Confidente« Manuzzi trauen darf, gebrauchte Casanova häufig die Metapher vom »Engel des Lichts«. Ihre damalige Aktualität wird verständlich, wenn man rosenkreuzerische Schriften betrachtet, in denen die »Prima Materia« als geflügeltes Wesen dargestellt wird. Aus: »Geheime Figuren der Rosenkreuzer«, Altona 1785.

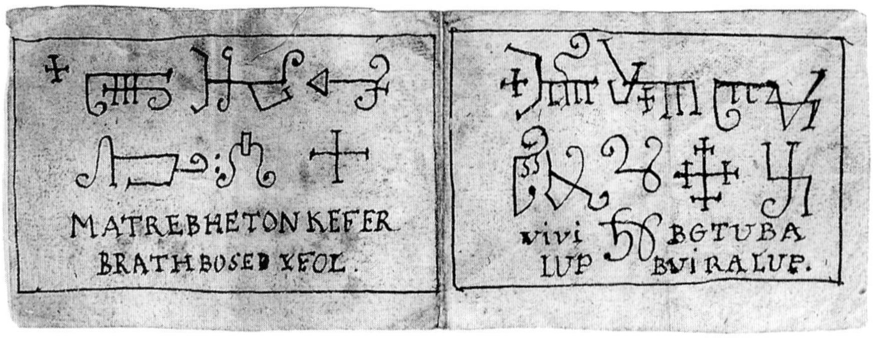

Zaubercharaktere als Talisman. Geschriebenes Amulett, Originalgröße. Papier, 16./17. Jh.

Diese kleine, aber gehaltvolle Bibliothek war für Casanova recht typisch. Neben antiken und italienischen Klassikern dürfte sie – von ihm als »französische Broschüren« apostrophiert – erotische Literatur enthalten haben. Einzigartig für die Beurteilung des Alchemisten und Kabbalisten Casanova sind aber die weiter aufgeführten Bücher. Schon im alten Orient hatte der israelitische König Salomon (gest. ca. 925 v. Chr.) als großer Magier gegolten, weshalb man ihm nachmalig ein zuerst in hebräischer Sprache gedrucktes Zauberbuch zuschrieb – die »Clavicula Salomonis«, der »Schlüssel Salomons«, ein klassisches Werk der esoterischen Literatur. Es erfreute sich größter Beliebtheit, zumal der heilige Augustinus (354–430) die »Weisheit Salomons« kommentiert und dabei aus dem biblischen Buch der Richter zitiert hatte, wonach Gott der Herr diese Welt nach »Maß, Zahl und Gewicht« geschaffen habe. So hatte er ziemlich indirekt, für frühere Zeiten jedoch durchaus glaubhaft, die Urheberschaft Salomons an der Clavicula bestätigt. Mit diesen kosmologischen Kategorien entwickelte Augustinus für das folgende Mittelalter eine der fundamentalen Voraussetzungen für eine Theorie des Schönen. Nach »Maß und Zahl« der Schöpfung zu suchen, der Schöpfungsoffenbarung in geheimnisvollen Zahlen im Kosmos, war aber andererseits ebenso das erklärte Ziel der Kabbala. Nun war Casanova in den Texten der Kirchenväter ausgezeichnet bewandert, kannte also zweifellos die kosmologischen Kategorien des Augustinus und besaß gleichzeitig handschriftliche Werke wie die Clavicula Salomonis. Im Palazzo Bragadin hatte kabbalistisches Wissen überdies eine lebendige Tradition, hatte doch deren Offizin lange dergleichen Werke in Hebräisch gedruckt. Zuane Bragadin selbst war Kabbalist, diese Tradition war also auch zur Zeit Casanovas noch virulent, und dieser und sein Gönner Zuane Bragadin darin miteinander symbiotisch verbunden, was aus dem »Engel des Lichts« in Manuzzis Spitzelbericht hervorgeht.

Unter Talismanen sind Papiere zu verstehen, die, beschrieben mit rätselhaften magischen und alchemistischen Charakteren, gegen gefährliche Wechselfälle des Lebens schützen sollten. Casanova scheint dergleichen häufiger erworben zu haben. Schon bei einer Beschreibung eines Orkans auf seiner ersten Schiffsreise nach Zypern erwähnt er den Besitz eines solchen Talismans, was die abergläubische Besatzung beinahe dazu gebracht hätte, ihn über Bord zu werfen.[17]

Nicht ganz auszumachen ist, welches Buch Casanova unter »Kabbala« verstand. Mit großer Wahrscheinlichkeit dürfte es sich ebenfalls um eines der ganz großen Werke der Alchemie gehandelt haben. So war 1518 in Venedig das Buch »De Audito cabbalistico...« im Druck erschienen, das der »Doctor illuminatus«, der katalanische Edelmann und franziskanische Mystiker Raimundus Lullus (um 1235–1315) verfaßt hatte. Auf der Grundlage seiner »Ars combinatoria«, einer kabbalistischen Zahlenkombinatorik, hatte er es unternommen, eine methodische Zusammenfassung aller Wissensgebiete, insbesondere aber der Chemie und Alchemie seiner Zeit zu schaffen. Bei dem Versuch, mit Hilfe von ihm entwickelter Drehscheiben mit variablen kombinatorischen Gottesbeweisen die Araber zu mis-

»Doctor illuminatus« nannte man den legendären, auf Mallorca am Schnittpunkt christlicher, islamischer und jüdischer Kultur geborenen Katalanen Raimundus Lullus, angeblich Verfasser von über fünfhundert alchemistischen Schriften. Aus: »Opera chimica«, um 1470.

sionieren, hatte er in der Nähe von Tunis den Tod durch Steinigung erlitten. Er galt als eine der größten Autoritäten seines Zeitalters. Die Zahl der ihm zugeschriebenen Werke ist so phantastisch hoch, daß die Legende aufkam, er habe seine Steinigung überlebt und sei erst viel später nach Abfassung einiger tausend Werke gestorben. Lullus hatte bei Homer das berühmte Bild von der »goldenen Kette« gefunden, die als Band der Harmonie aller Dinge dieser Welt, von den höchsten bis zu den niedrigsten, als »Band der Natur« und als gemeinsames Sinnbild alle Materie zusammenhält. Noch Johann Wolfgang Goethe hat dieser Gedanke fasziniert. Hinter dem Begriff »Ben Zechor« verbirgt sich das große Schlüsselwerk der Kabbala, das »Buch des Glanzes«, auch »Sefer ha-Sohar« genannt. Es galt den Kabbalisten neben Bibel und Talmud als das dritte zentrale Werk des Judentums. Die Entstehung dieses in Aramäisch und Hebräisch abgefaßten Buches ist rätselhaft. Der Kabbalist Mose ben Schemtow de Leon (1250–1305) übergab es der Öffentlichkeit als das angebliche Werk des legendenumwobenen Talmudisten Schimon ben Jochai, eines Zeitgenossen des Rabbi Akiba, der um 136 nach Christus gestorben sein soll. Es wird vermutet, daß Mose ben Schemtow dieses Werk, wohl unter Verwendung älterer Quellen, mehr oder weniger selbst verfaßt hat. Daß Casanova im Besitz eines Manuskriptes war, ist deshalb so bemerkenswert, weil zu seiner Zeit nur eine Teilübersetzung ins Lateinische gedruckt vorlag, die Knorr von Rosenroth im 17. Jahrhundert verfaßt hatte.

Das »Picatrix«, ein mittelalterliches Manuskript, enthielt in der Hauptsache Vorschriften zur Beschwörung des Teufels, ähnlich dem »Höllenzwang« der deutschen Faust-Tradition. Es wird von dem französischen Dichter François Rabelais (1494?–1553) als leibhaftige Person in seinem berühmten Roman »Gargantua und Pantagruel« erwähnt. Die »Duftrezepte« könnte Casanova, wie in seinem noch zu berichtenden Abenteuer mit der Nonne M. M. mitgeteilt werden wird, selbst aus Frankreich mitgebracht haben. In seinen Memoiren gibt er im Vergleich zur »Flucht« eine etwas ausführlichere Liste an, der man entnehmen kann, daß zu den konfiszierten Werken auch Planetenstellungen gehörten, sogenannte »Ephemeriden-Tafeln«, aus denen man die zu einem bestimmten Zeitpunkt herrschenden Planetenkonstellationen erkennen kann, um diese bei astronomischen Beobachtungen im Fernrohr aufzufinden, oder aber um Horoskope zu stellen. Sie wurden auch bei der Beschwörung von Elementargeistern benötigt und zur Bestimmung der günstigsten Stunde für alchemistische Operationen.

Doch Casanova beschäftigte sich nicht nur mit alchemistischen Texten, zuweilen bildete er sich auch in Chemie weiter. Wie immer erfährt man dies nur so nebenbei. Lediglich um dem Leser die Adresse einer neuen Flamme begreiflich zu machen, heißt es: »... Ich machte in diesem Kasino die Bekanntschaft eines Chemikers, der in mir den Wunsch erregte, Unterricht in der Chemie zu nehmen. Ich ging in sein Haus und traf dort ein junges Mädchen, das mir gefiel... Ich hatte ihr nur ein einziges Mal Komplimente gemacht, noch dazu im Beisein der alten Frau des Chemikers...«[18]

Casanova hatte so eine fundierte chemisch-alchemistische Ausbildung erworben. Er sollte sie noch nutzen!

Titelblatt einer kabbalistischen Schrift, 1706. »... Die Theosophie der Sefiroth ist vergleichbar den Theorien der kosmischen Ketten, die auch in den hermetischen, gnostischen und neuplatonischen Traditionen auftauchen. Die zehn Sefiroth können als Hypostasen der Gottheit im Prozeß der Emanation angesehen werden, mithin als Zwischenwesen zwischen Gott und der Welt, oder auch als Aspekte im Innern der Gottheit selbst. In beiden Bedeutungen... bilden sie ebenso viele... Stufen, über welche die Seele zu Gott zurückkehren kann...« Umberto Eco in »Die kabbalistische Pansemiotik«.

»Ludwig XV. war groß in allem, und er wäre ohne Fehler gewesen, hätte nicht die Schmeichelei ihn gezwungen, welche zu haben.«

Ludwig XV. von Frankreich als Alchemist und Chemiker

Ludwig XV. beschäftigte sich mit Alchemie und Chemie und unterhielt Laboratorien im Grand Trianon und in Versailles. Dies entsprach der Tradition des Herrscherhauses. Sein Urgroßvater Ludwig XIV. soll vierzig Alchemisten beschäftigt haben. Wie viele Chemiker hing auch Ludwig der Liebhaberei zur Kochkunst an. Selbst Konfekt verstand er zuzubereiten.

Im Jahre 1750 reiste Casanova nach Paris und begegnete der berühmten, wenn auch etwas abgelebten Schauspielerin Elena-Virginia Riccoboni (1686–1771), die »... in der Republik der Wissenschaften durch einige Übersetzungen bekannt geworden ...«[1] war. Sie scheint ihn von des Dünkels Höhen herab behandelt zu haben. Denn: »... Sie sagte es mir zwar nicht, gab mir aber zu verstehen, daß sie als eine Berühmtheit der literarischen Welt wohl wisse, daß sie zu einem Insekt spräche ... besonders einem jungen Neuling von fünfundzwanzig Jahren gegenüber, der noch keine Bibliothek bereichert hatte ...«[2]
Dies wird wohl einer der Augenblicke gewesen sein, die in Casanova den Wunsch reifen ließen, einmal mehr als ein »literarisches Insekt« zu sein. Die Wunscherfüllung ließ sich aufs gedeihlichste an, indem er in dem berühmten Dichter Prosper Jolyot de Crébillon (1674–1762), genannt der Ältere, königlicher Bibliothekar und Zensor, Mitglied der Académie française, einen wunderbaren Sprachlehrmeister fand. Allerdings war es Crébillon nie vergönnt, seinen Schüler zu einem wirklich reinen Französisch zu erziehen, doch sollte gerade diese Mischung aus fast schon altertümlich gravitätischem Französisch mit frechen italienischen Einsprengseln und gewagten Satzkonstruktionen bei gleichzeitig äußerster sprachlicher Präzision Casanovas einzigartigen Stil kennzeichnen.
Der Besuch einer Oper von Jean-Baptiste Lully (1632–1687) ebnete – wenn man Casanova trauen darf – rein zufällig den weiteren Weg in die gesellschaftliche Höhenregion: »... ich saß im Parkett genau unterhalb der Loge von Madame de Pompadour, die ich nicht kannte ...«[3]
Es war Casanova nie gegeben, nicht aufzufallen, auch diesmal nicht. Als Fremder lachte er an den falschen Stellen; von Schnupfen geplagt, mußte er sich obendrein allzuoft schneuzen, womit er sich den Zorn des Marschalls L. F. A. de Vignerot du Plessis, Duc de Richelieu (1696–1788) zuzog. Offenbar mochte der Kriegsheld aber gewitzte junge Männer, denn die darauf folgende gewiefte Wortparade, verquickt mit einem derben erotischen Scherz, imponierte ihm und erregte umgehend die Aufmerksamkeit des Hofes, in dessen Umfeld wir Casanova nun erleben.
Seiner souveränen Beobachtungsgabe dürfte wohl wenig entgangen sein, doch nicht alles, was er erlebte und bemerkte, zeichnete er auch auf. Daß er schon bei seinem ersten Besuch in Paris Kenntnis von dem chemisch-alchemistischen Treiben Ludwigs XV. hatte, geht erst wesentlich später aus der Schilderung seines legendären Abenteuers mit den beiden Nonnen »C. C.« und »M. M.« auf Murano hervor. Auf vielen Umwegen aus Paris nach Venedig zurückgekehrt, war er von der jungen Catarina Caprati (1738– nach 1780) so hingerissen, daß er seinen Gönner, Senator Bragadin, beim Vater um des Mädchens Hand anhalten ließ. Herr Caprati geriet darüber jedoch derart in Aufruhr, daß er seine schöne Tochter umgehend in ein Kloster auf Murano verbannte, jene Insel, auf der die venezianische

---

❝ Ludwig hatte den schönsten Kopf, den man nur sehen konnte, und er trug ihn mit ebensoviel Anmut wie Majestät. Niemals ist es dem geschicktesten Maler gelungen, den Ausdruck dieses wundervollen Kopfes wiederzugeben, wenn der Herrscher ihn wohlwollend zur Seite wandte, um jemanden anzusehen. Seine Schönheit und seine Anmut rissen auf den ersten Blick zur Liebe hin. Als ich ihn sah, glaubte ich der idealen Majestät begegnet zu sein ... ❞

Band 3, Seite 167

Angeblich war es Mme. de Pompadour (1721–1764), »Maitresse en titre«, hier porträtiert von Boucher, die den sich schnell langweilenden Ludwig XV. zur Chemie brachte. Sie war eine überaus geistvolle Frau, liebte ihre Bibliothek und ließ sich stets mit Büchern malen. Ihre Beschützerrolle für die Enzyklopädie setzt ihr in der Geistesgeschichte Europas ein unvergängliches Denkmal. Bayer. Staatsgemäldesammlungen, München.

»Wer das Ancien Régime nicht gekannt hat, weiß nicht, wie schön das Leben sein kann«, soll Ch. M. de Talleyrand (1754 bis 1838) einmal gesagt haben. Casanova wußte es. Etwas von der raffinierten Pracht damaliger Feste vermittelt das Aquarell »Souper à Louveciennes« von Moreau le Jeune. Musée du Louvre, Paris.

Regierung »... gefährlichen Halsabschneidern und entschlossenen Mördern ...«[4] Straffreiheit gewährte, wenn sie nur bereit waren, der ungesunden Arbeit an den Glasöfen nachzugehen. Um der Angebeteten dennoch nahe sein zu können, bemühte sich Casanova, Beziehungen zu den Nonnen auf Murano zu knüpfen und begegnete dabei einer weiteren faszinierenden Schönheit, der Nonne »M. M.«, Marina Maria Morosini (1731–?): »... Ich hatte mit einer Vestalin zu tun ... Eine verbotene Frucht wurde mir geboten ...«[5], die er seiner Veranlagung entsprechend selbstverständlich verspeisen sollte. Denn, so reflektiert Casanova über den Eros und dessen Bann über die Geschöpfe in der Sprache der Alchemie: »... Die animalische Natur – was die Alchemisten das animalische Reich nennen – verschafft sich instinktmäßig die drei Mittel, die sie notwendig braucht, um sich in Ewigkeit fortzupflanzen ...«[6] In der Begriffswelt der Alchemie bleibend, fährt er fort: »... die Geschöpfe würden sich mit der Arbeit der Fortpflanzung nicht befassen, wenn sie nicht ihr Vergnügen darin fänden und wenn sie das große Werk nicht durch einen unwiderstehlichen Reiz anzöge ...«[7]

Diese Rötelzeichnung, in der Francesco Casanova (1727–1803) das Profil seines älteren Bruders Giacomo im Alter von etwa 25 Jahren festhielt, macht dessen Aussage über sich selbst, ein ganzes Leben lang das Opfer seiner Sinne gewesen zu sein, sehr glaubhaft.

Es war also die Natur selbst, die Casanova in jene abenteuerliche Geschichte lockte, die meist auf Murano spielt. Er wird von heimlichen Spionen bedroht: »In einer engen Gasse blieb ich stehen und erwartete mit gezogenem Messer den Spion, packte ihn am Kragen, drückte ihn in eine Ecke, setzte ihm die Spitze des Messers an die Kehle, und forderte ihn auf, mir zu sagen, was er wolle ...«[8]

In hingebungsvoller Detailschilderung erzählt Casanova von den Begegnungen mit seinen Schönen in luxuriösen Séparés abgelegener Casinos: »... alles schien darauf berechnet zu sein, der Liebe, dem Vergnügen und den Freuden der Tafel zu dienen ...«[9] Die exquisiten Tafelfreuden wurden übrigens durch eine diskrete Durchreiche serviert, damit die Liebenden nicht beobachtet werden konnten. Ausgerechnet hier erfährt man nun von den chemischen Aktivitäten des französischen Königs. Beim Entkleiden der Nonne erkennt Casanova, daß »M. M.«s weiterer Liebhaber dem König nahestehen mußte: »... M. M. hatte unter ihren Uhrenanhängseln ein kleines Bergkristallfläschchen von ganz genau der gleichen Form wie das, das ich an meiner Kette trug. Ich machte sie darauf aufmerksam, und da ich in meinem Fläschchen ein Wattebäuschchen mit Rosenöl hatte, gab ich es ihr zum Riechen.

›Ich habe ein ebensolches‹, sagte sie und ließ auch mich riechen.

›Die Essenz ist sehr selten und kostet viel Geld.‹

›Deshalb ist sie auch nicht käuflich zu haben.‹

›Das ist wahr. Der Erzeuger dieser Essenz ist ein gekröntes Haupt, der König von Frankreich. Er hat ein Pfund davon hergestellt, das ihn zehn Taler gekostet hat.‹

›Mein Liebhaber hat das Rosenöl zum Geschenk erhalten und hat mir davon abgegeben.‹ ...«[10]

Nun weiß Casanova, wie immer über fast alles wohlunterrichtet, daß es sich um den französischen Gesandten handelt: »... Madame de Pompadour hat ein Fläschchen voll durch Vermittlung des jetzigen hiesigen französischen Gesandten, Monsieur A. de B., an den venezianischen

Es ist umstritten, ob wirklich Casanova dieses Aktgemälde der jugendlichen Marie-Louise O'Murphy (1737–1815) bei Boucher in Auftrag gab, das Ludwig XV. so erregte, daß er die Dreizehnjährige in den »Parc aux Cerfs« aufnahm, den berüchtigten Serail »Seiner Allerchristlichsten Majestät«. Boucher, »Ruhendes Mädchen«. Bayer. Staatsgemäldesammlungen, München.

Gesandten in Paris, Signor Mocenigo, geschickt.«[11]
Völlig en passant äußert Casanova hier, Ludwig XV. habe ein Laboratorium betrieben und sich dortselbst mit der Herstellung von Duftölen beschäftigt. Bei aller Erstaunlichkeit der Mitteilung entsprach dies aber tatsächlich der Tradition des französischen Herrscherhauses. Als Ludwig XIV., der Sonnenkönig, 1715 starb, war sein Enkel, der spätere Ludwig XV. (1710 bis 1774), noch ein Kind. Ein Onkel des Thronfolgers, Philipp II., Herzog von Orléans (1674 bis 1723), übernahm die Regentschaft. Wie viele Aristokraten jener Zeit beschäftigte er sich mit Alchemie und Chemie. Sein Biograph, Louis de Rouvroy, Herzog von Saint-Simon (1675–1755), berichtet: »... der Duc d'Orléans pflegte sich, ... mit Chemie und Alchemie zu beschäftigen ... Er ließ sich ein gutausgerüstetes Laboratorium einrichten, holte einen Chemiker von großem Ruf, der Homberg hieß ... Der Herzog sah ihm bei seinen Experimenten zu, legte oft auch selbst Hand an ...«[12]
Offenbar waren es aber duftende Öle und Essenzen, die es dem Herzog von Orléans besonders angetan hatten. »... Später fand er Gefallen daran, die seltsamsten Kompositionen aus Steinen und geschmolzenem Glas zusammenzustellen, oder er beschäftigte sich mit der Herstellung starker Parfums, wofür er von jeher besondere Vorliebe hegte; eine Tätigkeit, von der ich ihn jedoch abbrachte, weil dem König solche Düfte ausgesprochen zuwider waren und der Herzog fast ständig den Geruch seiner Parfums um sich verbreitete ...«[13] Es ist also naheliegend, daß der Neffe des Regenten, König Ludwig XV., diese Tradition fortführte.
Alain Corbin hat 1982 in seiner ausgezeichneten Geschichte des Geruchs »Pesthauch und Blütenduft«[14] herausgestellt, daß tatsächlich während der langen Regierungszeit Ludwigs XV. animalische Duftstoffe wie Ambra und Moschus aus der Mode kamen und Duftöle pflanzlicher Herkunft bevorzugt wurden. Am Hofe Ludwigs XV. schrieb die Etikette täglich ein anderes Parfum vor. Neben Rosenwasser waren Veilchen-, Thymian-, Lavendel- und Rosmarindüfte en vogue. Als Ergebnis der Forschungsreisen 1766 bis 1769 des Kapitäns Louis-Antoine de Bougainville (1729–1811) wurde diese Palette durch Duftnoten tropischer Südseeblumen erweitert.
Daß Ludwig XV. tatsächlich, zumindest später, selbst ein Laboratorium betrieb, berichtet Casanova in der »Geschichte meines Lebens« erst im Zusammenhang mit seinen Erinnerungen an das Jahr 1757 und seine Auseinandersetzungen mit dem Grafen von Saint-Germain, einem alchemistischen Betrüger und Chemiker, der uns im folgenden noch ausführlicher beschäftigen wird. Von den chemischen Fähigkeiten des Königs zeigt sich Casanova nicht besonders beeindruckt, was angesichts seiner eigenen beachtlichen Kenntnisse nicht weiter verwundert: »... Saint Germain hatte den Herrscher verführt, indem er

»... Dem allerschönsten Mund die heißesten Küsse raubend, glaubte meine Seele vor Wonne zu vergehen ...« In der ersten Liebesnacht mit der Nonne M. M. entdeckt Casanova, daß sie ein Bergkristallfläschchen mit Rosenessenz als Uhrenanhänger trägt. Flakon in Herzform aus silbermontiertem Kristallglas an silberner Kette. Deutsch, 18. Jh.

ihm im Trianon ein chemisches Laboratorium einrichtete, wo er sich zuweilen amüsierte, obgleich seine Kenntnisse in der Chemie sehr unbedeutend waren ... Die Bekanntschaft des Adepten war dem Herrscher von der gefälligen Marquise vermittelt worden; sie hoffte ihm die Langeweile zu vertreiben, indem sie ihm Geschmack an der Chemie beibrachte ...«[15]
Im übrigen legte Saint-Germain – jedenfalls nach Meinung Casanovas – den König auf das übelste herein, indem er gemeinsam mit ihm Experimente zur Vergrößerung von Diamanten durchführte, die dank einiger Taschenspielertricks auch scheinbar funktionierten, so daß der

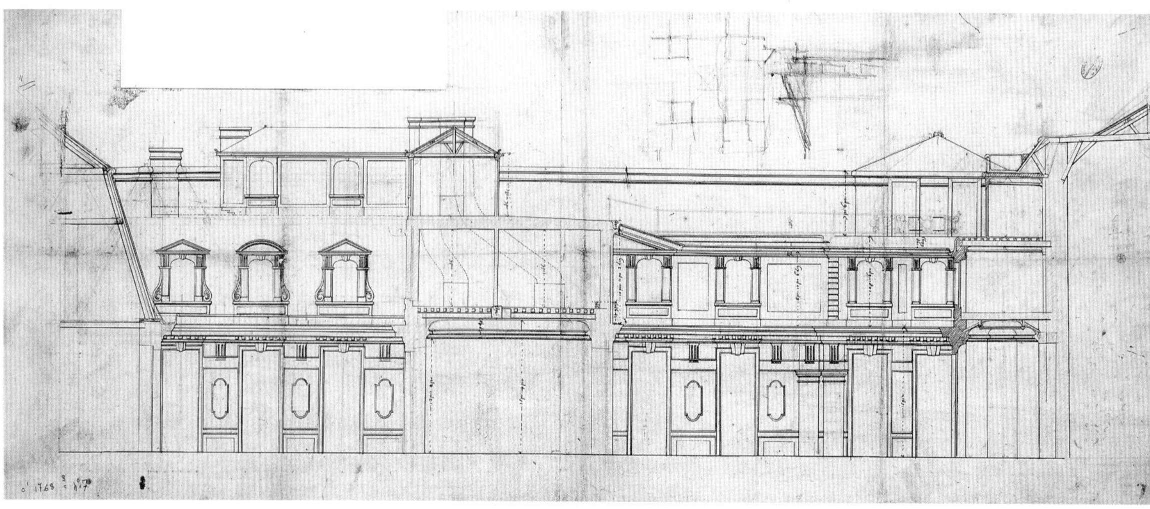

Planskizze zum Einbau des Laboratoriums Ludwigs XV. im Grand Trianon, in Seitenansicht, um 1768. Es handelt sich um den hell gezeichneten Raum mit zwei Schloten in der Mitte. Er verfügte über zwei große Ausgüsse für Abwasser und einen gewaltigen Herd mit Rauchfang, der eine Längswand voll ausfüllte.

geprellte König wähnte, er selbst habe Diamanten vergrößert: »... Der König zeigte eines Tages dem Herzog von Zweibrücken einen zwölf Karat schweren Diamanten von reinstem Wasser, den er am Finger trug und von dem er glaubte, daß er ihn, von dem Betrüger ins Magisterium eingeführt, selbst gemacht habe. ›Ich habe‹, sagte er, ›vierundzwanzig Karat kleinere Diamanten geschmolzen; daraus erhielt ich diesen hier, der durch Schleifen zwölf Facetten erhalten hat.‹ ...«[16] Auch von Saint-Germains Diamanten wird an anderer Stelle noch die Rede sein.
Das Erscheinen ungekürzter Ausgaben der Memoiren Casanovas, die seine Abenteuer mit den beiden Nonnen in höchst unmittelbarer Schilderung enthielten, gab zu Entrüstungsstürmen Anlaß. Daß Casanova in vollverspiegelten Séparés – einschließlich des Fußbodens! – lustvoll die Strophen der »Sonetti lussuriosi« des Renaissancedichters Pietro Aretino (1492–1556) durchturnt hatte, wobei der Gesandte und spätere französische Außenminister und Kardinal zugesehen hatte, war für die Moral des 19. Jahrhunderts ein harter Brocken. Vielleicht war aber diese Wirkung von Casanova auch so beabsichtigt, denn in der allgemeinen Entrüstung wurde immer übersehen, daß er hier eher nebenbei einen seiner ganz großen literarischen Anreger in die Handlung seiner Lebensgeschichte einführt. Dank Aretino, »M. M.« und »C. C.« bemerkt man gar nicht, daß Casanova den Abbé François Joachim de Pierre de Bernis (1715–1794) wahrscheinlich schon lange zuvor in Paris kennengelernt haben muß, da dieser Madame de Pompadour als ihr ständiger Berater stets wie ein Schatten zu folgen pflegte. Die eigenartige Sexualität des rundlich-rosigen, stets überaus kultivierten Abbés gab öfter zu Klatsch Anlaß. Kein Geringerer als Voltaire hatte de Bernis, dessen feminin-voyeuristische Neigungen karikierend, den hübschen Spitznamen »Babette, das Blumenmädchen« angehängt. Was Casanova bezeichnenderweise mit keiner einzigen Silbe erwähnt, ist aber die bemerkenswerte Tatsache, daß de Bernis seinen Zeitgenossen als einer der ganz großen Literaten des Jahrhunderts galt. Für Casanova, der als Schriftsteller zu diesem Zeitpunkt noch völlig unbekannt war, muß die enge Vertrautheit – ja fast schon

Rechts: »Die fröliche Tischzeit«, Stich um 1760.

Freundschaft – mit de Bernis, dessen Werke ihm die Mitgliedschaft in der Académie française eingetragen hatten, ein belebender Ansporn gewesen sein. Welchen hohen literarischen Rang man seinerzeit de Bernis zubilligte, läßt sich am besten einer 1753 in der »Berlinischen privilegierten Zeitung« erschienenen Würdigung seiner Werke ausgerechnet aus der Feder Gotthold Ephraim Lessings (1729–1781) entnehmen, der in dieser Rezension in erster Linie de Bernis' Anlehnung an die Philosophie und an das Naturgefühl Baruch de Spinozas (1632–1677) herausstellt. Nach Lessing verstand es de Bernis, »... die abstractesten Lehren der Physik und Metaphysik durch reizende Verse zu verschönen ...«[17]: Man darf annehmen, daß die Einbeziehung naturwissenschaftlich-technischer Themen in Casanovas späteren Roman »Eduard und Elisabeth« auch durch die Dichtungen de Bernis' angeregt worden ist.

Lessings Würdigung von de Bernis' Œuvre läßt die Gemeinsamkeiten im späteren literarischen Werk Casanovas erkennen. »... In seinen Gedichten ist er weise ohne Zwang; schimmernd ohne falschen Glanz. Seine Verse sind Kinder der Natur, die in edler Einfalt dahin fliessen ... Wie wahr ist es, daß die Natur das Siegel des Genies, die Stütze des Geschmacks und die Seele der Harmonie ist;! Die Gegenstände seiner Poesie sind der Geschmack, die Sitten, die Unabhängigkeit, der Ehrgeiz, die Liebe zum Vaterlande, die Tugend, die Wollust und etc. Die prosaischen Aufsätze handeln von den Leidenschaften, von der Metromanie, der Neugierigkeit, von dem Geschmacke am Landleben ...«

Diese Themen finden sich auch in den Betrachtungen Casanovas, auch er spricht gerne von der Tugend – nur – seine Definition dieses grundlegenden Begriffs ist tatsächlich zuweilen ein wenig eigenartig.

❝ ... Ein ganzes Jahr lang ging ich dreimal wöchentlich zu Monsieur Crébillon, und ich lernte von ihm alles Französisch, das ich weiß; aber es ist mir stets unmöglich gewesen, mich von meinen italienischen Wendungen freizumachen. Ich bemerke sie sehr gut, wenn ich ihnen bei andern begegne; aber sie fließen mir beim Schreiben aus der Feder, es will mir nicht gelingen, sie zu fühlen. Ich bin überzeugt, daß ich es niemals dahin bringen werde, sie zu erkennen ... ❞ Band 3, Seite 146

François-Joachim de Pierre, Kardinal de Bernis (1715–1794), Staatsmann und Dichter, war ein nützlicher und anregender Freund Casanovas. Lange Jahre Berater von Mme. de Pompadour, wurde er 1757 Außenminister. In Rom galt er als Kirchenfürst, der wie kein anderer den Prunk liebte.

»... Niedergeschlagen und halb betäubt stützte ich meine Ellenbogen auf die Brüstung des vergitterten Zellenfensters...«

Die Medizin als Dienerin eines fliehenden Gefangenen

»Piazza San Marco«, Gemälde von Canaletto, Blick nach Osten auf die Markuskirche. Metropolitan Museum of Art, New York.

Es sollte in Casanovas Leben häufiger vorkommen, daß man ihn hinter Gittern gefangensetzte. Immer kam er aber wieder frei. 1743 verkaufte er in jugendlichem Leichtsinn – er war neunzehn Jahre alt – heimlich die Wohnungseinrichtung seiner Familie, was begreiflicherweise nach einiger Zeit aufkam und zu herben Auseinandersetzungen mit seinen Vormündern führte. Der Abbate Grimani wußte sich nicht anders zu helfen, als sein ungebärdiges Mündel im allseits von Wasser umgebenen Fort Sant' Andrea einsperren zu lassen. »... Ich steige in die Gondel ein; man zieht den Vorhang zur Seite und ich sehe meinen bösen Genius, Razetta, und einen Offizier. Die beiden Soldaten nehmen im Vorderteil Platz; ich erkannte die Gondel des Signor Grimani...«[1] Doch auch hier war Venedig nicht vor Giacomo sicher. Er wähnte, vom Bevollmächtigten seines Vormunds, Antonio Lucio Razzetta, beleidigt und betrogen worden zu sein. Er sann auf Rache. »... ergriff ich die folgenden Maßregeln, um in aller Sicherheit meinen Haß befriedigen und mein Alibi beweisen zu können, für den Fall, daß es mir gelänge, den Schurken totzuschlagen...«[2]

Woher Casanova das Wissen um die medizinischen Tricks seiner diversen Befreiungsaktionen hatte, ist ungeklärt. Möglicherweise hatte er in Padua, als man ihm ein Medizinstudium verwehrte, heimlich Medizinvorlesungen gehört. Jedenfalls waren ihm Symptomatik und therapeutische Maßnahmen bei Erkrankungen geläufig. Er konnte sein Wissen akut und dramatisch einsetzen und war dabei ebenso gerissen wie glaubwürdig. »... Bei einem Spaziergang sprang ich von einer Bastion herunter und tat, als hätte ich mir den Fuß verstaucht. Ich ließ mich von zwei Soldaten in mein Zimmer tragen. Der Wundarzt der Festung glaubte, ich hätte mir den Fuß verrenkt, und sagte, ich müsse zu Bett liegen bleiben; hierauf umwickelte er mir den Knöchel mit Leinwandbinden, die er in Kampferspiritus getaucht hatte...«[3] Mit voller Absicht ließ sich Casanova einen Soldaten als Bewacher ins Zimmer legen, von dem er jedoch wußte, »... daß ein einziges Glas Branntwein genügte, um ihn betrunken zu machen und in tiefen Schlaf zu versetzen...«[4] Damit hatte er den ersten Akt seines

Das Fort Sant' Andrea schützte die Einfahrt in die Lagune. Das Fort diente auch als Gefängnis. Offenbar wurde es nicht allzu scharf bewacht, denn Casanova entkam und kehrte zurück.

Alibis bereits im vorhinein zurechtgezimmert. Mit Hilfe eines bestochenen Gondoliere gelang die Flucht aus dem Fort: »... In Venedig angekommen, ging ich in einen Laden, wo ich für einen Soldo einen tüchtigen Stock kaufte. Dann setzte ich mich auf die Schwelle einer Tür am Eingang der Straße vom Platz San Paolo her. Ein kleiner Kanal ... erschien mir wie gemacht, um meinen Feind hineinzuwerfen ...«[5] Und so geschah es. Zwar überlebte Razzetta, aber immerhin büßte er drei Zähne ein und war auch sonst übel zugerichtet. Auch die Rückkehr ins Fort glückte: »... günstiger Wind schwellt das Segel, das wir sofort aufspannen, und bringt mich ins Fort zurück ...«[6] Der betrunkene Bewacher schlief noch immer. »... Im Augenblick, wo ich durch das Fenster in mein Zimmer einsteige, schlägt es Mitternacht. Schnell ziehe ich mich aus, und sobald ich im Bett liege, wecke ich mit gellendem Geschrei meinen Soldaten und sage ihm, er müsse sofort den Feldscher holen, ich sei sterbenskrank von einem Kolikanfall ...«[7] Offensichtlich gelang es Casanovas schauspielerischem Talent, glaubwürdig zu wirken: »... Der Beichtvater wacht von meinem Geschrei auf, kommt herunter und findet mich in Krämpfen liegen. In der Hoffnung, durch eine Latwerge mir Erleichterung zu schaffen, läuft der wackere Mann hinaus und holt mir welche ...«[8]

Heimlich versteckte der simulierende Casanova das abführende Fruchtmus, sorgte aber durch überaus glaubhafte schauspielerische Darbietung, daß seine vorgeblichen Leiden von möglichst vielen miterlebt wurden. So verschaffte er sich ein zwar falsches, aber glaubhaftes Alibi und entging der Bestrafung, obwohl er von Zeugen seines Überfalls identifiziert worden war. Ein zur Tatzeit dermaßen kranker Mann konnte es einfach nicht gewesen sein. Die Affäre machte reichlich Furore und beschleunigte so seine Freilassung.

Auch bei seiner aufsehenerregenden großen Flucht aus den Bleikammern sollten ihm medizinische und naturwissenschaftliche Kenntnisse von größtem Nutzen sein. Casanova wußte nicht, daß die Staatsinquisition bereits Mitte November 1754 – er war inzwischen dreißig Jahre alt und ein ziemliches Früchtchen – einen ihrer »Confidente«, den bezahlten Spitzel Giambattista B. Manuzzi, Goldschmied und Edelsteinschleifer, auf ihn angesetzt hatte. Diesem behördlich verordneten »Schatten« sind originelle Beschreibungen Casanovas zu verdanken (11. 11. 1754): »... Man sagt, daß er ein Literat sei, aber mit einem an Kabalen reichen Geist, daß er sich bei seiner Exzellenz Zuane Bragadin eingeführt habe und ihm viel Geld verschlang ... da es immer seine Art gewesen ist, auf Kosten anderer zu leben ... Gegenwärtig bevorzugt er seine Exzellenz Bernardo Memmo, mit dem er meistens zusammensteckt ...«[9]

Das Ausmaß seiner blanken Ahnungslosigkeit beschreibt Casanova Jahre später selbst: »... kehrte ich im Jahre 1753 in meine Vaterstadt zurück: ziemlich gebildet, voller Selbstvertrauen, leichtsinnig, vergnügungssüchtig, jeder Voraussicht abhold ...«[10] So blieb ihm das behördliche Vorgehen verborgen, arglos tappte er in die Falle. Einige Zeit vor seiner Verhaftung erschien Manuzzi in seiner Wohnung, um vorgeblich einen

Andrea Memmo (1729–1793), hier in der Tracht eines Senators und Prokurators, war ein Freund Casanovas, welcher ihm in seinem Roman »Eduard und Elisabeth« ein literarisches Denkmal setzte.

wertvollen Brillantring zum Kauf anzubieten. Casanova hatte sich im März 1755 in der Nähe der Fondamente Nuove, in der Calle di Mezzo, der heutigen Calle de la Gorna, eingemietet, um näher bei seiner augenblicklichen Liebe zu wohnen. Dem Spitzel kam die Bleibe sehr verdächtig vor, er argwöhnte in Casanovas Zimmer eine zweite, mit Gemälden verdeckte Geheimtür. Offenbar sollte er mögliche Fluchtwege auskundschaften, um die bereits geplante Verhaftung nicht zu gefährden. Dank Alvise Zorzis liebevoller Untersuchungen zur Geschichte Venedigs wissen wir, daß Manuzzi der Obrigkeit hinterbracht hatte, Casanova habe »... eine ausgedehnte Komposition in Versen ... in Venezianischer Sprache ...«[11] verfaßt und dargelegt, daß »... diejenigen, die an Jesus Christus glauben ...«[12] recht schwach im Geiste seien. Am 20. Juli 1755 notierte der Sekretär des Obersten Gerichtshofes: »... Manuzzi möge sich bemühen, die Versdichtung zu beschaffen ...«[13] Unter dem Vorwand, ein Kunde wolle sie eventuell für tausend Dukaten kaufen, lieh sich dieser nun alle handgeschriebenen Manuskripte im Besitze Casanovas aus. »... Der Vorschlag gefiel mir, und ich sagte ihm, es mache mir nichts aus, sie ihm für vierundzwanzig Stunden anzuvertrauen ...«[14] Manuzzi gab diese auch prompt zurück mit der Behauptung, sein Kunde halte sie nicht für echt. Nicht ahnend, daß bereits am 24. Juli ein Haftbefehl gegen ihn ergangen war, wiegte sich Casanova noch immer in Sicherheit, selbst als er eine Woche später feststellen mußte, daß der »Messer Grande«, der oberste Büttel der Republik, angeblich auf der Suche nach unverzolltem Salz bei seiner Hauswirtin eine peinlichste Durchsuchung veranlaßt hatte. Bragadin, dem diese Art des behördlichen Vorgehens aus eigener Amtspraxis wohlbekannt war, riet zu augenblicklicher Flucht: »... Als ich mich von Herrn von Bragadin verabschiedete, sagte er lachend, wir würden uns vielleicht nie mehr sehen ...«[15] Aber Casanova war nicht nach Flucht zumute. Am folgenden Namenstag der heiligen Anna – so hieß seine aktuelle Flamme – hatte er sich mit dieser auf Castello verabredet. Er schlug alle Warnungen in den Wind, und das Unheil nahm seinen Lauf: »... Am 26. Juli 1755 trat bei Tagesanbruch der *Messer grande* in mein Schlafzimmer. Erwachen, ihn erblicken und seine Fragen hören, alles geschah im gleichen Augenblick ... *Gebt mir*, sagte er, *alles, was Ihr Schriftliches habt, von eigener oder fremder Hand; zieht Euch an und kommt mit* ...«[16] Zum letzten Mal für lange Zeit ließ sich Casanova rasieren, zum letzten Mal für eineinhalb Jahre kleidete er sich in Spitzenhemd und Ausgehfrack, »... als ginge es auf eine Hochzeit oder einen Ball ...«[17] In einer Gondel führte man ihn ins Gefängnis und über die Seufzerbrücke in den Dogenpalast. Ohne Verlesen eines

Unten: Im Frühjahr 1755 wohnte Casanova in der Calle di Mezzo, »die vierte Tür zur rechten Hand« bei der Witwe des Mosaiklegers Leopoldo da Pozzo, nahe den Fondamenta Nuove. Ihr westliches Ende ist hier, von der Sacca della Misericordia aus, zu sehen. So war Casanova näher bei seiner damaligen Flamme. Zwar vermißte er den Komfort des Palazzo Bragadin, doch ließ es sich hier zügelloser leben.

»Der Fußboden meiner Zelle lag genau über der Decke des Saales der drei Staatsinquisitoren.« Diese Decke wollte Casanova durchbrechen. Bella, »Tribunale Supremo«.

Unten: Ansicht der Seufzerbrücke über den Rio di Palazzo, errichtet um 1602. Auf diesem Wege wurde auch Casanova ins Gefängnis gebracht.

Haftbefehls und ohne Urteilsverkündung steckte man ihn unter die Bleidächer. Die Bedingungen waren schrecklich, nur tags war es in der Zelle hell, künstliches Licht war verboten. »... Die Nacht verbrachte ich schlaflos bei dem Lärm, den die umherspringenden Ratten auf dem Dachboden vollführten, und in Gesellschaft der Turmuhr der Markuskirche, die in meine Zelle hineinzupochen schien. Eine Plage ... bereitete mir eine unerträgliche Qual: eine Million Flöhe, die sich mit Begeisterung auf meinem ganzen Körper verteilten ...«[18] Verzweifelt bat er um Lektüre, doch gönnte man ihm keine Bücher aus seiner eigenen Bibliothek, sondern in dem Bestreben, ihn sittlich zu bessern, erhielt er Werke wie »Die mystische Gottesstadt« der Schwester Maria von Jesus vom Kloster Agreda. Aber nicht einmal im Gefängnis konnte sich Casanova für diese Art von Mystik begeistern: »... Das Buch dieser Spanierin ist genau das richtige, um einen Menschen verrückt zu machen ...«[19]

Bewegungslosigkeit und einseitige Ernährung ruinierten seine Verdauung. »... Die Natur bietet uns zwar keine guten Arzneien, um uns von Krankheiten zu heilen, aber sie bietet uns wenigstens sichere Mittel, sie uns zu holen ...«[20] schreibt er später nicht ohne Bitterkeit. Man schickte einen Arzt, und die Haftbedingungen besserten sich ein wenig. Mit Gerstenaufguß-Klistieren stellte man ihn – fast – wieder her. Der einfühlsame Arzt sorgte für andere Lektüre: »... und gab mir stattdessen Boethius' *Trost der Weisheit*. Ohne diesen Autor zu kennen, hatte ich doch die größte Achtung vor ihm ... Um zu verstehen, was Boethius vermag, muß man ihn in der Lage lesen, in der ich war. Niemand vor oder nach ihm hat es fertig gebracht, einen solchen Balsam für betrübte Gemüter zu geben ...«[21]

Anicius Manlius Severinus Boëthius (480–524) wirkte als Philosoph und Staatsmann am Hofe des Ostgotenkönigs Theoderich. Das Eintreten für einen in Ungnade gefallenen Freund trug ihm einen Prozeß wegen Hochverrats ein. Während er im Gefängnis auf seine Hinrichtung wartete, schrieb er sein später hochberühmtes Werk »De consolatione philosophiae ...«, das »Trostbuch der Philosophie« – in der Tat ein besonders für Gefangene geeignetes Werk. Der mathemati-

Noch heute wirken die Gefängnisgänge des Dogenpalastes, durch die Casanova 1755 geführt wurde, eng und bedrückend. Die Bleikammern lagen unter dem bleigedeckten Dach des Dogenpalastes und waren im Sommer sehr heiß und im Winter recht kalt.

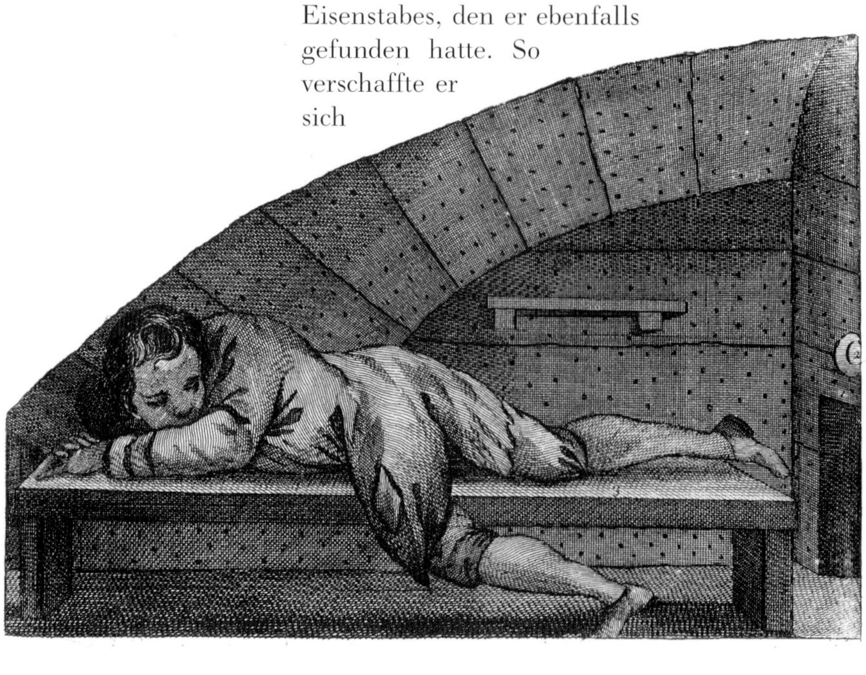

In den Zellen des Dogenpalastes war es eng und ungemütlich, ganz besonders berüchtigt aber waren die »Forni« (Öfen) genannten Zellen, in denen nur das Liegen möglich war. Der Legende nach wurden sie auch von Hochwasser bedroht.

sche und ästhetische Denkansatz des Boëthius mit seiner kosmischen Proportionen- und Harmonienlehre dürfte auch den Kabbalisten Casanova angesprochen haben.
Die fernen Ausläufer des Erdbebens von Lissabon am 1. November 1755 weckten in ihm jäh die allerdings vergebliche Hoffnung, der Dogenpalast möge einstürzend ihm die Freiheit schenken. »Hitze, Flöhe und Langeweile«[22] und die Ungewißheit, ob er je wieder freikommen würde, ließen seinen Entschluß reifen: »... *Zum Tod entschlossen kühner*, wie es bei Horaz heißt, faßte ich Anfang Oktober den Plan, mit Gewalt einem Ort zu entkommen, an dem man mich gewaltsam festhielt...«[23] Zunächst verschaffte er sich Klarheit über die Lage seiner Zelle und erkannte, daß diese oberhalb des Saales der drei Staatsinquisitoren lag. Man gestattete ihm, während der Wärter und seine Gehilfen seine Zelle aufräumten, auf dem Dachboden des Dogenpalastes spazierenzugehen, wo man etwas sorglos die Habseligkeiten früherer Gefangener und alte Akten herumliegen ließ; »... Ein Stück polierten schwarzen Marmors, ein Zoll dick, sechs Zoll breit und drei Zoll lang weckte mein Interesse; ich nahm es ohne besondere Absicht an mich und legte es in der Zelle unter meine Hemden.«[24] Bald darauf benutzte er diesen Stein zum Schärfen eines eineinhalb Fuß langen, daumendicken Eisenstabes, den er ebenfalls gefunden hatte. So verschaffte er sich sein wichtigstes Werkzeug, eine kleine Brechstange beziehungsweise einen Meißel.
Allmählich besserte sich seine Lage. »Am Neujahrstag 1756 bekam ich Geschenke. Lorenzo brachte mir einen mit schönem Fuchspelz gefütterten Hausmantel, eine seidene Decke mit Baumwollfüllung und einen Sack aus Bärenfell zum Füßewärmen in der grausamen Kälte, unter der ich ebenso furchtbar litt wie unter der Hitze des August. Während er mir dies alles übergab, richtete er mir vom Sekretär aus, ich könne monatlich über zehn Zechinen verfügen, um mir alle Bücher, die ich wünschte, und auch Zeitungen besorgen zu lassen, dieses Geschenk mache mir Herr Bragadin.«[25] Trotzdem begann Casanova, mit seinem Eisen unter seinem Bett den Boden aufzubrechen. Da ihn im Winter die Flöhe nicht plagten, hinderte er die Wärter am Fegen des Zellenbodens. Er behauptete, durch den aufgewirbelten Staub bekäme er Husten mit tödlichen Geschwülsten. Wieder holte man einen Arzt herbei, den aber der in medizinischer Literatur geschulte Casanova mühelos auf seine Seite zog. Da er in seiner Zelle im Winter nur fünf Stunden Tageslicht hatte, kam er mit dem Aufbrechen des Fußbodens nicht schnell genug voran. Er benötigte dringend – trotz des Verbotes – eine Lampe: »... Ich brauchte ein Gefäß, Dochte aus Wolle oder Baumwolle, Öl; Feuerstein, Reibfläche, Schwefelhölzchen und Zunder...«[26] So ließ er sich, angeblich weil es besser schmecken würde, besonders gutes Öl für seinen Salat besorgen, auf den er aber verzichtete. Aus seiner gefütterten Bettdecke, dem erwähnten Neujahrsgeschenk Bragadins, holte er sich Baumwolle, die er geduldig zu Dochten drehte. Um zu Feuerstein zu gelangen, nutzte er seine medizinischen Kenntnisse und behauptete, er habe Zahnweh, das sich durch Auflegen von mit Essig getränktem Feuerstein lindern ließe.
Um Funken zu schlagen, benötigt man außer Feuerstein auch Stahl. Eine stählerne Schnalle vom Gürtel seiner Kniehose gab eine ausgezeichnete Reibfläche: »... Jetzt fehlten mir nur noch die Schwefelhölzer und der Zunder...«[27] Wieder nutzte Casanova seine medizinischen Kenntnisse: »... Fleckenausschlag, der mich gelegentlich befiel und mir einen sehr lästigen Juckreiz

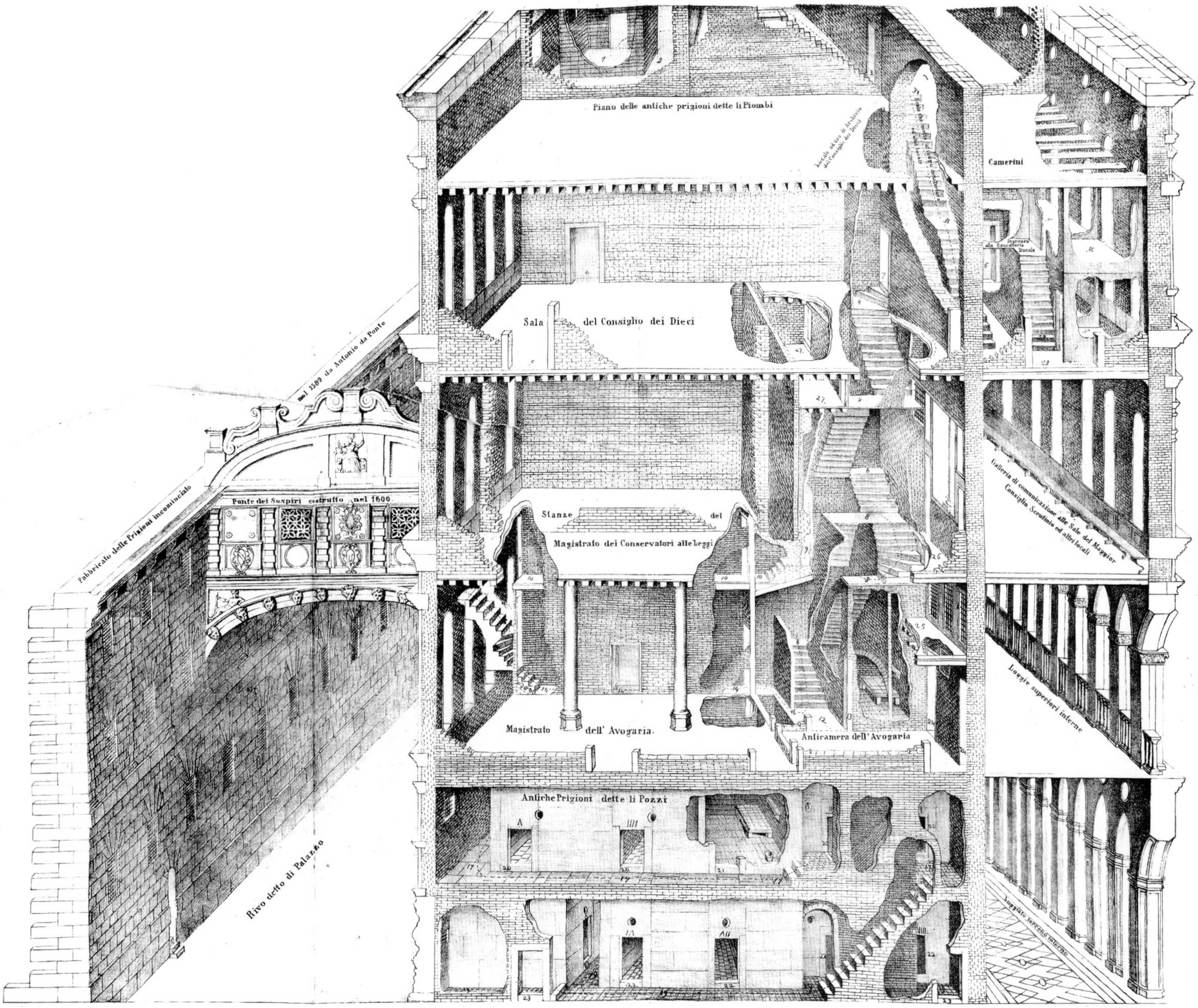

am ganzen Körper verursachte, zeigte sich ...«[28] Casanova schickte dem Arzt einen Brief. Wie erhofft, verschrieb dieser eine Einreibung mit Schwefelblütensalbe. Bescheiden, wie Casanova zumindest gelegentlich auftreten konnte, verlangte er nur Schwefel und behauptete, daß er sich die Salbe mit Butter selbst zubereiten wolle. Doch wie an Zunderschwamm kommen? Nach langem Nachdenken fiel ihm ein, daß er seinen Schneider angewiesen hatte, seinen Taftrock gegen Schweiß unter den Achseln mit Schwamm zu füttern. Zwar wußte er nicht, ob der Schneider diesem Wunsch auch wirklich nachgekommen war, denn der Schwamm wurde von dem eigentlichen Futter verdeckt. Die Schilderung des Auftrennens und die Auffindung des Schwammes ist einer der ganz großen spannenden Höhepunkte in Casanovas Werk: »... Welch ein Vergnügen, welch eine Befriedigung, diese Wohltat allein sich selbst zu verdanken und eine der grausamsten Anordnungen zu übertreten, die ich je erlebt hatte ...«[29]

Schwierig war auch die Entfernung des im Fluchtloch losgebrochenen Materials, das er schließlich, als er wieder am Dachboden spazierengehen durfte, in einem verknoteten Tuch verborgen, heimlich in dem dort lagernden Rümpel zurückließ. Doch unter dem hölzernen Zellenboden, den er relativ leicht hatte durchbrechen können, fand er »Terrazzo marmoreo«, einen noch heute in Venedig vielverwendeten Estrich aus einer Mörtelschicht, der auf die Bruchreste von Marmor und anderem Gestein geworfen und gestampft wird, bis sich eine glatte, glänzende und elastische Oberfläche ergibt.

Diesmal waren es die Chemie und die Kenntnis klassischer Schriftsteller, die ihm halfen. Nach den Berichten von Livius (59 v. Chr. – 17 n. Chr.)

Schnitt durch den östlichen Trakt des Dogenpalastes, von Norden gesehen. In der obersten Etage links hinten war Casanovas Zelle.

Casanovas Flucht aus den Bleikammern am 1. November 1756. Dargestellt ist der berühmte Augenblick, wo er, an der Dachrinne hängend, von einem Wadenkrampf befallen wurde und beinahe abgestürzt wäre.

Über die Scala dei Giganti, die Gigantentreppe von Antonio Rizzo, gelang Casanova und seinem Gefährten die Flucht aus dem Dogenpalast.

hatte sich Hannibal (247–183 v. Chr.) den Weg durch die Alpen gebahnt, indem er den Kalkstein mit Äxten brechen ließ, den er zuvor durch Aufgießen von Essig habe mürbe machen lassen. Zwar glaubte Casanova nicht an diese Überlieferung, denn wo hätte Hannibal diese ungeheuren Mengen Essig finden sollen? »... Aber gab ich dennoch in mein Loch eine Flasche starken Essigs ... und am Tag darauf sah ich, daß ich ... die Sache schaffen würde ...«[30]

Casanovas Arbeiten zogen sich in die Länge, immer wieder legte man ihm neue Gefangene in die Zelle, die ihn bei seiner Arbeit störten. Doch der Abbate Tommaso, Graf Fenaroli, ein alter Bekannter, kam gelegen, denn er brachte wenigstens einigen Klatsch, insbesondere Gerüchte über die eigentlichen Gründe von Casanovas Verhaftung. So war kolportiert worden, er habe sich zum Oberhaupt einer neuen Religion machen wollen – tatsächlich gilt er noch heute als der erste Freimaurer Venedigs.

Des weiteren sollte die Aristokratin Lucia Memmo ausgesagt haben, Casanova würde einen ungünstigen Einfluß auf ihre drei Söhne, Andrea (1729–1793), Bernardo (1730– ca. 1816) und Lorenzo (geb. 1733) ausüben. Und schließlich wurde ihm angelastet, er hätte dazu beigetragen, daß Günstlinge eines der Staatsinquisitoren, ein Dichter und eine Theatergruppe, ausgepfiffen wurden: »... Alle diese Anschuldigungen hatten irgendeinen Punkt, der sie wahrscheinlich machte, doch sie waren alle aus der Luft gegriffen. Ich hielt nicht so viel von Religion, um eine neue zu stiften. Die drei Söhne ... waren geistvoll genug, um eher zu verführen als verführt zu werden, und Herr von Codulmer hätte viel zu tun gehabt, wenn er die hätte einsperren lassen wollen, die Chiari auspfiffen ...«[31]

Wahrscheinlich war aber doch die allzu enge Freundschaft mit der Familie Memmo der eigentliche Stein des Anstoßes gewesen, zusammen mit der alten Verbundenheit zu Zuane Bragadin, der der Serenissima als Senator diente. Aristokraten in hohen Staatsämtern war es durch Gesetz untersagt, ohne öffentlichen Auftrag mit Diplomaten fremder Mächte zusammenzutreffen. Doch ausgerechnet ihr gemeinsamer Freund Casanova war mit den Vertretern Frankreichs und Englands auf das allerengste verbunden gewesen oder noch verbunden. Sowohl mit de Bernis als auch mit John Murray (ca. 1714–1775) hatte er ausgefallene Vergnügungen, aber auch Mädchen geteilt. Ein solches Beziehungsgeflecht mußte das Mißtrauen der Staatsinquisition erwecken.

Vor diesem Hintergrund erscheint auch das Interesse des Spitzels Manuzzi an der Bibliothek Casanovas in anderem Licht. Der Hauptimporteur verbotener ausländischer Bücher nach Venedig war ausgerechnet der englische Konsul Joseph Smith (ca. 1674–1770), der seine diplomatische Immunität und seine Reputation als internationaler Kunsthändler und Bankier aufs geschickteste nutzte. Er war Inhaber des Verlages Pasquali und der Buchhandlung »Felicità delle Lettere« am Campo San Bartolomeo unweit des Rialto. Smith war seinerseits mit seinem Vorgesetzten Murray, Resident in Venedig von 1754 bis 1766, befreundet und ehelichte 1757 dessen Schwester Elizabeth. In den Memoiren Casanovas taucht der erstaunlich vielseitige Smith, wiewohl zu diesem Zeitpunkt nicht mehr der Jüngste, als eine Art Beschaffer von Mädchen für Murray auf. Smith handelte als Antiquar auch

mit mittelalterlichen Manuskripten, er dürfte einer von Casanovas bevorzugten Buchhändlern gewesen sein. Es ist übrigens jener Konsul Smith, dessen Grab Goethe 1786, vom Treibsand halb verschüttet, auf dem Lido fand.

Casanovas Fluchtplan mißlang, man verlegte ihn in eine andere Zelle, das Loch im Boden der alten wurde entdeckt: »...*Entsagen* und *Ertragen* kennzeichnen den wahren Philosophen... Ich saß auf meinem Sessel wie vor den Kopf geschlagen, starr wie eine Statue, und machte mir klar, daß ich alle Mühe umsonst aufgewendet hatte und ihr doch nicht nachtrauern konnte...«[32]

Da eine öffentliche Untersuchung die Existenz des Wärters gefährdet hätte, wurde der Fluchtversuch vertuscht. Der Gefängnisalltag ging weiter. Casanova war es gelungen, seine kleine Brechstange, im Sessel versteckt, in die neue Zelle mitzunehmen. Da man jetzt, mißtrauisch geworden, jeden Tag den Boden untersuchte, blieb nur noch die Möglichkeit, nach oben zu entweichen.

Doch nun half der Zufall. Casanova hatte sich Vergünstigungen dadurch eingehandelt, daß er stets das am Monatsende ihm verbleibende Geld dem Wärter Lorenzo aushändigte, um Messen für sein Seelenheil lesen zu lassen. Dieser behielt das Geld jedoch für sich und war infolgedessen daran interessiert, daß Casanova für Bücher nicht allzuviel Geld ausgab. Deshalb schlug er selbst einen Büchertausch mit anderen Gefangenen vor. In den getauschten Büchern ließen sich Kassiber schmuggeln, und so lernte Casanova den adeligen Somaskermönch Marino Balbi (1719–1783) kennen und heuerte ihn als Fluchthelfer an. Er ließ ihm versteckt in einer großen Foliobibel zusammen mit einer Schüssel Makkaroni das Brecheisen zukommen. Balbi durchbrach damit die Decke seiner eigenen Zelle. Casanova hatte zur besseren Tarnung empfohlen, diese mit Kupferstichen zu »tapezieren«. Balbi klebte mit Hilfe von gekautem Brot nach jeder nächtlichen Arbeit einen großen Kupferstich vor das Loch. Casanova konnte selbst nichts beitragen und vertrieb sich die Zeit mit dem Übersetzen der Oden des Horaz. Ausnahmsweise nahm er einmal nicht aus betrügerischer Absicht, sondern wirklich nur, um sein eigenes Schicksal zu erfragen, die Kabbala zu Hilfe. Die »umgekehrte Pyramide« verriet, daß die Nacht zu Allerheiligen die günstigste Gelegenheit bieten würde, um auszubrechen. Wieder hatte man einen Fremden in seine Zelle gelegt, den er durch allerlei psychologische Tricks und zauberische Beschwörungsformeln einschüchterte und dazu brachte, Balbi und ihm mit Hilfe einer mühsam besorgten Schere die Bärte zu scheren; man hatte nämlich den Gefangenen verboten, sich zu rasieren, um sie bei einer eventuellen Flucht für alle auffällig zu machen. Durch das eigentliche Dach zu brechen und eine der quadratischen Bleiplatten abzuheben, war nicht allzu schwierig: »...Ich steckte den Kopf durch das Loch und sah mit Unwillen die Helligkeit des Mondes...«[33]

Balbi und Casanova mußten eine Weile warten, bis der Mond sich anschickte unterzugehen, sonst hätte man sie allzuleicht auf dem Dachfirst des Dogenpalastes sehen können. Doch schließlich fand Casanova einen Einstieg in Räumlichkeiten, die nicht zum Gefängnistrakt gehörten. Doch diese waren von außen verschlossen. Tollkühn machte er sich Passanten bemerkbar, die den Beschließer schickten, um den, wie sie wohl annahmen, zufällig Eingeschlossenen herauszulassen. »...Ohne zu zögern und ohne ein Wort an ihn zu richten, ging ich die Treppe so schnell wie möglich hinab, hinter mir der Mönch. Nicht eben langsam, doch ohne zu laufen nahm ich die prächtige... Gigantentreppe... ohne jemanden anzuschauen – weil man auf diese Weise weniger angeschaut wird – überquerte ich die Piazzetta, ich näherte mich dem Kai, stieg in die erste Gondel...«[34]

Diese aufsehenerregende Flucht machte Casanova über Nacht zu einer europäischen Berühmtheit. Sie vor erlesenem Publikum zum besten zu geben, gehörte fortan zu seinem gesellschaftlichen Repertoire. Jahrzehnte später, 1788, veröffentlichte er in Leipzig seine »Histoire de ma fuite«, die sein erster großer literarischer Erfolg wurde. Man schätzt die mittlerweile erschienenen Auflagen dieses Meisterwerkes auf weit über fünfzig.

»... Der einzige alberne Trost, den ich zu hören bekam ... war das Lob des Bankhalters, der mich stets einen noblen Spieler nannte, wenn ich eine entscheidende Karte verlor...«

Wie wahrscheinlich ist das Glück im Spiel?

Auf der ersten großen Reise seines Lebens, die Casanova 1743 zum Antritt seines geistlichen Amtes nach Martirano in Kalabrien führen sollte, büßte er schon in Chioggia, noch in der Lagune von Venedig gelegen, seine gesamte Barschaft ein. Man hatte ihn vor dem Jakobinermönch Corsini vergebens gewarnt: »... Von Natur nachsichtig und zu unbedacht, um mich vor den Fallen zu fürchten, gab ich mich dem törichten Glauben hin, der Mönch könne mir im Gegenteil viele Annehmlichkeiten verschaffen...«[1] Dies traf wohl anfänglich zu, denn die beiden jungen Kleriker, die die erhabenen Grundsätze ihres Standes ein wenig aus den Augen verloren hatten, besuchten zusammen ein Bordell und dann eine Spielhölle: »... einer von ihnen (legte) eine Pharaobank auf... Ich ließ mich aus falscher Scham... dazu verführen. Nachdem ich vier Zechinen verloren hatte, wollte ich aufhören, aber mein ehrenwerter Freund, der Jakobiner, wußte mich zu veranlassen, noch vier Zechinen halbpart mit ihm zu riskieren. Er hielt die Bank; sie wurde gesprengt.«[2]

»Pharao« – ursprünglich nach einem Kartenbild so benannt – wird mit einem Satz französischer Karten von 52 Blättern gespielt. Jeder Spieler oder »Pointeur« erhält ein »Buch« von 13 Karten. Der »Banquier« mischt den restlichen »Talon«. Die außerordentlich verzwickten Spielregeln seien aus der Beschreibung der Hasardspiele in »Krünitz's Enzyklopädie«[3] zitiert: »... zieht der Banquier die Karten ab, das heißt, er nimmt von dem in der Hand verdeckt gehaltenen Talon jedesmal zwei Karten nacheinander, und legt die erste rechts, die zweite links von sich hin, macht nun eine Pause, und sieht, wer gewonnen und wer verloren hat. Die Karte rechts gewinnt die Bank, links die Galerie [d.h. die Spieler]. Ein jedes Paar Karten heißt ein Abzug, und so geht es nun weiter von Abzug zu Abzug fort, bis der ganze Talon abgezogen ist...«[4] Bei jedem Abzug setzen die Spieler auf eine bestimmte Karte, wobei nach komplizierten Regeln festgelegt ist, wie hoch diese je nach Wert und Farbe gewinnt oder verliert. Der »Banquier« haftet nur mit der Höhe des vorher eingesetzten Geldbetrages.

Im 18. Jh. wurde ganz Europa von einer fieberhaften Spielleidenschaft ergriffen. Besonders beliebt, aber auch besonders gefährlich war das »Pharaospiel«. Links erkennt man den »abziehenden Banquier«, ihm gegenüber die »pointierende Galerie« von setzenden, teilweise maskierten Spielern. J. J. Haid, »Das Pharo-Spiel«.

Spielkarten aus der Zeit der Französischen Revolution. Bürgerliche Tugenden ersetzen auf den Kartenbildern die Damen.

Die Platte eines Spieltisches verbarg häufig weitere Spiele wie Billard und Kegel. Manchmal waren bis zu sechs Spiele eingebaut. Spieltisch, deutsch, 18. Jh.

»Ridotto« von Pietro Longhi (1702–1785). Bei den am Boden liegenden Spielkarten war durch Knickung die Einsatzhöhe markiert worden. Die Damen trugen Masken, die mit dem Mund festgehalten wurden. Dies verhinderte, an der Stimme erkannt zu werden. Fondazione Scientifica Querini Stampalia, Venedig.

Casanovas »Unglück in Chioggia« nahm monströse Ausmaße an: »Ich wollte nicht mehr spielen, aber Corsini... riet mir, selber eine Bank von zwanzig Zechinen zu legen. Die Bank flog auf. In der Hoffnung, mein Geld wiederzugewinnen, verlor ich alles, was ich hatte. Niedergeschmettert ging ich weg...«[5] Dieses triste Hasardfinale sollte ihn noch zu vielen Malen ereilen, denn niemals hielt es ihn von weiteren Spieleskapaden ab. In Chioggia wollte Casanova nun buchstäblich sein letztes Hemd bei einem Pfandleiher versetzen, der ihn mitleidsvoll bewog, wenigstens drei dieser Kleidungsstücke sowie einige Strümpfe und Taschentücher zu behalten. »...Ich wollte ihm alles geben, da ich ein Vorgefühl hatte, daß ich alles Verlorene wiedergewinnen würde. Ein ziemlich allgemein verbreiteter Irrtum. Einige Jahre später rächte ich mich, indem ich eine Abhandlung gegen die Vorgefühle schrieb. Ich glaube das einzige Vorgefühl, wozu der Mensch einiges Vertrauen haben darf, ist das, welches ihm Böses weissagt, denn dieses geht aus dem Verstand hervor...«[6] Damit hatte Casanova eine wichtige »Spielregel« gefunden, wenn er auch selbst allzuoft gegen diese verstoßen sollte. Ein wirklich souveräner Spieler enthält sich jeglicher Gefühlsregung. Zum Glück wurde der jugendliche Spieleleve nicht immer nur brutal gerupft, sondern zuweilen sogar vor noch besseren Spielern fürsorglich gewarnt. Einmal riet ihm ein Offizier, »...nach der Mahlzeit werde man Pharao spielen, aber der Bankhalter sei ein Grieche; ein feiner Spieler; ich dürfe daher nicht spielen...«[7] Casanova, der in seiner Jugend völlig unbeleckt von den Fachtermini der Spielerszene diesen »Griechen« recht ungriechisch fand, mußte die übliche Bezeichnung für betrügerische Berufsspieler erst kennenlernen. Auch die Einsicht, daß dem Glück allein nicht zu trauen ist, ein guter Spieler vielmehr der eigenen Kunst vertraut, wuchs ihm erst schmerzhaft zu. In vielen Andeutungen ergeht er sich später über die eigenen Spielkünste, doch in welchem Umfang und gar mit welchen Tricks er selbst zum »Griechen« wurde, gibt er an keiner Stelle preis.

Ein wahrhaft großer Spieler hat von ewigwährender heiterer Gelassenheit zu sein, ob ihm nun Fortuna lächelt oder nicht. Diesen Idealtyp lernte Casanova 1745 als Fähnrich im Regiment Bala auf Korfu in der Person des Aristokraten Zuane Dolfin (1710–1753) kennen. Seines bombastischen Auftretens wegen bedachten Venedigs Bürger diesen hohen Würdenträger nach dem Prunkschiff des Dogen mit dem Spitznamen »il Bucintoro«. Doch der junge Casanova war von ihm entsprechend beeindruckt – »...Er war beredt, ein vornehmer Spieler, der stets verlor, beliebt bei den Damen... und immer unerschrokken und gleichmütig...«[8] – und strebte offensichtlich, es ihm gleichzutun, denn er beschreibt sich selbst später von ähnlicher Lässigkeit: »...Überdies war ich gern gefällig, verlor lächelnd und gewann, ohne Habgier zu zeigen, und das gefällt stets den Mitspielern...«[9]

Die Kette von Verlusten im Spiel erzwang eine drastische Verbesserung der Technik. Wieder einmal hatte Casanova beim Basettespiel alles eingebüßt. Im »Krünitz« heißt es von diesem: »...ein Hazardspiel, welches mit dem Pharao viel Ähnlichkeit hat... von einem Venezianischen Edelmanne erfunden... der auch deshalb des Landes verwiesen worden...«[10] Aller Schmuck – und Casanova schmückte sich gern,

Einer der wenigen noch vorhandenen Spielsäle ist die Sala Tiepolo in Ca'Rezzonico am Canal Grande.

pflegte auch Juwelen zur leichteren Eroberung zögerlicher Damen großzügig zu verschenken – wurde verkauft oder verpfändet. Jahrzehnte später kommentiert er die eigene fatale Niederlage: »... Das ist das Geschick eines jeden, der zu Hasardspielen geneigt ist, wenn er nicht das Glück zu fesseln versteht, indem er mit einem sicheren Vorteil spielt, der von der Berechnung oder der Geschicklichkeit abhängt, vom Zufall unabhängig ist. Ich glaube, ein verständiger Spieler kann beides tun, ohne sich dadurch dem Tadel auszusetzen oder ein Betrüger genannt werden zu dürfen ...«[11]

Casanova läßt hier nur ahnen, wie schmal die Gratwanderung zwischen einem erfolgreichen »Griechen« und einem schmählich entlarvten Falschspieler gewesen sein dürfte. Auf seine frühe Kenntnis von der nötigen Fingerartistik eines wirklich guten Falschspielers gibt es durchaus Hinweise: »... Eine halbe Stunde später hatte Signora Querini eine Sept et la va von achtzig Zechinen auf einer Karte stehen [Die Karte hatte also dreimal gewonnen, die Spielerin den ursprünglichen Einsatz von zehn Zechinen stehen lassen; Anm. d. Verf.] und der Abzug war entscheidend ...«[12] Casanova, der nur zusah, ahnte schon, daß der »Banquier« diese horrende Summe auf jeden Fall an sich bringen würde, und verfolgte dessen Tun mit Argusaugen: »... ich stand auf und heftete meine Blicke auf die Hände des Bankhalters. Trotzdem schlug er die Volte, und die Signora verlor ...«[13] Nicht einmal dies scharfe Beobachten hatte ihn am betrügerischen Mischen der Karten gehindert.

„... Bald darauf blieben wir am Tisch des Signor Pietro Marcello stehen ... Meine Geliebte spielte und verlor fünf Goldrollen hintereinander. Als sie kein Geld mehr hatte, nahm sie ein paar Hände von Gold aus meiner Tasche, und nach vier oder fünf Spielen lag die Bank in den letzten Zügen. Sie hörte auf, und der adlige Bankhalter machte ihr mit einer Verbeugung ein Kompliment über ihr Glück. Nachdem ich das ganze gewonnene Geld eingesteckt hatte, reichte ich ihr den Arm, und wir gingen; ich bemerkte, daß einige Neugierige uns folgten, und nahm eine Überfahrtgondel, die ich an irgendeinem beliebigen Ort landen ließ. Auf diese Weise entzieht man sich in Venedig stets den allzu neugierigen Augen ...“

Band 4, Seite 86

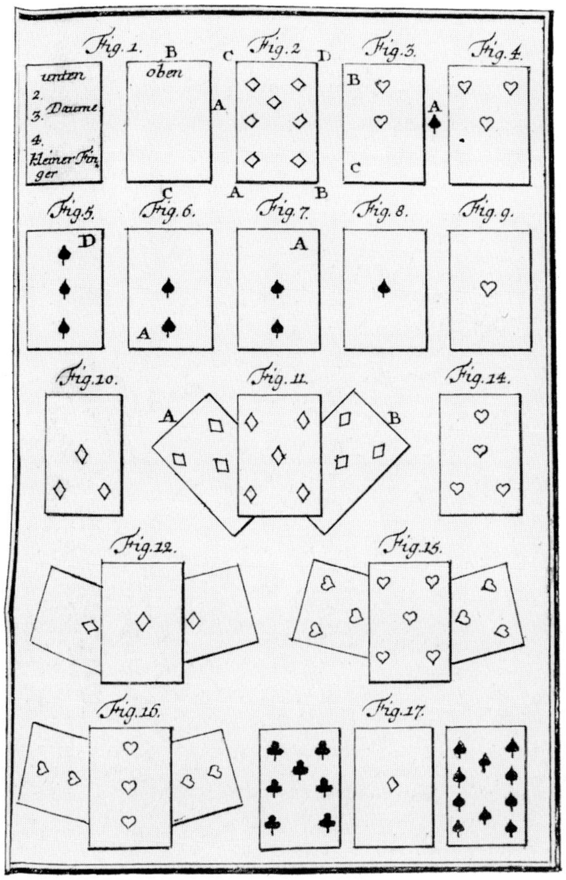

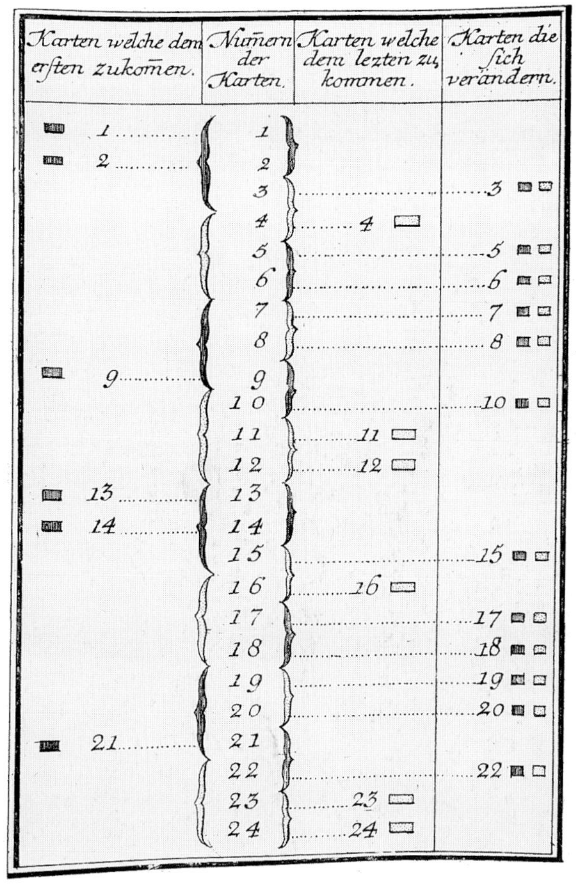

Karten welche dem ersten zukomen.	Numern der Karten.	Karten welche dem lezten zu kommen.	Karten die sich verändern.
1	1		
2	2		
	3		3
	4	4	
	5		5
	6		6
	7		7
	8		8
9	9		
	10		10
	11	11	
	12	12	
13	13		
14	14		
	15		15
	16	16	
	17		17
	18		18
	19		19
	20		20
21	21		
	22		22
	23	23	
	24	24	

Der Übergang vom Zauberkunststück mit Karten zum betrügerischen Glücksspiel war fließend. Wichtiger als die Kenntnis der meist recht simplen Tricks war eine raffinierte und extrem trainierte Fingerfertigkeit. Auf Falschspiel standen höchste Strafen. Da es oft genug ums Leben ging, mußte mit bewunderungswürdiger Präzision gearbeitet werden.

Allmählich gewann auch der »Spieler« Casanova an Erfahrung: »... Als ich meine aus Konstantinopel mitgebrachten Sachen verkauft hatte ... sah ich mich im Besitz von fünfhundert Zechinen. Ich löste von einem Juden alles ein, was ich vor meiner Abreise ... alles versetzt hatte, machte es zu Geld, fest entschlossen, nicht mehr als Dummkopf zu spielen, sondern mit allen Vorteilen, die ein vorsichtiger junger Mann sich verschaffen kann, ohne daß man seine Ehre antasten könnte ...«[14] Die Beschaffenheit dieser Vorteile bleibt allerdings wieder einmal sein Geheimnis.

Auch durch Freundesrat wurde Casanova »spielerisch« gefördert, unter anderem instruierte ihn sein alter Gönner Zuane Bragadin: »... Aber da du das Hasardspiel liebst, so rate ich dir, niemals zu pointieren. Zieh selbst ab, und du wirst im Vorteil sein ...«[15]

Diese Meinung wird vom »Krünitz« bestätigt: »... Was nun die Vortheile des Banquiers anbelangt, so ist gewiß unter allen Hazardspielen keines für den Banquier so günstig als das Pharao. Das Übergewicht der Bank über den Pointeur ist teils ein arithmetisches, theils ein moralisches ...«[16] Doch gerade das Halten einer Bank war Bürgerlichen in Venedig verboten und bestenfalls in privatem Rahmen gerade noch geduldet.

Da Glücksspiel als Vergnügen galt, lag es nahe, es im Bereich anderer Vergnügungsstätten anzusiedeln. So hatte es sich im 18. Jahrhundert zur Tradition entwickelt, zusammen mit der Konzession für ein Theater oder Opernhaus auch jene zur Aufstellung von Spieltischen zu vergeben. Es scheint also nicht unbedingt Thalia, die Muse des Theaters, gewesen zu sein, die Casanova immer wieder in die Rolle eines Impresarios lockte, sondern doch wohl eher die – wenngleich vergebliche – Hoffnung, mit Hilfe einer Spielkonzession reich zu wer-

Schematische Skizzen zweier unterhalb der Tischplatte in einen Spieltisch einzubauenden Kartentransportiermaschinen (1776), oben eine Art Karussell, unten ein Schiebemechanismus.

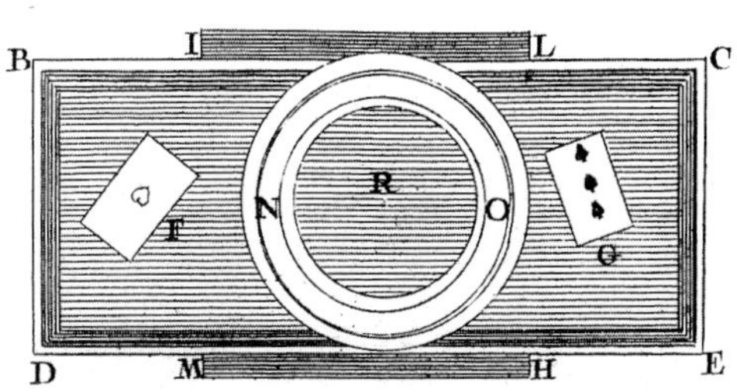

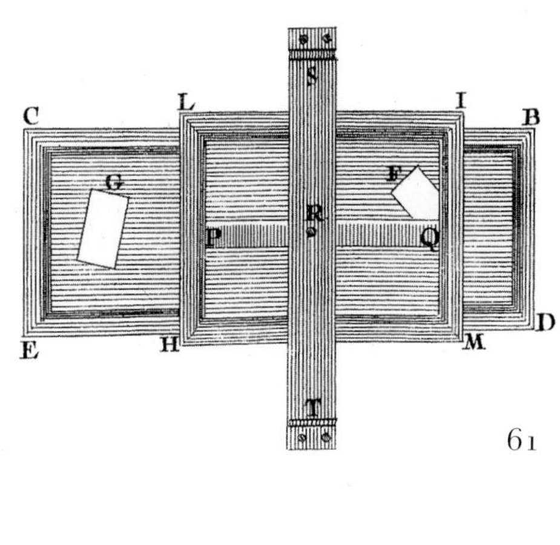

»Der Lady letzter Einsatz«. William Hogarth malte dieses Paar. Der Bildtitel sagt schon alles: Die junge Dame hat zu hoch gespielt und entscheidend verloren. Der nachdenkliche Blick kommt zu spät. Albright Art Gallery, Buffalo/USA.

den: »... Augenblicklich erbot ich mich, auf meine Kosten eine Schauspieltruppe zu besorgen, wenn man sofort alle Logen mieten und mir das ausschließliche Recht, die Pharaobank zu halten, bewilligen wollte ...«[17] Auch in der Oper Venedigs trat Casanova zuweilen als Spieler auf: »... Hierauf zog ich mich an und ging in die Oper, wo ich mich an einen Pharaotisch setzte und all mein Geld verlor ...«[18]
Zur weiteren Verfeinerung seiner Ausbildung gelangte Casanova durch die Gelegenheit, eine offizielle Form des Glücksspiels in Venedig zu erleben. 1638 war der Patrizier Marco Dandolo – ob aus Langeweile oder Geldgier, läßt sich nicht so recht entscheiden – auf den Gedanken gekommen, in seinem Palazzo Glücksspiele zu veranstalten. Der sogenannte »Ridotto« hatte sich hieraus entwickelt, der vor allem im Karneval gern besucht wurde. Das »Halten« einer Bank war nur Patriziern gestattet, die unmaskiert und in stan-

desgemäßer Robe einschließlich großer Perücke agierten, während die vorwiegend bürgerlichen Spieler nur maskiert kommen durften.
Diese Vorschrift verlieh den venezianischen Spielern ihr charakteristisch gespenstisches Aussehen. Im »Tabarro«, einem weiten, schwarzen Cape, darüber die »Bauta«, ein ebenfalls schwarzer, mit Stickerei verzierter, kurzer Umhang mit seidener Kapuze – das Gesicht verdeckt von einer weißen Maske, setzten Herren noch einen schwarzen Dreispitz auf. Damen waren zwar vom Zwang der Maske befreit, bedienten sich ihrer aber trotzdem häufig. Diese seltsame Maßnahme sollte glücklosen Spielern den Schutz der Anonymität angedeihen lassen und den Patriziern erkennbar den risikoärmeren Part des Bankhalters reservieren. Die Bürgerlichen waren also gezwungen, sich mit dem höheren Risiko des reinen Spielers, des »Pointeurs«, zu begnügen.
So zog es Casanova im Karneval 1850 vor, das Casino des Herzogs von Montalegre, des spanischen Gesandten, zu frequentieren. Da es den »Nobili« untersagt war, mit Vertretern einer fremden Macht Kontakt aufzunehmen, konnte er hier vor der »noblen« Übervorteilung sicher sein. Das eifersüchtig bewachte, aristokratische Vorrecht der Bereicherung wurde unterwandert, insbesondere von dem Abenteurer »Don« Antonio Croce, der auch gelegentlich zum »Marquis« avancierte. Dieser zeitweilige Partner Casanovas und nachmalig lebenslange Freund – »... ein großer Spieler und abgefeimter Verbesserer widrigen Glücks ...«[19] – geriet in entsprechende Schwierigkeiten und wurde von der venezianischen Behörde ausgewiesen: »... sein größtes Verbrechen war in den Augen der Podestà, daß er den Spielern ihr Geld abnahm, denn man wünschte, daß sie es ins Foyer der Oper trugen, wo die meisten Bankhalter venezianische Nobili waren ...«[20] Casanova folgte Croce als Partner nach Padua – ausnahmsweise eine sehr gute Idee. »... Er hat an vier Spielabenden zehntausend Zechinen gewonnen, von denen ich die Hälfte erhielt ... Der Spitzbube hatte mir Glück gebracht ...«[21]
Casanova folgte nun dem Rat seines Gönners Bragadin und mietete sich in Venedig ein Casino. Dieser Begriff, der ja eigentlich mit »Häuschen« zu übersetzen wäre, bezeichnete ursprünglich eine kleine Wohnung in der Nähe des Dogenpalastes, in der ein »Nobile« vor einer Ratssitzung seine Amtstracht anlegen konnte. Bei dem heiteren Naturell der Venezianer entwickelten sich die Casini zu Stätten des Lebensgenusses fernab der Familienpalazzi. »... und hielt dort eine Pharaobank auf gemeinsame Rechnung mit einem Berufsspieler, der mich gegen die hinterlistigen Streiche gewisser gewalttätiger Aristokraten schützte, gegen deren Tyrannei ein einfacher Privatmann in meiner Vaterstadt stets Unrecht bekommt ...«[22]
Unrecht wurde Casanova – wenigstens aus seiner Sicht – auch sonst reichlich zuteil: Es gipfelte im Sommer 1755 in seiner Gefangensetzung in den Bleikammern, denen er erst in der Nacht zu Allerheiligen des folgenden Jahres entkam. Die erzwungene Zeit, seine Lebensführung zu überdenken, hatte ihm höchst eigene Einsichten erbracht, die er nach seiner Flucht nach Paris entsprechend umsetzte: »... Ich hatte die Göttin des Glücks nicht umworben, und deshalb hatte sie mir auch nicht ihr Heiligtum geöffnet. Jetzt aber fühlte ich, daß ich sie mit größerer Ehrerbietung behandeln mußte; ich mußte mich an ihre Günstlinge heranmachen, die sie mit ihren Gaben überhäufte ... Ich durfte es nicht versäumen, Bekanntschaft mit großen und einflußreichen Persönlichkeiten anzuknüpfen ...«[23]

Ausgerechnet Voltaire, Casanovas großes Vorbild, aber auch vermeintlicher Feind, avanciert in diesem Kartenspiel zum Karo-König. Andere sind: Rousseau, Molière und La Fontaine.

❞ ... Das Bankhalten war in dem Ridotto nur den Nobili allein erlaubt; sie durften nicht maskiert sein und mußten das Patrizierkleid tragen, mit der großen Perücke auf dem Kopfe, die seit Beginn des Jahrhunderts zur Amtstracht gehörte. Ich spielte und tat unrecht daran, denn ich besaß weder die Klugheit aufzuhören, wenn das Glück gegen mich war, noch die Willenskraft einzuhalten, wenn ich einen Gewinn gemacht hatte. Ich spielte damals wirklich nur aus Geiz. Ich liebte die Verschwendung, aber jede Ausgabe tat mir leid, wenn sie nicht auf Kosten des im Spiel gewonnenen Geldes ging, denn dies allein schien mir nichts gekostet zu haben ... **❞**

Band 4, Seite 77

Auf diesem undatierten Blatt berechnete Casanova die Wahrscheinlichkeit von »ambi«, »terni« und »quaderni« – Zweiern, Dreien und Vieren in unserem Sprachgebrauch – für die von ihm mitbegründete französische Lotterie.

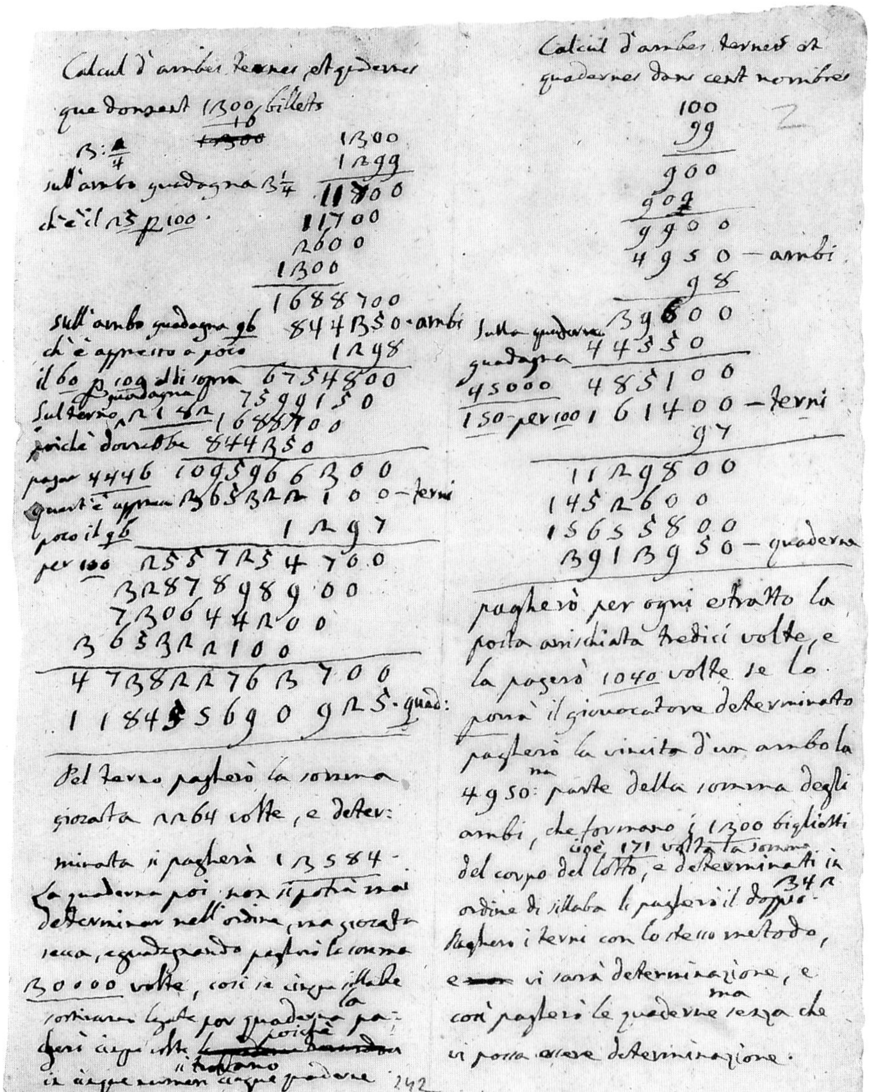
Calcul d'ambes ternes et quadernes que donnent 1300 billets

Calcul d'ambes ternes et quadernes dans cent nombres

100
99
900
9900
4950 – ambi

paghero per ogni estratto la posta arrischiata tredici volte, e la pagerò 1040 volte se lo porrà il giuocatore determinato

Er versuchte, sich gezielt – und sogar ziemlich erfolgreich – einen seriösen Anschein zu geben. Seine Lage war gar nicht die schlechteste: Zuane Bragadin ließ ihm monatlich hundert Taler zukommen. Sein bedeutendstes Kapital war die Geschichte seiner Flucht, deren Erzählung ihm exquisite Einladungen und Kontakte verschaffte. Die »einflußreiche Persönlichkeit«, die er sich glückwärts zu nutzen vorgenommen hatte, sollte sein alter Freund und »großmütiger Beschützer«[24] Abbé de Bernis sein, mit dem er sich einst die Nonne M. M. geteilt hatte und den er jetzt als Minister des Äußeren wiederfand.
Frankreich war bankrott, und so hatte de Bernis eine Empfehlung, die eher einem Wunsch gleichkam: »... Trachten Sie, irgend etwas zu erfinden, was den königlichen Finanzen günstig ist, aber vermeiden Sie verwickelte Sachen und Hirngespinste; schreiben Sie sie auf, und wenn es nicht allzu lang ist, werde ich Ihnen meine Meinung darüber sagen ...«[25] Hohe Staatsdiener intellektuell zu überfordern, schien also schon damals nicht geraten! Ohne erst die Inspiration zur Rettung der Staatsfinanzen abzuwarten, empfahl de Bernis seinen Freund als Mann mit »hohen Kenntnissen auf dem Gebiete der Finanzen«.[26]
Dank gemeinsamer Orgien war ihm durchaus bekannt, daß Casanovas Fähigkeiten im Finanzwesen eher auf der Mehrung der Soll-Seite lagen, doch tat dieser Umstand dem Expertenstatus offenbar keinen Abbruch: Ohne weiteres wurde Casanova höchsten Finanzintendanten des Königreiches vorgestellt. »... Monsieur Paris-Duverney hier braucht zwanzig Millionen für seine Militärakademie. Es handelt sich darum, diese Summe zu finden, ohne den Staat zu belasten und ohne den Königlichen Schatz zu leeren ...«[27] Casanova kam dieses Ansinnen dermaßen unwirklich vor, daß er nicht umhin konnte, das Blaue vom Himmel zu flunkern: »... trotz der Schwierigkeiten habe ich eine Operation im Kopf, die dem König jährlich hundert Millionen einbringen würde.«[28] Warum auch nicht gleich um den Faktor »fünf« erhöhen, wenn man in einer ohnehin merkwürdigen Angelegenheit Eindruck machen will?
Am 11. November 1755 hatte der Staatsrat beschlossen, daß die Militärakademie – immerhin, wie man meinen sollte, eine staatstragende Institution – ausgerechnet durch eine Spielkartensteuer gestützt werden sollte. Die Verschuldung dieser Einrichtung war aber dermaßen hoch, daß die fehlende Summe auf diese Weise niemals aufzubringen war. Bereits am 5. Januar 1757 erging daher ein Beschluß, eine Lotterie einzurichten und zu deren Leitung geeignete Leute zu bestellen, was um so mehr erstaunt, als es in Frankreich zuvor Totalzusammenbrüche von Lotterieunternehmen gegeben hatte. Ein herausragender Coup war dabei keinem Geringeren als dem jungen Voltaire geglückt. Bei seiner

Rückkehr aus dem englischen Exil war ihm ein wesentlicher Fehler im Gewinnplan einer von einem Privatmann aufgelegten Lotterie aufgefallen: Kaufte man sämtliche Lose auf, mußte der Unternehmer das Doppelte des Einsatzes ausbezahlen. Da so gut wie nie alle Lose verkauft wurden, hätten Hauptgewinne eben auch auf nicht verkaufte Lose entfallen können. Der Unternehmer hatte sich – nach heutigen Kriterien schwer vorstellbar – sozusagen als Wetter an der eigenen Lotterie beteiligt. Voltaire verschaffte sich zusammen mit einigen Freunden Geld und kaufte alle Lose. Er allein soll die phantastische Summe von fünfhunderttausend Livres eingenommen haben. Da er diese dann in spanischen Reedereien in Cadiz investierte, die sich überaus gewinnbringend im Sklavenhandel von Afrika nach Amerika engagierten, legte er so den Grund zu seinem Wirtschaftsimperium, das ihm später gestattete, regierenden Fürsten namhafte Darlehen zu gewähren.

Solch immense Pleiten ließen Lotterien selbst für den Staat als Unternehmer gefährlich erscheinen. Die ursprüngliche Entstehung des Lotteriewesens in Italien legte es nahe, Vertreter dieser Nation mit der Neugründung von Lotterien, insbesondere solchen, die dem Vorbild des »Lotto genovese« folgten, zu betrauen. Das Spiel soll auf den Wahlmodus zum Großen Rat der Republik Genua zurückgehen, bei dem aus neunzig vorgegebenen Namen jeweils fünf gezogen wurden. Nach der Überlieferung schloß die Bevölkerung Wetten ab. 1620 führte man dann in Genua das Lotto – die älteste Form des heute üblichen Zahlenlottos – offiziell ein.

Die Pläne zugunsten der französischen Militärakademie kannte Casanova nicht. Er ahnte auch nicht, daß deren Intendant Joseph de Paris-Duverney (1684–1770) in ihm einen Planer zu einer solchen Lotterie sah: »... Nachdem unmittelbar darauf noch zwei Finanzintendanten eingetreten waren, überreichte Duverney mir lächelnd ... ein Folioheft mit den Worten: ›Hier, Monsieur Casanova, ist Ihr Plan.‹

Ich nahm das Heft und las die Aufschrift: Lotterie ... Ich gab das Heft zurück und sagte mit der größten Sicherheit: ›Monsieur, ich gestehe, dies ist allerdings mein Plan.‹

Links: Seltener Würfelbecher aus Holz, deutsch, 18. Jh., außen mit grünblauem Lack überzogen, innen vergoldet.

›Man ist Ihnen zuvorgekommen; der Plan ist von Monsieur de Calzabigi, den Sie hier sehen.‹ ... «[29]

So ganz einfach ist die Situation nicht zu deuten. Sei es, daß die Fürsprache von de Bernis hinter den Kulissen Casanova den Zugang zu diesem Projekt geöffnet hatte, sei es, daß man seitens der königlichen Finanzintendanz sich der vorangegangenen Überlegungen nicht ganz sicher war – jedenfalls spannte man Casanova mit den ursprünglichen Planern, den Gebrüdern Calzabigi, zusammen. Der eigentliche Kopf der Lotterie scheint Ranieri Simone Francesco Maria de' Calzabigi (1714–1795) gewesen zu sein. »... Er war ein großer Rechner, gewandt in allen Finanzoperationen, kannte den Handel aller Nationen, war Gelehrter, Historiker, Schöngeist, Dichter und Anbeter des schönen Geschlechts ...«[30] Seine vielseitige Genialität bescherte ihm eine merkwürdige Biographie: Ursprünglich Dramatiker, wurde er später hoher Finanzbeamter in Wien – und begründete seinen Nachruhm als Librettist noch heute bekannter Opern von Christoph Willibald Gluck (1714–1787). Später arbeitete er für Antonio Salieri (1750–1825), Mozarts Gegenspieler in Wien.

Casanovas Part an der Lotteriegründung scheint in erster Linie die taktische Handhabung von Gegnern und deren geschickte Widerlegung gewesen zu sein. Auch der Feinschliff war seine Aufgabe: Zur Erhöhung der Attraktivität sollte auf seinen Vorschlag durch Verfügung des Ministerrates der König für eine Gewinnsumme von

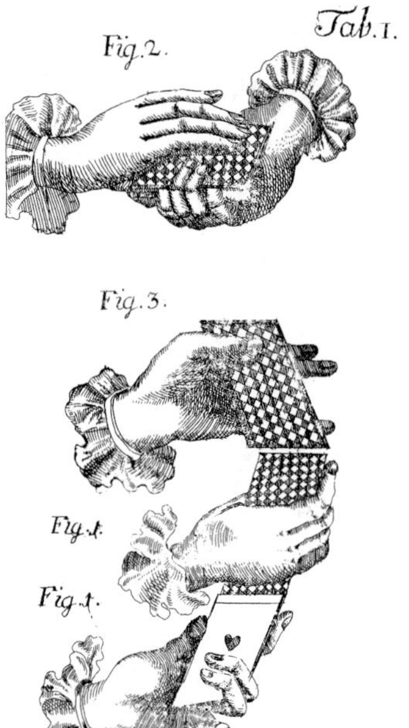

Entscheidend beim betrügerischen Spiel eines erfolgreichen »Griechen« ist die Kunst des richtigen und dabei möglichst schnellen Mischens. Aus »Der verratene ... falsche Spieler«, 1776.

»… D'Alembert lernte ich bei Madame de Graffigny kennen. Der große Philosoph besaß das Geheimnis, niemals gelehrt zu erscheinen, wenn er sich in Gesellschaft liebenswürdiger Personen befand, die keine Ansprüche auf wissenschaftliche Bildung machten, und er verstand die Kunst, Leute, die sich mit ihm unterhielten, geistreich zu machen.«

Band 2, Seite 77

Lottowürfel aus Serpentin, zu gebrauchen für eine Art Zahlenlotto. Die höchste zu erwürfelnde Zahl war die 24. Es war äußerst einfach, einen Würfel zu präparieren. Es genügte, ihn – am besten bei einem Auge – anzubohren und in die Höhlung Blei oder Quecksilber einzubringen.

hundert Millionen bürgen – ein »blendendes« Argument für die Massen. Ohne den Risikopuffer der heute üblichen Quotenauszahlung erfolgte damals nämlich die Gewinnausschüttung in stets definierten Höhen, so daß der Betreiber einer Lotterie risikoreich mitspielte. Es wäre theoretisch möglich gewesen, mit nur einem einzigen verkauften Los, als Hauptgewinn gezogen, die Lotterie zu ruinieren.

Nach Casanovas Vorschlag sollte der Gewinnplan scheinbar großzügig ausgestattet werden. Er setzte den Gewinn der Lotterie »… Auf zwanzig vom Hundert. Wer dem König eine Münze von sechs Francs bringt, bekommt fünf Francs zurück [im statistischen Mittel!; Anm. d. Verf.], und ich verspreche, daß … der Zulauf ein derartiger sein wird, daß die ganze Nation dem König mindestens fünfhunderttausend Francs im Monat zahlen wird …«[31] Der Plan war schlicht, aber wohldurchdacht. Eine hohe Gewinnausschüttung sollte die Lotterie so reizvoll machen, daß möglichst alle Lose verkauft und damit das Risiko minimiert werden konnte. Die mathematische Untermauerung dieses eher psychologischen Aspekts war Sache des meist kränklichen Ranieri Calzabigi: »… erschien [Giovanni] Calzabigi, … um … mir im Auftrag seines Bruders ein großes Blatt zu überbringen, worauf die ganze Berechnung der Lotterie in einer Form stand, daß ich sie ohne weiteres dem Komitee vorlegen konnte. Es war eine Wahrscheinlichkeitsrechnung, die auf bekannte Zahlen angewendet war, so daß durch sie bewiesen wurde, was ich bisher nur behauptet hatte. Die Sache lief darauf hinaus, daß das Lotteriespiel in Verlust und Gewinn vollkommen im Gleichgewicht gewesen wäre, wenn man statt fünf Zahlen ihrer sechs gezogen hätte. Indem man nur fünf zog, hatte man die mathematische Gewißheit, achtzehn von neunzig zu gewinnen. Hieraus folgte natürlich, daß die Lotterie nicht hätte bestehen können, wenn man sechs Nummern gezogen hätte; denn vom Gewinn mußten vor allen Dingen die Betriebskosten bestritten werden, die sich damals auf hunderttausend Taler belaufen mußten …«[32]

Vor einer Prüfungskommission, deren prominentestes Mitglied der Mathematiker Jean Le Rond d'Alembert (1717–1783) war, mußte Casanova ohne die Gebrüder Calzabigi das Projekt verteidigen. Nach seiner Darstellung war es nicht so sehr die Wahrscheinlichkeitsrechnung des älteren Calzabigi, die in der Kommission reüssierte, als vielmehr die eigene kluge Argumentation: »… Zum Schluß sagte ich den Herren, deren Mehrzahl noch zu schwanken schien, kein gelehrter und ehrenwerter Mann könne die Leitung einer solchen Lotterie übernehmen, wenn er dafür garantieren sollte, daß sie bei jeder Ziehung gewinnen würde. Sollte jemand so kühn sein, mit solcher Versicherung vor sie hinzutreten, so müßten sie ihn hinauswerfen … Dies wirkte …«[33]

Ranieri Calzabigi wurde per Dekret zum Generaladministrator ernannt. »… Die Leitung erhielt Calzabigi mit einem Gehalt von dreitausend Francs für jede Ziehung, einem Jahrgeld von viertausend Francs wie ich … Man bot mir sechs Lotteriebüros an, die ich natürlich gerne annahm, dazu ein Jahrgeld von viertausend Francs, die vom Ertrag der Lotterie angewiesen wurden. Diese Summe entsprach den Zinsen eines Kapitals von hunderttausend Francs, das ich mir auszahlen lassen konnte, sobald ich auf meine Büros verzichtete …«[34] Damit war Casanova sozusagen staatlich-lizensierter Berufsspieler geworden.

»… Von meinen sechs Büros verkaufte ich sofort fünf für je zweitausend Francs. Das sechste eröffnete ich mit großem Luxus in der Rue St. Denis und übergab es meinem Kammerdiener als Geschäftsführer …«[35] Am 1. Oktober 1757 eröff-

Der serbokroatische Jesuitenpater Roger Joseph Boscovich (1711–1787), Professor in Rom und Pavia, war ein vielseitiger Mathematiker, Physiker, Astronom und Naturphilosoph. Er ersann eine Atomtheorie. Casanova schätzte ihn ganz außerordentlich.

nete man das Hauptbüro, am 18. April 1758 fand die erste Ziehung statt. Offenbar ließ sich Giovanni Antonio de' Calzabigi (nach 1714 – nach 1767) Unregelmäßigkeiten zuschulden kommen. Nach allerlei Streit trennte sich die Lotterie im Juli 1759 von den Gebrüdern. Casanova hielt sein Büro bis Ende 1759. Giovanni Antonio, der sich nach Brüssel gewandt und dort mit einer von ihm gegründeten Lotterie Bankrott gemacht hatte, sollte er später in Berlin wieder begegnen.

Das Würfelglück reizte Casanova ebenso, doch auch in kubischer Form verschmähte ihn Fortuna, insbesondere dann, wenn seine Gegner sich präparierter Würfel bedienten. Im Sommer 1770 hielt er sich in Rom auf, wo sein Freund de Bernis nach seinem Sturz als Minister des Äußeren zu einem einflußreichen, jedenfalls aber den Prunk sehr liebenden Kardinal aufgestiegen war und Frankreich von 1769 bis 1791 als Geschäftsträger am Vatikan vertrat. De Bernis verstand seine allgemein als Verbannung betrachtete römische Tätigkeit in einem wahrhaft einzigartig seigneuralen Stil zu zelebrieren.

Er hatte originelle Freunde, auch der Minoritenpater François Jacquier (1711–1788) aus dem römischen Kloster »Trinità dei Monti« gehörte zu ihnen. Aus seiner Feder stammt ein Brief an Casanova, worin dessen Vermittlungsersuchen für eine Anstellung abschlägig beschieden wird; außerdem gibt er Rückschlüsse auf eine vorausgegangene Auseinandersetzung. Der Grund dieses Zwistes – daß man sich über die Häufigkeit von geraden und ungeraden Augenzahlen beim Spiel mit zwei Würfeln in die Haare geraten war – ist wiederum einem Brief Casanovas an einen unbekannten Pater, offensichtlich eine Mathematikautorität, zu finden. Die Casanovaforschung nimmt mit gutem Grund an, daß es sich hier um den dalmatinischen Jesuiten Roger Joseph Boscovich (1711–1787) handelt, der seit 1740 als Professor der Mathematik am Collegio Romano in Rom wirkte. Zusammen mit Jacquier und Thomas Le Seur wurde er 1742 von Papst Benedikt XIV. beauftragt, die Statik der Kuppel des Petersdomes zu untersuchen und zu berechnen. Später lehrte er Physik, Geographie und Astronomie und wirkte obendrein als Ingenieur in Pavia, Mailand, Wien und Paris.

Verdrossen über Jacquiers wissenschaftlichen Hochmut schreibt Casanova an den »Ehrwürdigen Pater«: »... Der Neugierige belustigt oder langweilt den Könner, der seiner so fest begründeten Ansicht sicher ist und sich höchst ungern eine Belehrung gefallen läßt, weil er fürchtet, Perlen vor die Säue zu werfen ...«[36] Die von Perlen beworfene Sau war allerdings nie Casanovas bevorzugte Rolle, und so fährt er gekränkt fort: »... Das ist der Grund, Hochwürden, warum der Ehrwürdige Pater Jacquier, nachdem er mir gegenüber behauptet hatte, daß beim zufälligen Wurf zweier Würfel, die auf jeder Seite die Zahlen eins bis sechs tragen, öfter eine ungerade Summe herauskomme als eine gerade, es nicht nur verschmähte, mich vom Gesagten zu überzeugen, sondern auch meine ein oder zwei Gegenargumente nicht anzuhören geneigt war.«[37]

Jacquier bezog sich auf eine Abhandlung des französischen Physikers und Mathematikers Jean Jacques Dortous de Mairan (1678–1771). »Er erklärte mir, was er mir eben gesagt habe, sei eine von Monsieur de Mairan bewiesene Wahrheit, und er könne mir den Beweis nicht führen, weil dieser mein Verständnis beziehungsweise meine Fassungsgabe übersteige ...«[38]

Casanova behauptet nun – nicht eben übertrieben glaubwürdig –, daß er überhaupt nicht gekränkt und seine Eigenliebe nicht verletzt sei. »... Ich meinerseits bin nämlich genau so sicher, daß meine Auffassungsgabe dieser Frage gewachsen ist, weil mein Fassungsvermögen sehr geschult und keineswegs starrsinnig ist und von dem Grundsatz ausgeht, nur das als wahr anzuerkennen, was durch einen Nachweis bestätigt worden ist ...«[39] Diesen besonderen »Nachweis« darf man Casanova durchaus abnehmen. In sei-

Der französische Minorit François Jacquier (1711–1788) lebte im Kloster Trinità dei Monti in Rom und gehörte zum Freundeskreis des Kardinals de Bernis. Jacquier war Theologe, Physiker und Mathematiker und lehrte diese Fächer an der päpstlichen Universität. Über die Theorie des Würfelspiels geriet er mit Casanova in Streit.

» All das Geld kommt aus den Taschen der Dummen, die von vierhundert Meilen in der Runde herbeieilen, um sich in diesem Loch, das man Spa nennt, ausnehmen zu lassen. Die Quellen sind für die allermeisten nur ein Vorwand. «
Band 10, Seite 281

Ein Diener schenkt einem Billardspieler ein. Skizze zu dem Gemälde von J.-S. Chardin auf Seite 69.

ner Praxis des Glücksspiels während endlos in Casini und Kaschemmen verbrachter Nächte konnte er schließlich doch mehr Erfahrung erwerben, als der Minorit sie hatte. »... Der hochwürdige Pater Jacquier... wird mir zubilligen, daß es in der Mathematik keine Wahrheit gibt, die der Erfahrung widersprechen darf, wenn diese Erfahrung das Gegenteil beweist; dieser Beweis ist dabei nichts anderes als ein bewußtes Experiment, um eine allgemein verbreitete Erfahrung oder Verhaltensweise zu bestätigen...«[40]
Und nun bricht aus Casanova seinerseits die Überlegenheit des erfahrenen Spielers hervor: »... Dies vorausgesetzt, nehme ich mir die Freiheit, ihm zu sagen, daß die Summe eines beliebigen Wurfes zweier Würfel sechsunddreißig verschiedene Ergebnisse zeigen kann, und weil nie mehr als zwei Flächen der Würfel erscheinen können und all diese Flächen gleich sind, ergeben sich mit gleicher Wahrscheinlichkeit achtzehn Würfe mit gerader Summe und achtzehn mit ungerader; somit ist bewiesen, daß es keine größere Wahrscheinlichkeit für ungerade gibt als für gerade, und auch nicht umgekehrt.«[41]
Casanovas Beweisführung ist mathematisch ein wenig dreist, wenngleich er recht hat. Natürlich ist auch ihm klar, daß seine vom gesunden »Spielerverstand« getragene These nur ein statistisches Ergebnis ist: »... Lassen Sie mich zwei gute Würfel nehmen und sie hundertmal auf einen Tisch werfen und notieren, wie viele der Würfe ungerade und wie viele gerade Summen ergeben; und diesen Versuch will ich zehnmal wiederholen [also tausend Würfe!; Anm. d. Verf.]. Ich gebe zu, daß dies nicht unbedingt schlüssig ist, aber wenn die Überlegung von Monsieur de Mairan richtig ist, glaube ich, daß ich annehmen darf, ein Ergebnis zu sehen.«[42]
Wenngleich Casanovas Betrachtung nicht gerade auf der vollen Höhe der Glücksspielrechnung seiner Zeit war, wird man zugestehen müssen, daß selbst die intimste Kenntnis der damaligen Wahrscheinlichkeitstheorie am Spieltisch so gut wie nichts genützt hätte – eine im Grunde bis heute trotz aller Lottosystemberater unveränderte Gegebenheit. Casanova mag wohl die älteren Arbeiten von Luca Pacioli und Geronimo Girolamo Cardano sowie Niccolò Tartaglia gekannt und sie wahrscheinlich als etwas weltfremd und wenig hilfreich abgetan haben. Die Kenntnis der wahrscheinlichkeitstheoretischen Betrachtungen von Pascal, Fermat, Huygens, Leibniz und Jakob Bernoulli ist eher unwahrscheinlich – genützt hätte sie ihm aber nicht. In Spelunken und Tavernen ist Erfahrung häufig mehr wert als mathematische Theorie: »Die Festsetzung dieser Wahrheit in meinem Gehirn ist eine folgenschwere Sache, denn sollte ich je reich werden, wäre ein Anhänger der Rechnung von Monsieur Mairan in der Lage, mir meine ganze Habe in einer Pariwette abzugewinnen, denn ich würde mich aus Gewissensgründen für verpflichtet halten, die gleiche Summe dagegenzusetzen. Ich bitte Sie also, hochwürdiger Pater, in dieser An-

In der zweiten Hälfte des 18. Jh.s eroberte das Billard die Salons. Da sich Billardpartien sehr gut zum Abschluß hoher Wetten eignen, entwickelte es sich zu einem gefährlichen »Volkssport«, der manchen ruinierte – nach der Legende auch Mozart. Gepflegt wurde damals insbesondere das französische Karambolagebillard. Chardin, »Die Billardpartie«. Musée Carnavalet, Paris.

gelegenheit mein Beschützer und Advokat zu sein ...«[43] Es läßt sich hier eine Herausforderung an Pater Jacquier mutmaßen, wenn er sich denn seiner Theorie so sicher wäre, in einem Spiel mit Casanova die Probe aufs Exempel zu wagen.

Zu Casanovas Zeit erblühte ein Sport, der sich durch die Wettleidenschaft der Spieler zu einem gefährlichen Glücksspiel entwickelte: das Billard. Kein Geringerer als Mozart soll ein ebenso begeisterter wie schlechter Spieler gewesen sein, was vielleicht an seiner geringen Körpergröße und seinem »blöden Auge«, seiner Kurzsichtigkeit, gelegen haben mag. Es hat den Anschein, als habe sich der große Tonkünstler trotz höchster Einnahmen aus seinen Kompositionen am Billardtisch ruiniert. In Casanovas Roman »Eduard und Elisabeth« wächst sich das von Eduard im Erdinnern eingeführte Billard zu einer moralischen Bedrohung für die Bewohner dieser »megamikrischen« Welt aus. Mit einem vorgeblichen lateinischen »Zitat«, dessen klassisches Vorbild sich nie hat finden lassen und das vermutlich von ihm selbst stammt, kommentiert Casanova – erstaunlich freudig – das ruinöse Geschehen: »Welchen Sinn hat die Freiheit, wenn sie denen, die es wollen, nicht erlaubt, sich durch Vergnügen zu ruinieren.«[44]

Man muß Casanova zugestehen, daß er diese Freiheit allenthalben in vollen Zügen gelebt und tief genossen hat.

»... machte ich mir die Verrücktheit der Frau zunutze, die sich doch nur bemüht hätte, sich von einem andern betrügen zu lassen, wenn ich sie nicht betrogen hätte...«

»Egeria-Seramis« oder die »Hypostase« einer leichtgläubigen Alchemistin

Als sich Casanova Jahrzehnte später seinen zweiten Parisaufenthalt 1757 vergegenwärtigt, erinnert er sich besonders lebhaft seines leichtfertigen Umganges mit Schauspielerinnen, die sich »... bald der Liebe, bald dem Geld ergaben und häufig beidem zugleich. Da es nicht schwer ist, mit diesen Priesterinnen der Freude und der Verschwendung bekannt zu werden, so hatte ich mich bei mehreren eingenistet.«[1] – Ganz besonders fühlte er sich zu Giacoma Antonia Veronese (1735–1768) hingezogen, einer reichlich großzügigen jungen Mimin, die von einem noch großzügigeren Grafen ausgehalten wurde, der gegen weitere Verehrer nichts einzuwenden hatte.
Dementsprechend fand sich noch ein ebenfalls nicht übertrieben engherziger Aristokrat ein, der weniger durch Solidität des Lebenswandels als durch seinen Namen auffiel: Nicolas-François-Julie La Tour d'Apchier, Comte de la Tour d'Auvergne. Im Verlauf einer komplizierten Nebenhandlung trug Casanova mit ihm ein kleines Duell aus, eher nur ein Ehrengeplänkel zu nennen, wobei immerhin ein wenig Blut floß. Anschließend kränkelte der Graf und lag mit einem »Hüftleiden« darnieder. Diese Erkrankung »heilte« Casanova – er und der Graf hatten sich inzwischen versöhnt – mit einem Zauber, indem er mit einem Gemisch aus frisch gelassenem Urin des Grafen, Salpeter, Schwefelblüte und Quecksilber ein Pentagramm, das »Siegel Salomonis«, auf das erkrankte »Organ« aufpinselte. Der Graf gesundete, war beeindruckt und empfahl Casanova weiter:
»... ich habe eine Tante, die wegen ihrer Kenntnisse in allen abstrakten Wissenschaften bekannt und anerkannt ist, eine große Chemikerin, geistvoll, sehr reich und alleinige Herrin über ihr Vermögen; ihre Bekanntschaft kann Ihnen nur nützlich sein...«[2]
Wie ausufernd nützlich in der Tat die Bekanntschaft mit Jeanne de La Rochefoucault de Lascaris, Marquise d'Urfé et de Langeac (1705–1775), für Casanova werden sollte, läßt sich präzisieren: Sie wurde sein meistgerupftes Opfer. Fraglos war diese Dame die wohl bedeutendste Alchemistin ihrer Epoche. Casanova tastete vorsichtig ihr Wissen ab. Die Marquise erklärte »... mit einem anmutigen Lächeln, sie besitze bereits den sogenannten ›Stein der Weisen‹ und sei in allen großen Operationen desselben bewandert...«[3] Sie hatte eine riesige, vorwiegend alchemistisch-kabbalistische Bibliothek ererbt und deren Bestand mit Büchern für die phantastische Summe von hunderttausend Francs vermehrt. Teile dieser Bibliothek existieren noch heute in den Nationalbibliotheken Frankreichs und Österreichs.
»... Sie besaß einen Kommentar des Raimundus Lullus, worin alles erklärt war, was Arnauld de Villeneuve, gestützt auf Roger Bacon und Geber, die nach ihrer Behauptung nicht tot waren, geschrieben hatte. Dieses kostbare Manuskript befand sich in einem Elfenbeinkasten, dessen Schlüssel sie sorgfältig verwahrt hielt...«[4]
Für gläubige Alchemisten muß diese Handschrift ungewöhnlich wertvoll gewesen sein, hatten doch die wahrhaft hehren Größen der Alchemie bei ihrer Entstehung mitgewirkt. Mit den Schriften des Franziskaners Raimundus Lullus war Casanova wohlvertraut, denn es war ihm, wie wir bereits erfahren haben, bei seiner Verhaftung in Venedig ein diesem zugeschriebenes Manuskript abgenommen worden. Hinter dem Pseudonym »Geber« verbarg sich ein äußerst erfahrener Alchemist des 13. Jahrhunderts, wahrscheinlich ein Franziskaner, dessen Werke als lateinische Fassung der wesentlich älteren Schriften des arabischen Alchemisten Dschabir ibn Haijan ibn Abdallah (ca. 722–ca. 815) ausgegeben wurden. Der Dominikaner Arnoldus de Villanova

„Von der Bibliothek gingen wir in das Laboratorium, das mich tatsächlich in Erstaunen setzte. Sie zeigte mir einen Stoff, den sie seit fünfzehn Jahren über dem Feuer hatte und der noch vier oder fünf Jahre gekocht werden mußte. Es war ein Streupulver, das augenblicklich alle Metalle in das reinste Gold verwandeln sollte. Sie zeigte mir ein Rohr, durch welches die Kohle in den Ofen gelangte, um das Feuer stets in gleicher Stärke zu erhalten. Die Kohle gelangte durch ihr eigenes Gewicht stets nach und nach und in gleicher Menge in den Ofen, so daß sie diesen oft drei Monate lang nicht untersuchte, ohne daß das Feuer die geringste Veränderung erlitt. Die Asche wurde durch ein anderes, sehr geschickt angebrachtes Rohr entfernt, das zugleich der Luftzufuhr diente. Das Ausglühen von Quecksilber war für diese wahrhaft erstaunliche Frau wirklich nur ein Kinderspiel. Sie zeigte mir pulverisiertes Quecksilber und erbot sich, mir das Verfahren zu zeigen, wenn ich es wünschte...“ Band 5, Seite 128

(1240–1311) schließlich hatte durch Studien an der Universität von Barcelona und seinen Aufenthalt bei Kaiser Friedrich II. auf Sizilien wesentlich dazu beigetragen, alchemistisches Gedankengut aus dem arabischen Kulturkreis in das christliche Abendland einzuführen. Und Roger Bacon (um 1219–1292), ein hochgebildeter und gegenüber seinen Ordensoberen besonders aufmüpfiger englischer Franziskaner, war die wohl bedeutendste chemische Autorität des 13. Jahrhunderts.

Madame d'Urfé geleitete Casanova in ihr Laboratorium, »... das mich tatsächlich in Erstaunen setzte ...«[5] Die Marquise war praktizierende Alchemistin und demonstrierte einige chemische Reaktionen. Sie gab sich als enge Freundin des verstorbenen alchemiebeflissenen Regenten von Frankreich, Herzog Philipp II. von Orléans (1674–1723), zu erkennen und als Schülerin Bennoît Maillets (1656–1738?), eines seltsamen Gelehrten, der sein Wirken als Konsul in Kairo und Livorno und seine Reisen in die Levante und nach Nordafrika zur Abfassung naturgeschichtlicher Bücher genutzt hatte. Vor allem sein 1748 in Amsterdam erschienenes, eher esoterisches Buch »Taliamed oder Unterhaltungen eines indischen Philosophen mit einem Missionar« wirkte nachhaltig auf die Marquise.

Nach Casanova soll Frankreichs Regent mit Madame d'Urfé ein geheimes Liebesverhältnis gehabt haben: »... Er hatte ihr den Spitznamen Egeria gegeben, weil sie sagte, sie hätte einen Genius, der sie begeisterte und jede Nacht zu ihr komme, wenn sie allein schlafe.«[6] Casanova überliefert eine chemiehistorische Sensation: Es war der Marquise gelungen, sich aus England ein eben erst entdecktes Metall, das »Platina del Rio Tinto«, das »Silberlein vom schwarzen Fluß« – heute unter dem Begriff Platin wohlbekannt – von einem »Monsieur Vood« aus England zu verschaffen.

Erst im 20. Jahrhundert stellte sich heraus, daß es tatsächlich ein Charles Wood gewesen war, der 1743 die ersten Platinproben, die zwei Jahre zuvor am Rio Pinto de Choco gefunden worden waren, über Jamaika nach Europa gebracht hatte. Die Marquise unterzog dieses Metall einer experimentellen Prüfung, um es in Gold zu verwandeln, was ihr begreiflicherweise nicht gelang. Doch ihre Beobachtungen über die Chemie des Platins waren absolut richtig und werden, was noch erstaunlicher ist, von Casanova fehlerfrei beschrieben. (Es fällt schwer, heutigen Lesern die Bedeutung dieses Sachverhaltes voll verständlich zu machen. So war ein sich bis in das erste Jahrzehnt des 19. Jahrhunderts hinziehender wissenschaftlicher Kampf um Reinigungsmethoden zur Aufbereitung dieses Metalls ausgebrochen, da man es lange Zeit nicht schmieden konnte. Erfolgreiche Gelehrte ließen sich ihre speziellen Verfahren der Platinchemie gegen teures Geld abkaufen.)

„... Sie zeigte mir ein Fäßchen voll von Platin aus dem Rio Pinto, das sie in Gold verwandeln zu können behauptete, sobald sie Lust hätte. Monsieur Wood hatte es ihr im Jahre 1743 geschenkt. Sie zeigte mir Proben des Metalls in vier verschiedenen Gefäßen. In dreien lag das Platin unangegriffen von Schwefel-, Salpeter- und Salzsäure; im vierten jedoch hatte es der Einwirkung von Königswasser nicht widerstehen können. Sie schmolz es mittels eines Brennspiegels und behauptete, es sei das einzige Metall, das man nicht auf eine andere Weise schmelzen könne, und dies beweise, daß es über dem Gold stehe. Sie zeigte mir Platin, das mit Salmiak gefällt war, womit man Gold nicht ausfällen kann ...“ Band 5, Seite 129

Jeanne, Marquise d'Urfé (1705–1775), war über Jahre hinweg Casanovas ebenso leichtgläubige wie großzügige Gönnerin. Ihr Altersportrait erweckt den Eindruck einer eher unscheinbaren Person, doch dürfte dieser täuschen. In jüngeren Jahren war sie nämlich die Geliebte des Regenten Philipp II. von Orléans, der bei seinen Gefährtinnen bekanntlich auf Schönheit hielt. Zeitgenössischer Stich.

»... trat ich an ihren Baum der Diana heran und fragte sie ehrerbietig, ob sie nicht zugebe, daß dies nur eine Spielerei zur Unterhaltung von Kindern sei. Sie antwortete voll Würde, sie habe ihn auch nur zur Unterhaltung aufgebaut, indem sie Silber, Quecksilber und Salpetersäure habe kristallisieren lassen; sie betrachte ihren Baum nur als eine metallische Vegetation, die im Kleinen zeige, was die Natur im Großen machen könne; aber sie fügte allen Ernstes hinzu, sie könne einen Baum der Diana machen, der ein wirklicher Baum unter der Sonne sein und goldene Früchte hervorbringen würde, die man ernten könnte und die wieder neue Früchte hervorbringen würden, bis ein gewisser Bestandteil ausginge, den sie den sechs aussätzigen Metallen im Verhältnis zu ihrer Menge beimischen würde. Ich antwortete ihr in bescheidenem Tone, ich hielte die Sache nicht für möglich ohne das Streupulver. Madame d'Urfé antwortete nur durch ein Lächeln. Hierauf zeigte sie mir eine Porzellanschüssel, worin sich Salpeter, Quecksilber und Schwefel befanden, und einen Teller, worauf ein Grundsalz lag...«

Band 5, Seite 129

Man vertiefte sich in eine Art alchemistische Fachsimpelei, in deren Verlauf Casanova einen »Baum der Diana«, eine prachtvolle Silberkristallisation, bewunderte. Eine kurze Unaufmerksamkeit der Marquise spielte ihm ein von ihr favorisiertes Buch in die Hand, aus dem er erkannte, daß in ihrer Vorstellungswelt die Planetengeister des Agrippa eine große Rolle spielten. Nun war der Neuplatoniker und Mystiker Heinrich Cornelius Agrippa von Nettesheim (1486–1535), der eine auf der Kabbala basierende Theorie einer allumfassenden Naturbeseelung entwickelt hatte, insofern ein Lieblingsschriftsteller Casanovas, als dieser den eigenen Zauber mit vielen magischen Details aus dessen Werken anreicherte, wenn es wieder einmal galt, Unwissenden einen besonders magischen Bären aufzubinden.

Es war ihm also ein leichtes, die Marquise zu beeindrucken, indem er die Einhaltung bestimmter Planetenstunden für alle magischen Operationen forderte. Jede der damals noch un-

In Frankreich gab es im 18. Jh., wie in Diderots Enzyklopädie dargestellt, wohlausgerüstete Laboratorien.

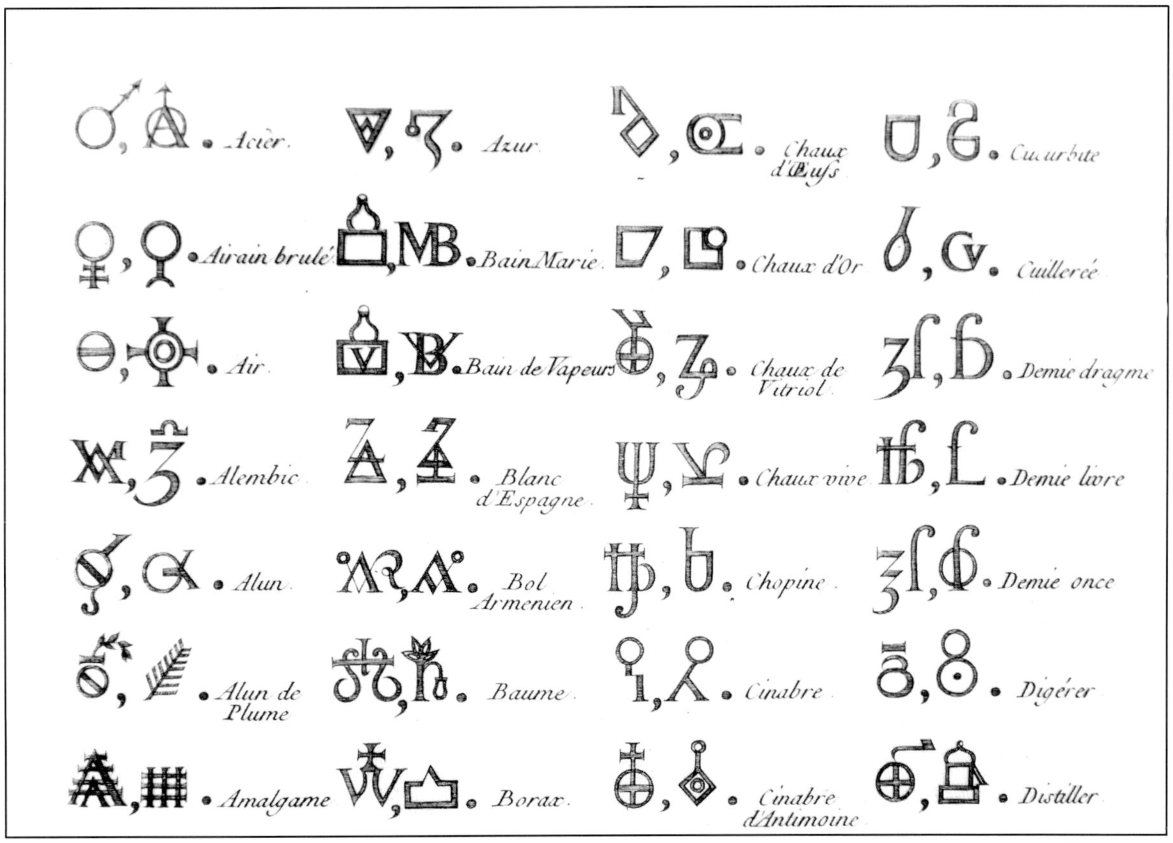

Diderots Enzyklopädie stellt die malerischen, aber schwer zu handhabenden chemischen Charaktere jener Zeit vor.

gleich langen Tagesstunden wurde nämlich Agrippa zufolge einer geheimnisvollen Sequenz gemäß von bestimmten Planeten beherrscht. Insbesondere berief sich Casanova auf die 1612 von Pierre Arnauld aus dem Lateinischen ins Französische übersetzte »Abhandlung über den philosophischen Stein« des legendären jüdischen oder arabischen Philosophen Artephius und auf nicht näher zitierte Texte des Sendivogius Polonius (1566–1636). Der Pole Sendivogius war durch die Schriften des Arnoldus de Villanova zur Alchemie gekommen und hatte als Alchemist bei Kaiser Rudolph II. sowie bei dessen Nachfolger Ferdinand II. gewirkt.

Nach einigen Tagen hatte Casanova die Marquise vollkommen überzeugt: »... Sie glaubte steif und fest, ich sei ein vollendeter Adept, der sich nur nicht zu erkennen geben wolle. Fünf oder sechs Wochen darauf wurde sie in dieser phantastischen Idee vollends bestärkt, als sie mich fragte, ob ich das Manuskript mit der angeblichen Erklärung des großen Werkes entziffert hätte ...«[7]

Und in der Tat, Casanova dechiffrierte das geheime Schlüsselwort eines für Uneingeweihte völlig unverständlichen alchemistischen Textes: »... Ich nannte ihr das Wort, das keiner Sprache angehörte. Meine Marquise war völlig starr vor Erstaunen und rief: ›Das ist zuviel! Das ist zuviel! Ich glaubte, allein im Besitze dieses geheimnisvollen Wortes zu sein; denn ich bewahrte es nur

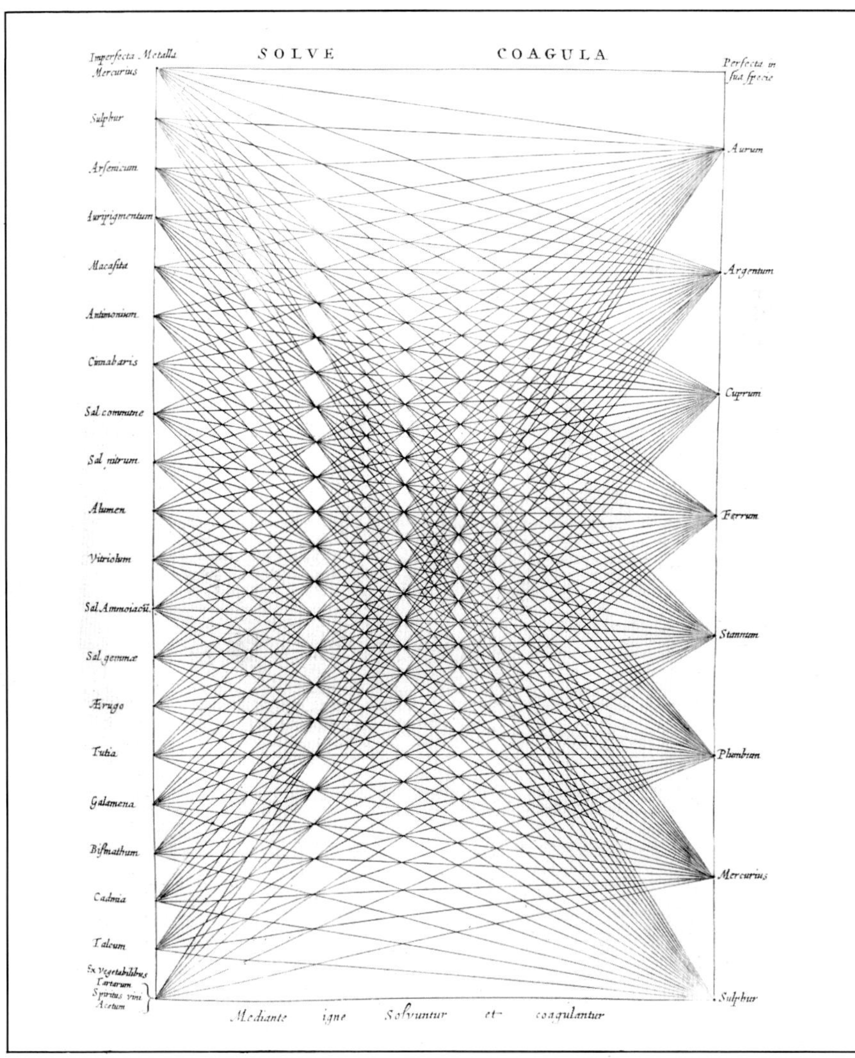

Casanova liebte die Werke des barocken Polyhistors Athanasius Kircher (1601–1681), der in Würzburg und Rom Professor für Philosophie und orientalische Sprachen war. Kircher entwarf dieses eindrucksvolle Schema chemischer Reaktionen.

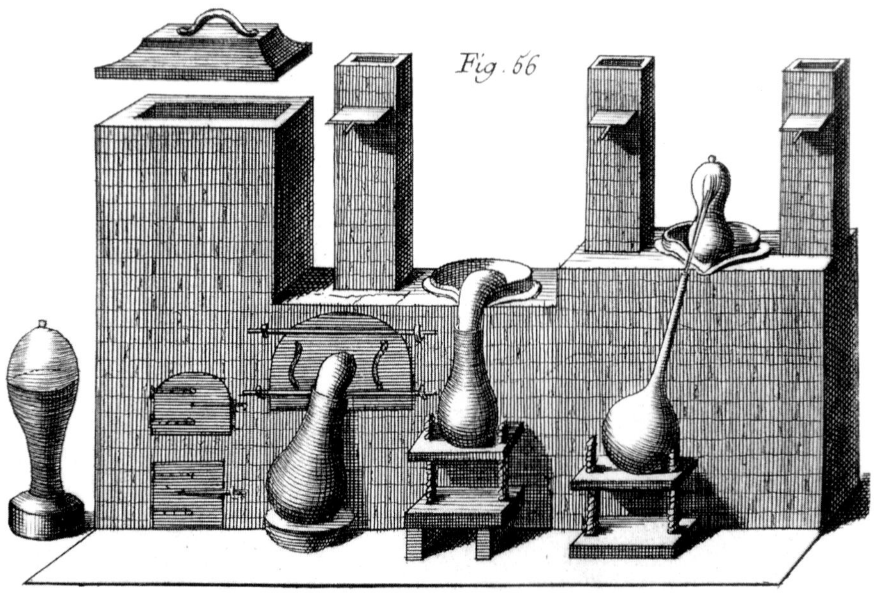

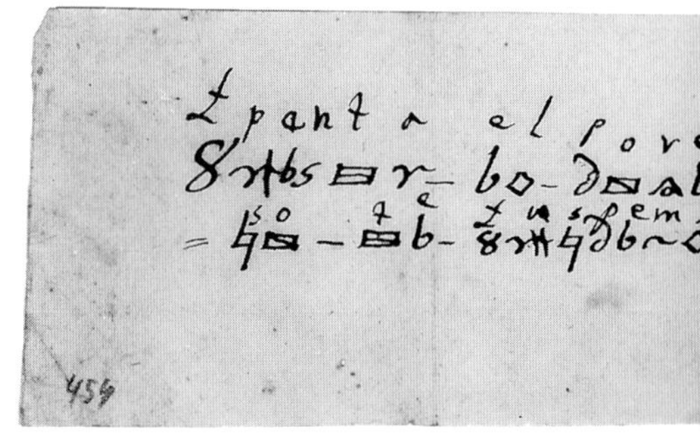

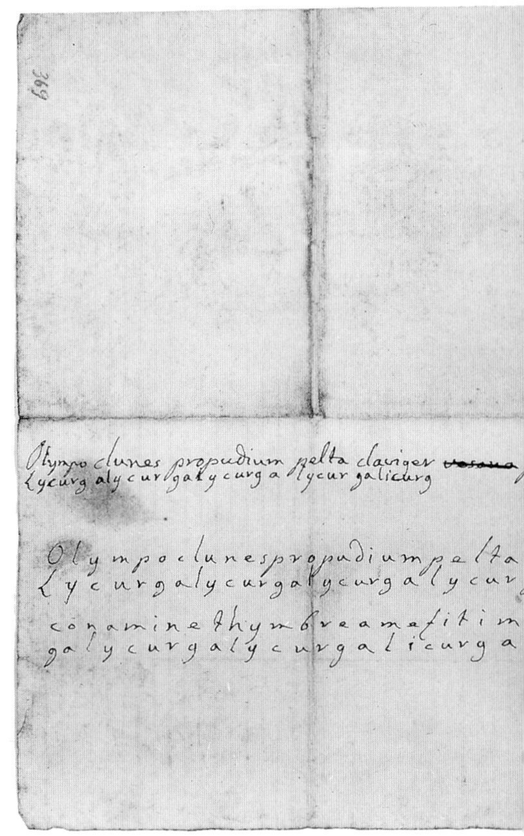

Olympo clunes propudium pelta claviger
Lycurgalycurgalycurga lycurgalicurg

Olympoclunespropudiumpelta
Lycurgalycurgalycurgalycur
conaminethymbreamafitim
galycurgalycurgalicurga

Oben: Gerne nutzte man bei chemischen Arbeiten die gleichmäßige Wärme der Sonne. Vielfach verwandte man – wie dies auch Mme. d'Urfé zu tun pflegte – Brennspiegel.

Casanova beschreibt im Laboratorium der Mme. d'Urfé einen chemischen Herd, der – wie damals üblich – als eine Art Dauerbrenner konstruiert war.

In Casanovas Nachlaß finden sich zahlreiche Beispiele von Chiffrier- und Dechiffrierübungen, die eine beachtliche Meisterschaft verraten. Casanova war äußerst geübt im Gebrauch von Mehrfachalphabeten.

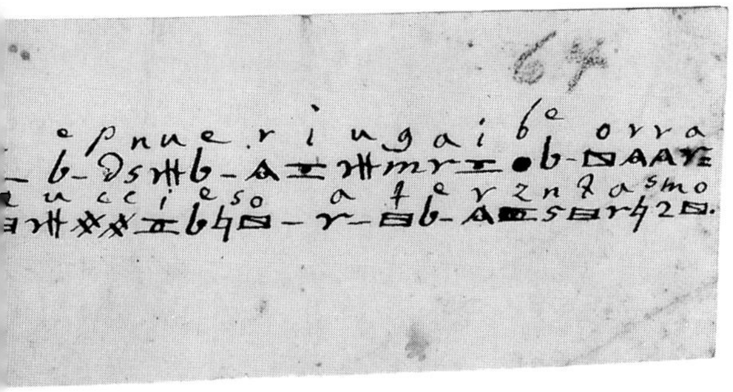

64

epnueringaibe orra

uccieso a ferzntasmo

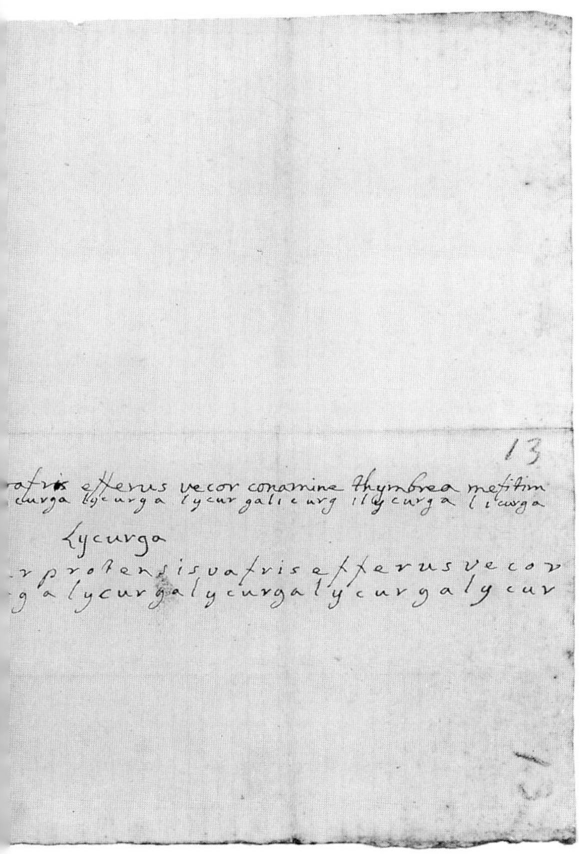

13

afris efferus vecor conamine thymbrea mefitim

curga lycurga lycurgalicurg llycurga lcurga

Lycurga

rprotensisuafrisefferusvecor

galycurgalycurgalycurgalycur

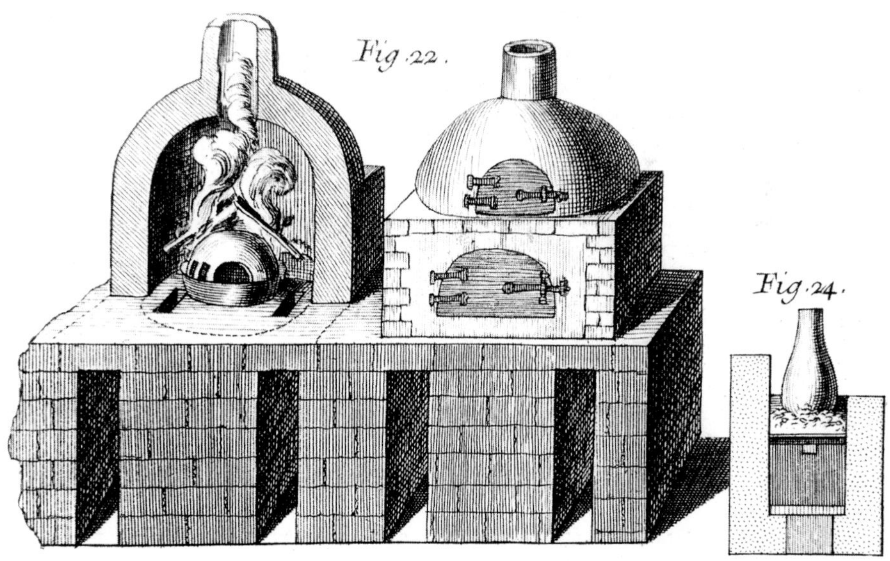

Oben: Laboratoriumsofen zum Destillieren von Flüssigkeiten in einem Wasserbad.

Kapellenofen zum chemischen Arbeiten in der Glühhitze. Alle Zeichnungen von Öfen auf diesen beiden Seiten entstammen der Enzyklopädie von Diderot und d'Alembert, 1764.

" ... Du wirst lachen, wenn du siehst, wie ich mir oftmals kein Gewissen daraus gemacht habe, Toren, Schelme, und Dummköpfe zu hintergehen, wenn ich in Not war. Wenn ich Frauen betrogen habe, so war das Hintergangenwerden gegenseitig. So etwas zählt nicht; denn wenn die Liebe ins Spiel kommt, sind gewöhnlich beide Teile angeführt. Ganz etwas anderes ist es mit den Dummköpfen. Noch jetzt beglückwünsche ich mich dazu, sooft ich mich erinnere, einen in meine Netze gelockt zu haben; denn die sind so unverschämt und anmaßend, daß sie einen klugen Menschen unwillkürlich herausfordern. Man rächt die Klugheit, wenn man einen Dummkopf betrügt, und der Sieg lohnt der Mühe; denn der Dummkopf ist gepanzert, und man weiß oft nicht, an welcher Stelle man ihm beikommen soll. Mit einem Wort: einen Dummkopf zu betrügen, ist wohl eines klugen Mannes würdig ... **"**

Band 1, Seite 9

Chiffrier- und Dechiffriergerät aus dem 17. Jh. Drei um eine gemeinsame Achse drehbare, konzentrische Scheiben erlauben die Einstellung eines Codes.

in meinem Gedächtnis, habe es niemals niedergeschrieben und bin völlig sicher, es niemals einem Menschen mitgeteilt zu haben‹ ...«[8]
Die Marquise unterschätzte jedoch den der Kabbala wesentlichen, entschlüsselbaren Zusammenhang zwischen Buchstaben des Alphabets und ihnen jeweils zugeordneten Zahlen, die ihrerseits eine übernatürliche Bedeutung hatten. Jeden Buchstaben eines Alphabets kann man aber durch den jeweiligen Buchstaben des Gegenalphabets ersetzen, das dann nicht mit A, sondern mit Z beginnt. Bei konsequenter Anwendung dieses Systems, das sich noch aufs komplizierteste variieren läßt, kommt man so leicht zu einem Chiffriercode von Texten. Bei einiger rechnerischer Begabung ist ein mit diesem System Vertrauter durchaus in der Lage, chiffrierte Texte zu entziffern. Die Erkenntnis, daß Casanova zu solchen Kunststücken der »Kryptologie« fähig war, ist W. F. Friedmann zu verdanken, der 1956 das bis dahin unerkannte Pamphlet »Lettre à Messieurs Jean et Etienne L.« aus dem Jahre 1785 Casanova zuschreiben konnte, weil es ihm gelang, den kodierten Verfassernamen zu entschlüsseln.[9]
Die Chiffrierung und Dechiffrierung in sogenannten »Multialphabeten« war zwar im 18. Jahrhundert durchaus bekannt und setzte eine Fülle von rechnerischen und magischen Kenntnissen voraus, wurde aber selbst im diplomatischen Dienst kaum genutzt. Casanova beschrieb seine Dechiffrierung als durchaus gängige kabbalistische Technik: »... Ich hätte ihr sagen können, daß die Berechnung, durch die ich das Manuskript entziffert hatte, mir natürlich auch den Schlüssel angegeben hätte ...«[7] Wer also den Code entschlüsselte, hatte automatisch das Paßwort oder den Namen des Codes. »... aber ich bekam den Einfall, ihr zu sagen, ein Genius habe ihn mir enthüllt. Dieser Unsinn brachte eine sonst wirklich gelehrte und wirklich vernünftige Frau völlig unter meine Herrschaft ... mein falsches Eingeständnis verlieh mir einen ungeheuren Einfluß auf Madame d'Urfé; von diesem Augenblick an wurde ich der Herrscher ihrer Seele, und ich habe oft die Macht mißbraucht, die ich über sie hatte ...«[10]
Casanova sah die Marquise nun täglich und speiste mit ihr unter vier Augen: »... Nach ihrer Meinung besaß ich nicht nur den Stein der Weisen, sondern stand auch mit allen Elementargeistern im Verkehr ...«[11] Alles weitere entwickelte sich von selbst, da die Marquise von einer bizarren Sehnsucht geleitet wurde. Eines Tages teilte sie Casanova mit, »... ihr Genius habe sie überzeugt, daß ich ihr den Verkehr mit den Geistern nicht verschaffen könne, weil sie ein Weib sei; denn die Geister können nur mit Männern Verkehr pflegen. Ich könnte aber mittels einer Operation, die mir bekannt sei, ihre Seele in den Leib eines männlichen Kindes übergehen lassen, das aus der philosophischen Paarung eines Unsterblichen mit einer Sterblichen oder eines sterblichen Mannes und einem Weibe von göttlicher Art hervorgegangen sei ...«[12] Im Fachterminus der damaligen Esoterik also eine »Hypostase«, eine Vereinigung göttlicher und menschlicher Natur in einer Person.
Zwar kam Casanova diese Idee ungeheuerlich vor, doch sah er sofort eine außergewöhnliche Chance: »... ich war überzeugt, daß ihre Betörung unheilbar war, und glaubte daher, nichts Besseres tun zu können, als auf ihren verrückten Gedanken einzugehen und meinen Nutzen daraus zu ziehen.«[13] Er kalkulierte ihn kühl: Die Besitzungen der Marquise brachten im Jahr rund achtzigtausend Francs – damals eine phantastische Summe –, etwa den doppelten Betrag hatte

sie in Wertpapieren angelegt. Da sie nach damaligen Maßstäben eher bescheiden lebte, waren alle diese Zahlen in stetem Steigen begriffen: »... Mehrere Male hatte sie gesagt, sie sei bereit, mir ihr ganzes Vermögen zu geben, um ein Mann zu werden, und sie wisse, daß dies nur von mir abhinge ...«[14]
Daraus konnte Casanova nur eine einzige angemessene Schlußfolgerung ziehen: »... obgleich ich keinen besonderen Plan hatte, um mir ihre Reichtümer ganz oder teilweise zunutze zu machen, so empfand ich doch ein gewisses Vergnügen bei dem Gedanken, daß es in meiner Macht stände, dies zu tun.«[15]
Er wandte nun doch ein, daß diese Operation notwendigerweise ihr Leben kosten würde, doch zu seiner nicht geringen Überraschung war die Marquise gewillt, selbst dieses äußerste Opfer auf sich zu nehmen: »... ›Ich weiß es. Ich kenne sogar die Todesart, die mir beschieden sein würde, aber ich bin bereit... Ich werde an dem selben Gift sterben, woran Paracelsus starb‹...«[16] Und weiter: »... ›Ich bitte Sie, die Kabbala zu befragen, ob es in Paris eine Person gibt, die dieses Gift besitzt.‹...«[17] Casanova stellte nun wieder einmal seine Pyramide und überließ es Madame d'Urfé, deren kabbalistische Deutung selbst zu finden. Die Lösung – er hatte dies mit dem ihm eigenen Einfühlungsvermögen vorausgesehen – ließ sie wähnen, sie selbst sei bereits im Besitz des passenden Giftes.
Nun war es an Casanova, über die weitere Entwicklung der Dinge nachzudenken. Woher beispielsweise sollte man den zur Aufbewahrung der Seele der Madame d'Urfé geeigneten Knaben nehmen? Der Zufall kam ihm wieder einmal zu Hilfe. Um eine Finanztransaktion für das Königreich Frankreich in die Wege zu leiten, schickte man ihn in die Niederlande. Dort traf er Teresa Imer (1723–1797), eine alte Freundin, die ihm ihren Sohn, Giuseppe Maria Pompeati (1746–nach 1790) anvertraute; er sollte ihn nach Paris mitnehmen. Wunschgemäß bemächtigte sich die Marquise denn auch des Knaben. Casanova sollte aber im Verlaufe dieser Affaire seine liebe Not mit der Integrität seiner jeweiligen Mitspieler haben: »Während meiner kurzen Reise hatte ich vollkommen Zeit genug, zu bemerken,

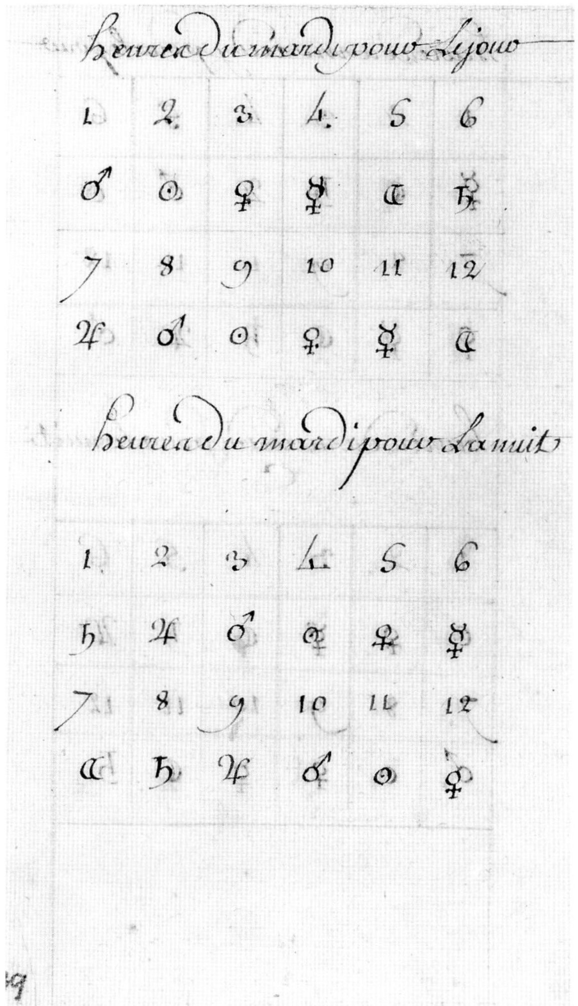
heures du mardi pour le jour

1	2	3	4	5	6
♂	☉	♀	☿	☾	♄
7	8	9	10	11	12
♃	♂	☉	♀	☿	☾

heures du mardi pour la nuit

1	2	3	4	5	6
♄	♃	♂	☉	♀	☿
7	8	9	10	11	12
☾	♄	♃	♂	☉	♀

49

Casanova maximierte offenkundig den Gewinn aus einer Lotterie, indem er zusätzlich kabbalistische Anweisungen zum Ermitteln günstiger Lottozahlen verkaufte. Ein handgeschriebenes Exemplar hat sich in seinem Nachlaß erhalten. In diesem Büchlein gibt er auch Auskunft darüber, welche Planetenstunden zum Suchen bestimmter Lottozahlen am geeignetsten sind.

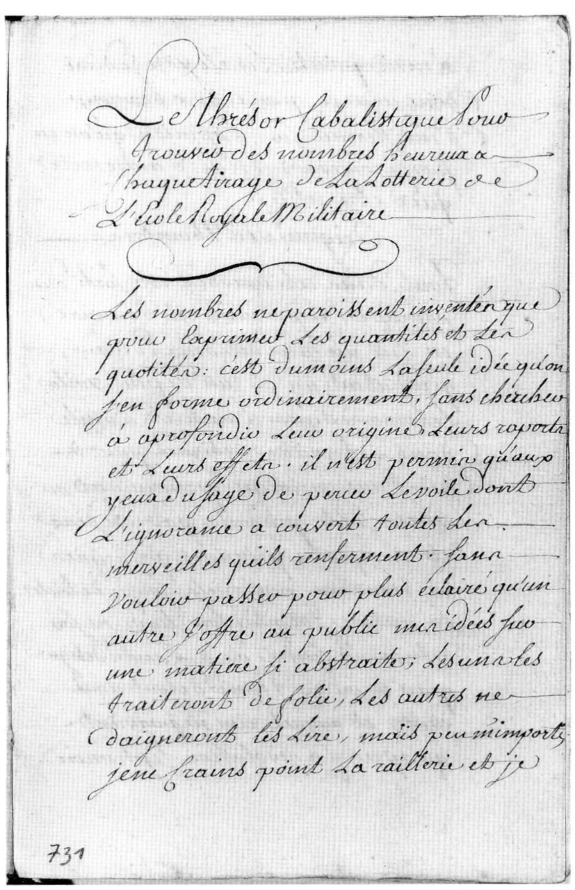
Le Thrésor Cabalistique pour trouver des nombres heureux à chaque tirage de la Lotterie de l'Ecole Royale Militaire

Les nombres ne paroissent inventés que pour exprimer les quantités et les quotités: c'est du moins la seule idée qu'on s'en forme ordinairement, sans chercher à approfondir leur origine leurs rapports et leurs effets. il n'est permis qu'aux yeux du sage de percer le voile dont l'ignorance a couvert toutes les merveilles qu'ils renferment. sans vouloir passer pour plus éclairé qu'un autre j'offre au public mes idées sur une matière si abstraite; les uns les traiteront de folie, les autres ne daigneront les lire, mais peu m'importe, je ne crains point la raillerie et je

731

Von Casanova gezeichnete »Figure Cabbalistique«: Jede der sieben Zacken dieses Sterns symbolisiert ein Metall. Der als Zentrum einskizzierte kleine Kreis, die Basis und Spitze des ihn umschließenden Dreiecks sowie jeder den Metallen zugeordnete Planet hat seine Zahlenbezeichnung.

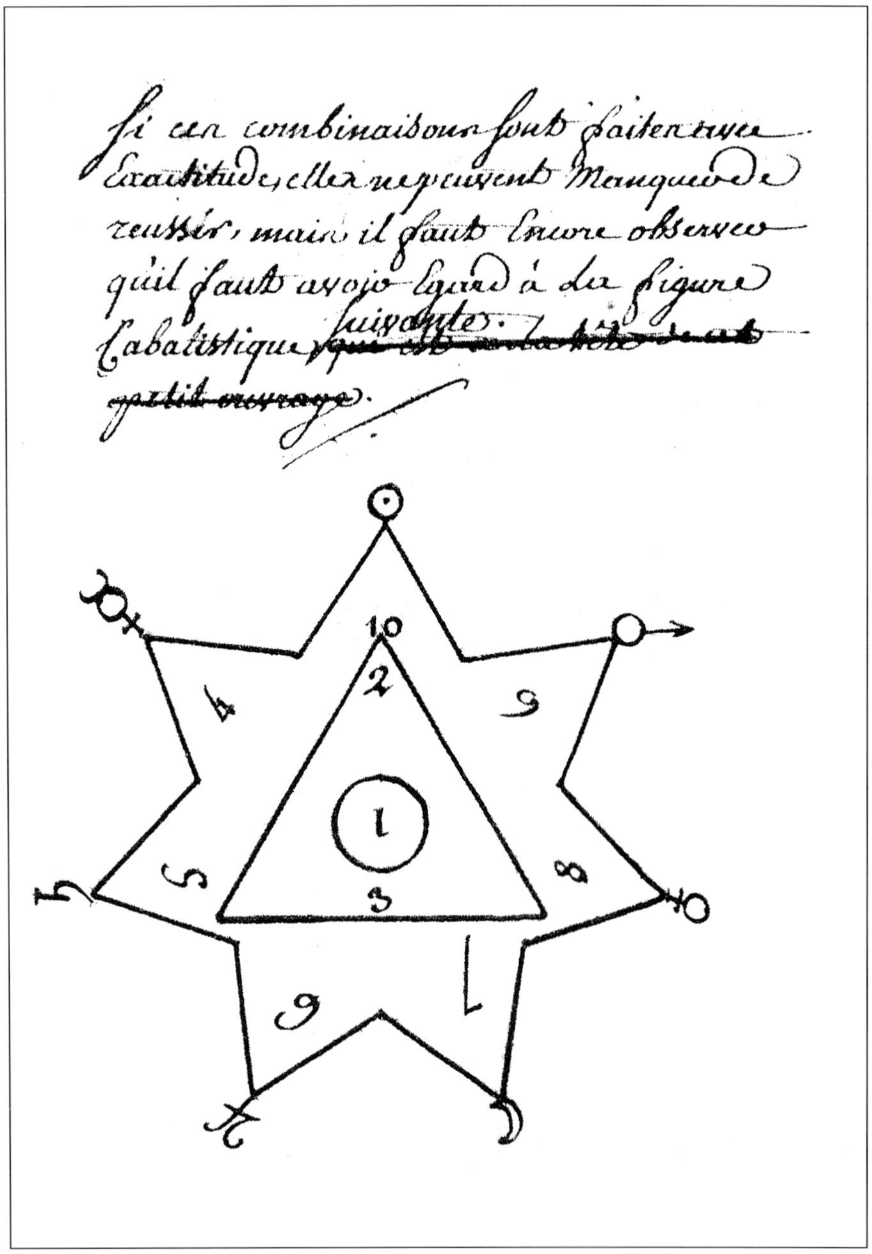

daß die Seele meines Pflegesohnes nicht so schön war, wie sein Äußeres.«[18]

Die Marquise öffnete Casanova ihre Börse, aus der er sich reichlich und regelmäßig bediente, weshalb es ihm vernünftig schien, die »Hypostase« noch ein wenig hinauszuschieben, und so »... sagte ich ihr, der junge Knabe könnte wohl derjenige sein, durch den ihre Wiedergeburt bewirkt werden würde; aber sie würde alles verderben, wenn sie nicht seine Pubertät abwartete.«[19] Also mußte dieser sozusagen aufgehoben werden. »... Sie brachte ihn im Pensionat von Viar unter, ließ ihm die besten Lehrer geben und schmückte ihn mit dem Namen eines Grafen Aranda, obwohl er in Bayreuth geboren war und seine Mutter niemals mit einem Spanier dieses Namens Umgang gehabt hatte...«[20] Casanova ließ die Marquise und den kleinen »Grafen« in Paris zurück und setzte sein unruhiges Leben fort. Auch in der Ferne unterstützte ihn Madame d'Urfé mit Geld und Empfehlungsschreiben.

Allmählich erschienen nun die weiteren Akteure dieser Komödie auf dem Plan: 1760 zufällig am Landesteg von Marseille stehend, wurde Casanova von dem mittellos auf der Heimreise nach Parma befindlichen Caetano Costa (ca. 1734–1801), der als Kammerdiener in Spanien gearbeitet hatte, angebettelt. »Ich habe eine schöne Handschrift und kann als Sekretär dienen...«, ließ ihn dieser wissen, und Casanova nahm ihn als solchen in seine Dienste. Sehr zu seinem Schaden versagte seine Menschenkenntnis diesmal vollständig, zu Unrecht hielt er den jungen Kerl für etwas dümmlich: »... Der Bursche war in der Tat nur dumm, weil in ihm Geist und Unwissenheit und Anmaßung gemischt war. Kurz und gut, ich behielt ihn. Ich war dümmer als er.«[21]

In Livorno tauchte ein weiterer Mitspieler im späteren Ensemble der Affaire auf, dessen Gefährlichkeit von Casanova ebenfalls sträflich unterschätzt wurde. Man stellte ihm Giacomo Passano (1700–nach 1770), einen mäßig begabten Theaterdichter, vor. Die beiden einte eine leidenschaftliche Theaterfeindschaft gegen den Abbate Pietro Chiari (1711–1785), Hofdichter des Herzogs von Parma. Passano sollte in der Folge als Sekretär und später als gefährlicher Kontrahent Casanovas agieren.

Die Weiterreise führte schließlich nach Florenz, wo Casanova seine alte Freundin Teresa Lanti traf. Bei ihr lernte er während eines Abendessens seine spätere Mitverschworene kennen: »... Teresa hatte außerdem eine junge Bologneserin, namens Corticelli eingeladen. Die sprossenden Reize dieser jungen Figurantin machten Eindruck auf mich...«[22] Es gelang der zierlichen Maria Anna Corticelli (1747–ca. 1773) mühelos,

»Die Entstehung der Erde durch das Aesch-Majim«. Diese freimaurerisch-kabbalistische Allegorie versinnbildlicht die Entstehung der Erde unter dem Einfluß der Planeten-Metalle.

diesen Eindruck bei dem leicht entflammbaren Casanova zu vertiefen. »... Die Corticelli war erst dreizehn Jahre alt, aber sie war so zart, daß man sie für zehnjährig gehalten hätte. Im übrigen war sie sehr hübsch gewachsen, lustig, lebhaft, witzig, geistreich und hatte eine weiße Haut; trotz alledem kann ich noch jetzt nicht begreifen, wie ich mich in sie verlieben konnte...«[23]

Zunächst ließ er seine neue Eroberung in Florenz zurück. In Rom ernannte ihn Papst Clemens XIII. (1693–1769) zum »Ritter vom Goldenen Sporn« und zum »Apostolischen Protonotar extra urbem«. Nach einem Aufenthalt in Neapel – die vielen Abenteuer dieser Reise seien hier übergangen – kehrte er nach Florenz zurück. Die Rückreise nach Paris stand unter einem Unstern: »... Die Corticelli hatte einen warmen Umhang, mit Pelz gefüttert; aber der Narr, der sie entführt hatte, nicht einmal einen Mantel. Dabei wehte ein sehr kalter Wind, trotzdem ließ ich nirgends anhalten, denn ich fürchtete, verfolgt zu werden...»[24]

In Paris fand das Paar eine Bleibe mit dem ungemein passenden Namen »Hotel de Saint Esprit«. Die Wiederbegegnung mit Madame d'Urfé bereitete Casanova mit einem Brief vor, den er durch seinen Sekretär zustellen ließ: »... Costa war ein recht hübscher Junge; und da er schlecht französisch sprach und ein bißchen dumm war, so war ich sicher, daß Madame d'Urfé ihn für ein außerordentliches Wesen halten würde.«[25] Er sollte recht behalten. Als er Costa befragte, wie sie sich beim Lesen des Briefes verhalten habe, erfuhr er, daß die Marquise noch ganz die alte war: »... sie hat mich durch einen Spiegel angesehen und drei Worte gesprochen, die ich nicht verstanden habe. Hierauf ist sie dreimal um das Zimmer herumgegangen und hat dabei Räucherwerk verbrannt; dann hat sie mich aufmerksam betrachtet...«[26]

Die Marquise befand sich also in einer exaltierten Stimmung, die Gelegenheit für einen größeren Fischzug war günstig. Jeder Leser der Memoiren wird Casanovas präzise Sprache bewundern; bei Forderungen konnte er besonders präzise sein, wobei es ihm auch mühelos gelang, den – naturgemäß gar nicht vorhandenen – konspirativen Hintergrund gekonnt im Halbdunkel zu lassen. »... Ich ... versicherte ihr ..., daß die magische Aktion, durch die sie zum Mann werden sollte, beginnen würde, sobald Querilint, einer der drei führenden Rosenkreuzer, aus den Gefängnissen der Lissaboner Inquisition befreit sein werde. Aus diesem Grunde ... muß ich im Laufe des nächsten Monats nach Augsburg gehen, wo ich unter dem Vorwande eines Auftrages, den ich mir von der portugiesischen Regierung verschafft habe, Verhandlungen mit Lord Stormont zu führen habe, um die Befreiung des Adepten zu bewirken. Zu diesem Zweck ... werde ich einen Kreditbrief brauchen und Uhren und Tabaksdosen, um zu rechter Zeit Geschenke machen zu können...«[27]

Alles wäre nach Plan verlaufen – tatsächlich hatte die Königlich Portugiesische Regierung ihn mit einer solchen diplomatischen Mission betraut –, hätte Casanova das Pariser Leben nicht allzusehr geliebt. Bei einem kleinen Diner mit Opernfigurantinnen und Abenteurern gab es Streit, ein wertvoller Ring Casanovas verschwand. Er stellte den Dieb zur Rede, der zum Degen griff. »... Ich zog

Casanova war ein gefürchteter Duellant mit Degen und Pistole. Dieses Kupfer stammt aus der Enzyklopädie von Diderot und d'Alembert und stellt das klassische Ende eines Duells drastisch vor Augen.

ebenfalls und hatte kaum ausgelegt, so machte er einen Ausfall und machte einen Stoß, den ich parierte; ich stürzte mich auf ihn und durchbohrte ihn durch und durch ...«[28]
Nun schien es geraten, Paris augenblicklich zu verlassen und wegzubleiben, bis Gras über diese Sache gewachsen sein würde. So reiste er in trüber Stimmung – zu allem Überfluß litt er wieder einmal an einer Geschlechtskrankheit – nach Augsburg. Zum guten Glück fand sich dort ein griechischer Arzt, der ihn kurierte. Flucht und Krankheit hatten ihn schachmatt gesetzt, und daher gelang es einem seiner Mitspieler, unter Mitnahme eines Teiles der Beute vorzeitig zu verschwinden: »... Während dieser Leidenszeit erfuhr ich die näheren Umstände von Costas Flucht. Er war mit den Diamanten, Uhren, Tabaksdosen nebst der Wäsche und den gestickten Röcken verschwunden, die Madame d'Urfé ihm in einem großen Koffer und dazu hundert Louis Reisegeld gegeben hatte ...«[29] Doch es war nicht alles verloren: »... Die gute Dame schickte mir einen Wechsel auf fünfzigtausend [!!] Francs, den sie zum großen Glück nicht mehr Zeit gehabt hatte, dem Spitzbuben zu übergeben ...«[30] Casanova genas, und das Leben ging weiter: »... Kaum war meine Gesundheit wieder hergestellt, so vergaß ich alles vergangene Unglück und fing wieder an, mich zu amüsieren. Meine ausgezeichnete Köchin Annamirl, die so lange Zeit müßig gewesen war, mußte sich an die Arbeit machen, um meinen tüchtigen Appetit zu befriedigen ...«[31]
Im Dezember 1761 verließ er Augsburg und traf nach weiteren Abenteuern in Metz auf die Corticelli. Offenbar war es die Marquise leid, schier endlos auf die Pubertät des Grafen Aranda warten zu müssen, und auch Casanova brauchte nach all den überstandenen Mißgeschicken eine etwas kräftigere Auffüllung seiner immer mageren Börse. So kam man überein, den Ritus für die Hypostase zu modifizieren: »... beschlossen wir, Aranda in sein Pensionat zurückzuschicken, um uns ungestörter den kabbalistischen Arbeiten widmen zu können ...«[32] Casanova ließ die Marquise brieflich wissen, er käme mit einer Jungfrau, dem letzten Sproß der Familie Lascaris, die in Konstantinopel regiert hätte. Als Ort der Begegnung war das trutzige Wasserschloß Pont-Carré ausersehen. Da alle Beteiligten ihre Rollen meisterlich spielten, lief ein unwirkliches Schauspiel ab, das es verdient hätte, zu einem Opernlibretto verarbeitet zu werden. »... Am verabredeten Tag kamen wir in Pont-Carré an. Madame d'Urfé ... ließ die Zugbrücken des Schlosses herunter und stand über dem Tor inmitten aller ihrer Leute wie ein General ... Sobald wir das Haus betreten hatten, nahm Madame d'Urfé geheimnisvolle Handlungen vor; sie beweihräucherte die Neuangekommene, die diese Ehre mit der ganzen Bescheidenheit einer Operngöttin hinnahm ...«[33]
Das Ritual dieser ersten Hypostase war zwar Casanovas Stil ziemlich angemessen, aber eigentlich doch ein wenig simpel. »... An jenem Tag nahmen wir ein einfaches Abendessen ein, worauf ich mich zu Bett legte. Eine Stunde darauf führte Madame d'Urfé mir die Jungfrau Lascaris zu. Sie entkleidete sie, parfümierte sie und legte ihr einen herrlichen Schleier an. Nachdem sie sie an meine Seite gelegt hatte, blieb sie; denn sie wollte bei der Handlung anwesend sein, deren Ergebnis neun Monate später ihre Wiedergeburt sein sollte ...«[34]

Der Venezianer Carlo Rezzonico (1693 bis 1769) schlug als Papst Clemens XIII. Casanova 1760 zum Ritter vom »Goldenen Sporn«. Casanova ließ das eher bescheidene Ordenskreuz sofort mit wertvollen Edelsteinen besetzen. Er hatte nun tatsächlich das Recht, sich – wie auch die Komponisten Gluck und Mozart – »Cavaliere« zu nennen. Doch nur der »Ritter« Gluck machte auch Gebrauch davon. W. A. Mozart (1756–1791) mit dem Orden vom »Goldenen Sporn«. Mozart-Museum, Salzburg.

Um die finanzielle Ausbeute zu erhöhen, beschloß Casanova, daß diese Hypostase mißlungen sei, da die »Prinzessin Lascaris« nicht empfangen habe – angeblich, weil der zufällig anwesende Aranda hinter einem Wandschirm verbotenerweise das Ritual beobachtet habe. Casanovas Orakel-Zahlenpyramide, die immer das verkündete, was ihr Meister wollte, verlangte, daß der neugierige Knabe mindestens hundert Meilen von Paris fortzuschaffen sei – auf diese Weise war er ihn endgültig los. Ferner ließ das kabbalistische Orakel wissen, daß die Hypostase außerhalb Frankreichs zu wiederholen sei. Mit der Beute gab es allerdings erste Schwierigkeiten: Die Marquise schenkte der Corticelli Schmuck im Wert von sechzigtausend Francs, den Casanova sofort einbehielt, um ein heimliches Verschwinden der »Gräfin« Lascaris zu verhindern. So kam es, daß in Aachen, wo man im Mai 1762 eintraf, alles mißlang. Die Corticelli wollte den Schmuck und drohte, den weiteren Schwindel mit der Behauptung zu stören, sie sei schwanger. Sie verpatzte einen günstigen Termin, den der Genius des Mondes – »Selenis« – als geeignet für die Hypostase bezeichnet hatte. Abermals mußte die Kabbala helfen, und prompt kam die Marquise dank Casanovas Pyramide zur Erkenntnis, daß die Lascaris wahnsinnig geworden wäre, weil sie von einem dem Rosenkreuzerorden feindlichen Genius entweiht worden und mit einem Gnomen geschwängert sei. Wieder war Casanovas Phantasie gefordert; mit einem Genius im Monde zu korrespondieren, ist schließlich nicht so einfach. Für eine günstige Mondnacht mietete er ein Gartenhaus, in welchem er eine Badewanne mit lauwarmem Wasser aufstellen ließ. Um die Stimmung zu erhöhen, war dieses mit Essenzen, »...die dem Gestirn der Nacht gefallen...«[35], parfümiert. Um ein Uhr nachts verbrannte er zusammen mit der Marquise würzige Kräuter, man versprengte Essenzen und murmelte beim Schein des Mondes ge-

Casanova gab sich gerne als Rosenkreuzer aus – ein Ordensfest dieser Gemeinschaft, benannt nach ihrem legendären Gründer Christian Rosenkreutz (1378–1484!), sei hier vorgestellt. Wahrscheinlich hat J. V. Andreä diese Geheimgesellschaft im 17. Jh. gegründet. Die Rosenkreuzer hatten großen Einfluß auf das Freimaurertum. »Freundschaftsmahl des Ritters vom Rosenkreuz«, um 1775.

heimnisvolle Gebete. In einer Alabasterschale brannte Wacholdergeist, mit dessen Flamme der Brief an Selenis entzündet wurde. »...Hierauf stiegen wir in die Badewanne, und der in meiner Hand verborgen gehaltene Brief, der mit silbernen Buchstaben im Kreise auf grünem Papier geschrieben war, erschien zehn Minuten später auf der Oberfläche des Wassers...«[36]

Als Casanova die Corticelli mit einem Domherrn im Bett erwischte – dank zweier geladener Pistolen, die er immer mit sich führte, war er Herr der Situation –, sah er die Zeit gekommen, sich von ihr zu trennen. Es schien auch geraten, die Hypostase weiter aufzuschieben. »...Wir kamen überein, daß ich im Frühling nächsten Jahres wieder mit ihr [d.h. der Marquise] zusammentreffen sollte, um die große Operation zu vollziehen, durch die sie als Mann neugeboren werden sollte...«[37]

Nun beging Casanova seinen nächsten Fehler: Er stellte Passano endgültig ein. »...Ich forderte ihn auf, mich in Turin zu erwarten... Mein böser Geist trieb mich, an diesen Menschen zu denken, der eine imponierende Gestalt und ein wahres Astrologengesicht hatte...«[38] Auch die Rolle der Corticelli mußte neu besetzt werden. Casanovas jüngster Bruder, der Subdiakon Gaetano Alvisio Casanova (1734–1783), hatte trotz seines geistlichen Gelübdes einem jungen Mädchen die Ehe versprochen. Dem jungen Paar fehlte jedoch das nötige Geld, und daher lauerte Gaetano seinem Bruder in Genua auf, der ihm umgehend die Braut Marcolina ausspannte: »...Sie war hochgewachsen, eine reizende braune Schönheit, von stolzer Miene, durchaus nicht verlegen...«[39] Mit neuer Besetzung konnte die Komödie weitergehen.

Man traf sich im »Hotel zu den dreizehn Kantonen« in Marseille: »...Kaum erblickte sie mich, so fragte sie: ›Wo ist Querilint?‹ Sie war erstaunt, als ich antwortete: ›Er befindet sich mit uns unter einem Dach‹...«[40] Diese Rolle des Oberhauptes der Rosenkreuzer war Passano zugedacht, der sie aber wegen eines akuten Geschlechtsleidens nur unvollkommen und schließlich gar nicht spielen konnte. Es gibt Hinweise darauf, daß Casanova versucht haben könnte, sich seiner später durch Gift zu entledigen, als dieser versuchte, Casanova bei der Marquise zu denunzieren. Angeblich war es schließlich die Marquise selbst, die die neue Version ihrer Wiedergeburt ersann. Sie fragte sich, »›...ob die Geschenke, die ich für ihn [d.h. den Querilint] vorbereitet habe, würdig sind, von Seramis [der kultische Name der Marquise; Anm. d. Verf.] einem Haupte der Rosenkreuzer dargebracht zu werden?‹...«[41]

Diese Frage war recht peinlich, wußte doch Casanova gar nicht, worum es sich handelte. So behauptete er, die Geschenke müßten in den jeweiligen Planetenstunden geweiht werden, dabei dürfe Querilint nicht anwesend sein. Offenbar fürchtete er, Passano könne allzufrüh mit der

Links: Versammlung von Rosenkreuzern in einem chemischen Laboratorium, um 1780. Der Redner in der Mitte trägt eine »Maurerschürze«.

Rechts: Freimaurerschurz aus dem 18. Jh. mit freimaurerisch-christlichen Symbolen. In der Mitte oben ein Pelikan – das christlich-alchemistische Symbol der Karitas. Davor eine von einem Kreuz bekrönte Weltkugel, umringelt von einer Schlange. Dazu die üblichen freimaurerischen Symbole wie Winkel und Kelle.

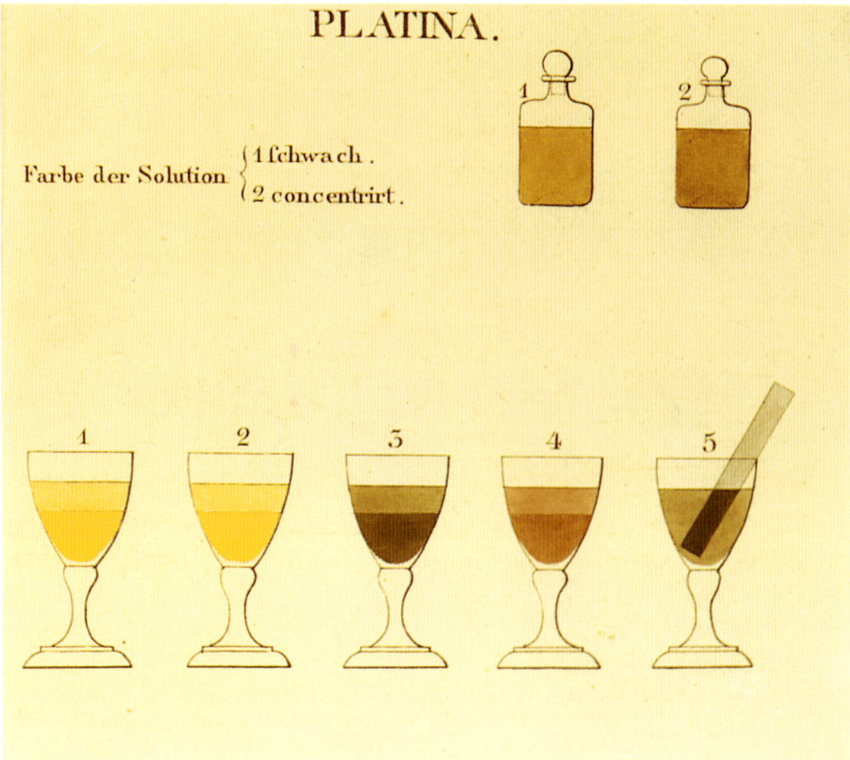

Zusammenstellung von chemischen Reaktionen des Platins aus der Zeitschrift »Das Laboratorium«. Platin war damals die chemische Sensation schlechthin.

Geheimsiegel der Rosenkreuzer aus einem anonymen Druck des 18. Jh.s.

Beute verschwinden: »... Infolgedessen ließ sie mich in das Nebenzimmer eintreten, wo sie aus einem Schreibtisch sieben Pakete hervorholte, die, in Gestalt von Opfergaben an die sieben Planeten, für den Rosenkreuzer bestimmt waren.«[42]
Casanovas Vorsicht war nicht unbegründet gewesen, denn die Marquise hatte sich einiges ausgedacht: »... Jedes Paket enthielt sieben Pfund Metall, das dem betreffenden Planeten geweiht war, und sieben Edelsteine, die ebenfalls den Planeten entsprachen und die je sieben Karat wogen; es waren Diamant, Rubin, Smaragd, Saphir, Chrysolit, Topas und Opal ...«[43]
Abermals inszenierte Casanova ein geheimnisvolles Ritual, als er und die Marquise alle Opfergaben – darunter immerhin sieben Pfund Gold – in einer Kiste an einem einsamen Ort der nahegelegenen Meeresküste ins Wasser warfen. Den wertvollen Inhalt hatte er vorher ausgetauscht und durch Blei ersetzt. Der krönende Höhepunkt, die abschließende Hypostase, ist in zwei verschiedenen Varianten überliefert. Nach Casanova lief abermals ein recht erotisches Ritual ab, bei dem Marcolina als »Undine« auftrat und er selbst sich mühte, die Marquise zu schwängern, damit diese sich aus sich selbst heraus als Knabe gebären könne. Anschließend – jedenfalls nach Casanova – brachte er die Beute bei dem Bankier Georges Roux de Corse, Marquis de Brue, in Marseille in Sicherheit.
Die zweite – nicht ganz so edle, aber leider auch nicht ganz unwahrscheinliche – Version stammt aus der Feder seines guten Freundes Lorenzo da Ponte (1749–1838), der behauptete, Casanova habe bei seinem legendären Fischzug den ohnedies nicht übertrieben klaren Blick der Marquise durch zusätzliche Verabreichungen von Zaubertränken getrübt, die aber in erster Linie Laudanum enthalten hätten. Nachdem die Marquise in tiefen Schlaf gefallen sei, habe er wie ein gewöhnlicher Dieb einfach abgeräumt: »... bald hörte er sie also stark schnarchen, begab sich nun sogleich an den reichgefüllten Schrank, nahm in demselben eine vollkommene Plünderung vor, löschte alle Lichter aus und ging beladen mit Geld und Edelsteinen fort...«[44] Costa sei zu diesem Zeitpunkt noch in Casanovas Diensten

Der »Baum der Diana« ist ein altes Schauexperiment: Aus einer Silbersalz-Lösung scheiden sich entsprechend unserer heutigen chemischen »Spannungsreihe« Silberkristalle an baumartig gebogenen Kupferdrähten ab. Die Abbildung zeigt die »Blätter« eines Dianenbaumes stark vergrößert.

gestanden und erst dann mit der gesamten Beute verschwunden. Nach da Pontes Überlieferung seien in seinem Beisein durch Zufall die beiden Kontrahenten Jahre später am Graben in Wien wieder aufeinandergetroffen. Zunächst lieferten sich die beiden ein Handgemenge – aber auf Zuraten da Pontes versöhnte man sich wieder und »... nun gingen sie miteinander so ruhig spazieren, unterhielten sich, als wenn nie etwas vorgefallen wäre, und verließen sich am Ende mit heiterer, friedlicher Miene und einem mehrmals wiederholten Händedruck. Als Casanova zu mir zurückkehrte, hatte er einen Ring mit einem geschnittenen Edelstein am Finger, der merkwürdige Zufall wollte, daß der Merkur, der Beschützer der Diebe, darauf abgebildet war ...«[45]

»... Was war das für ein Mensch! Selbst von ihm angeführt zu werden, gereichte nicht zur Unehre ...«

Künstliches Gold, veredelte Diamanten und der Graf von Saint-Germain

Ein besonderes Glanzlicht in Casanovas Memoiren ist die Schilderung seiner Begegnung mit dem »Comte de Saint-Germain«, der, wenngleich heute von eher blassem Ruhm, seiner Epoche als der geheimnisvollste Abenteurer galt. Zu seiner Selbstinszenierung gehörte es offenbar, seine doch wohl mit einiger Sicherheit vorhandenen Vornamen nie preiszugeben – noch im Totenregister der St. Nikolaikirche in Eckernförde

Der Graf von Saint-Germain (um 1706 bis 1784), geheimnisumwitterter Abenteurer. Casanova hielt ihn für den Geigenspieler Catalani, trotzdem bewunderte er ihn sehr.

wird im Februar 1784 nur vermeldet, daß der »Graf von Saint-Germain und Welldone« verstorben sei. Dafür pflegte er seine Familiennamen überaus häufig zu wechseln und sie ungeniert nach- und zuweilen auch nebeneinander zu gebrauchen. So trat er als Fürst Rakoczy auf, als Marquis de la Croix noir, als Marquis de Montferrat, dann als Graf Bellamare oder Graf Soltikow, um nur einige seiner Pseudonyme zu nennen.

Seine wahre Identität ist bis heute nicht eindeutig geklärt. Casanova hielt ihn für den italienischen Geigenspieler Catalani, andere Zeitgenossen sahen in ihm einen illegitimen Sohn der Witwe König Karls von Spanien und eines Bankiers wahrscheinlich mosaischen Glaubens, der verschiedenen Ondits zufolge aus Madrid, Bordeaux oder aus Portugal stammen sollte. Tatsächlich soll Saint-Germain Portugiesisch beherrscht und sich vor allem in Amsterdam viel in jüdischen Kreisen bewegt haben. Er verfügte über ganz ungewöhnliche Sprachkenntnisse. Die Gräfin Felicité de Genlis (1746–1830) erklärte in ihren Memoiren sein Französisch für vollkommen akzentfrei, ebenso habe er fließend Englisch, Italienisch und Spanisch gesprochen. Seine Allgemeinbildung galt als universal, er soll überdies ein begabter Maler und Geigenspieler gewesen sein.

Casanova lernte den »Grafen« bei einer Gesellschaft der Marquise d'Urfé kennen und war bereits bei der ersten Begegnung aufs äußerste von ihm beeindruckt: »... Er aß nicht, sondern sprach vom Beginn der Mahlzeit bis zum Ende, und ich hätte es zum Teil ebenso gemacht wie er, denn ich aß ebenfalls nichts, sondern hörte ihm mit der größten Aufmerksamkeit zu. Es war allerdings schwierig, einen Menschen zu finden, der besser gesprochen hätte als er.«[1] Saint-Germains Behauptung, er sei schon beim Zug des Moses durch das Rote Meer dabeigewesen, schenkte Casanova begreiflicherweise kein Vertrauen. Jene Zeitgenossen, die in ihm einen Bastard des spanischen Königshauses sahen, datierten dagegen seine Geburt auf das Jahr 1706. Casanova erwähnt, daß Saint-Germain ein »Wunderwasser« besessen und dieses als Bestandteil einer angeblich lebensverlängernden Diät empfohlen habe – tatsächlich propagierte der Graf einen gelegentlich noch heute vertriebenen »Saint-Germain-Tee« mit dem Hauptingrediens abführender Sennesblätter. Da man sich bei Hofe im 18. Jahrhundert exzessiver Völlerei und Trinkerei hingab, kann man dieser Empfehlung eine gewisse Berechtigung nicht absprechen. Laut Casanova soll auch die Marquise de Pompadour eine eifrige Benutzerin des gräflichen Wunderwassers gewesen sein.

Über Saint-Germains vorgebliches Talent zur Diamantenvergrößerung durch Zusammenschmelzen findet man in einem Brief, den er 1773 an Casanovas späteren Freund Maximilian Joseph Graf Lamberg (1729–1792) geschrieben hat, authentische Auskunft. Die Darlegungen

Saint-Germain profitierte im besonderen von der Altersangst der Damen. Er hatte eine äußerst hautverträgliche, faltendeckende Schminke entwickelt.

verdienen chemiegeschichtlich besonderes Interesse, weil darin die Abgrenzung des geheimnisvollen Grafen gegenüber der damaligen Hochschulchemie enthalten ist, welche ein ebenso lehrreiches wie amüsantes Beispiel gibt, wie ein begabter Schwindler an seiner eigenen Legende strickt: »... Ein Pott, ein Marggraf, ein Rouelle verkünden von ihrem Dreifuß, daß niemand Diamanten gemacht hat, weil sie die Gründe nicht

Andreas Sigismund Marggraf (1709 bis 1782), Begründer des Chemie-Laboratoriums der Akademie der Wissenschaften in Berlin, war ein großer Experimentalchemiker.

kennen, die dem Gelingen entgegen stehen. Wenn alle diese Herren – ihre Zahl ist groß – die Menschen mehr studieren wollten als die Bücher, so würden sie bei ihnen Geheimnisse entdecken, die sie in der ›Goldenen Kette Homers‹ und dem großen und kleinen ›Albertus‹, in dem geheimnisreichen Band ›Picatrix‹ usw. nicht finden. Die großen Entdeckungen werden nur dem zuteil, der reist.«[2]

Tatsächlich gehörten die drei erwähnten Wissenschaftler zu den bedeutendsten Chemikern ihres Zeitalters. Johann Heinrich Pott (1692–1777) war Professor für theoretische und praktische Chemie am Collegium Medico-Chirurgicum in Berlin und galt seinen Zeitgenossen als ungemein bedeutender Experimentator. Saint-Germains Diamanten betreffend, dürften insbesondere seine 1740 unternommenen Arbeiten über die Natur des Graphits interessant gewesen sein. Die Erkenntnis, daß Graphit eine Modifikation des Kohlenstoffes ist – um die heutige Fachterminologie zu gebrauchen –, setzte sich erst Mitte des 18. Jahrhunderts durch. Andreas Sigismund Marggraf (1709–1782) war ab 1760 Direktor der Physikalisch-Mathematischen Klasse der Königlich Preußischen Akademie der Wissenschaft in Berlin und ein überaus erfolgreicher Analytiker. Guillaume François Rouelle (1703–1770) schließlich hielt seit 1737 aufsehenerregende öffentliche Experimentalvorlesungen in Paris und wirkte von 1762 bis 1768 als Demonstrateur für Chemie am weltberühmten »Jardin du Roi«, einer Art naturwissenschaftlicher Hochschule in Paris, an der in erster Linie Apotheker ausgebildet wurden. Sein wohl bedeutendster Schüler war Antoine Laurent de La-

Guillaume François Rouelle (1703–1770), ein bedeutender »Demonstrateur« am »Jardin du Roi«.

Die zentralindischen Lagerstätten von Golkonda in der Nähe von Hyderabad lieferten im 18. Jh. die größten Diamanten der Welt. Die Schatzkammern der Maharadschas galten als unermeßlich. So war Saint-Germains Behauptung, er habe die Kunst des Diamantenvergrößerns in Indien erlernt, jedenfalls einleuchtend lokalisiert.

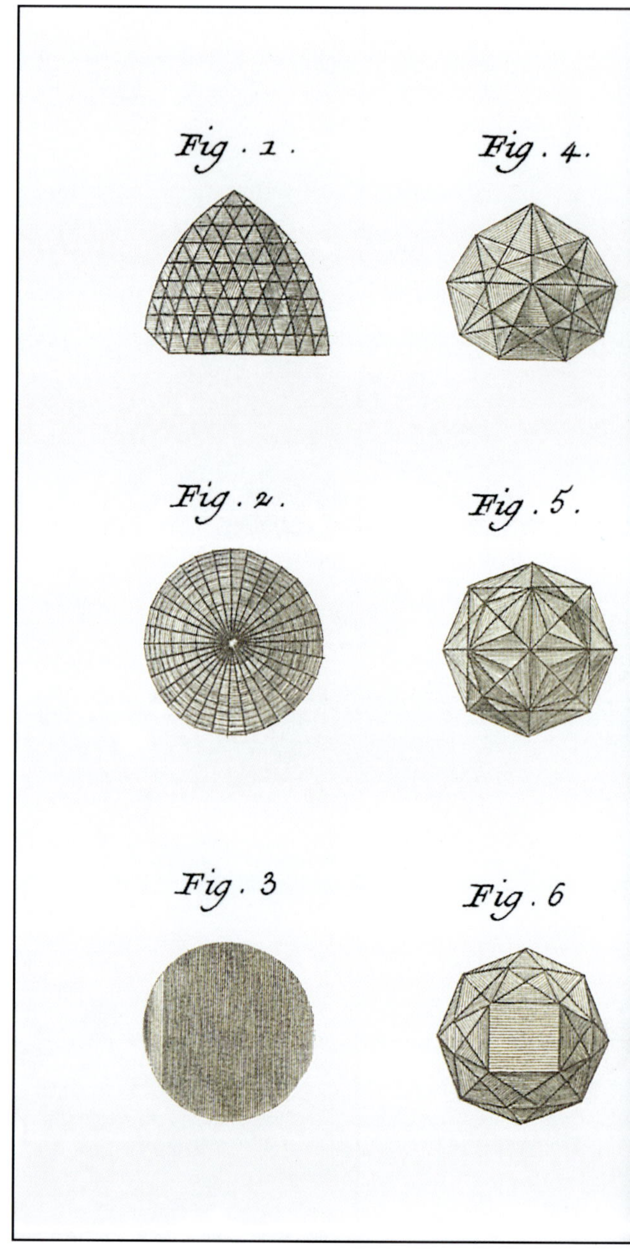

Indien galt schon früher als das *Land der Edelsteine. Abul Hassan, »Schah Dschahan hält einen Turbanjuwel in der Hand«. Victoria & Albert Museum, London.*

Mitte: Diamant- und Brillant-Schliffe nach der »Enzyklopädie« von Diderot.

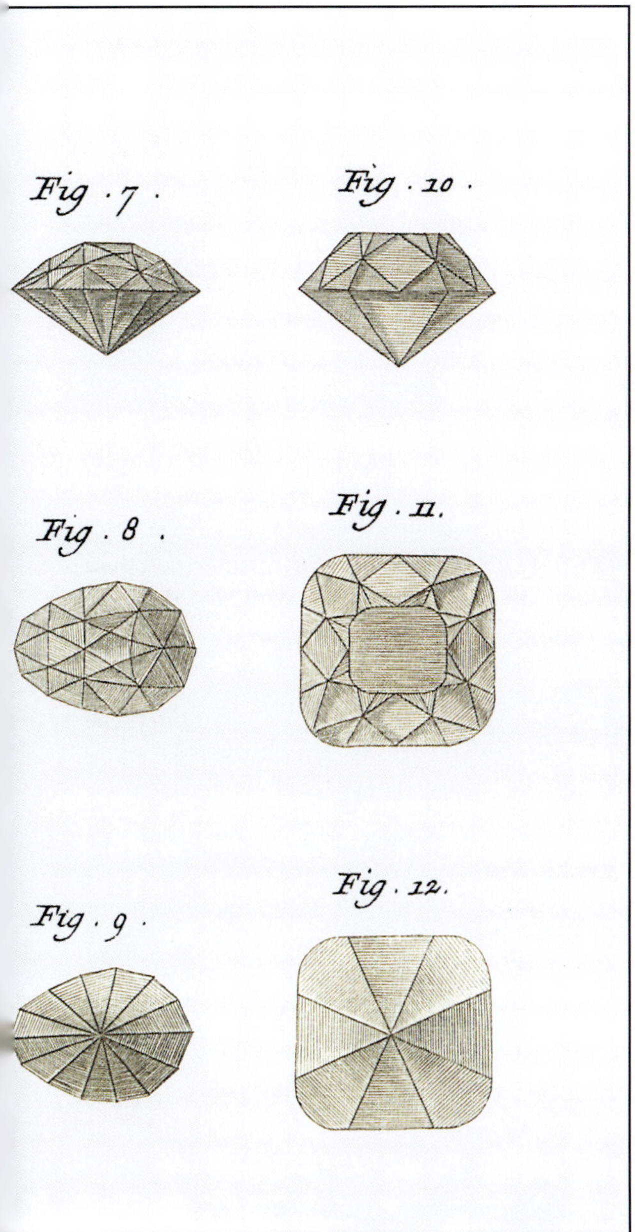

Der Bedarf der Fürstenhöfe und des Adels an Diamanten war im 18. Jh. enorm. »Orden vom Goldenen Vlies«. Schatzkammer der Residenz, München.

Mit stoischer Gelassenheit fügt sich der wohl größte Chemiker seiner Epoche, Antoine Laurent de Lavoisier (1743–1794) seiner Verhaftung durch plündernde Schergen des »Comité Revolutionnaire«, wozu seine Tätigkeit als Generalsteuerpächter den Ausschlag gab.

voisier (1743–1794, geköpft), der 1773 endgültig nachwies, daß Diamanten lediglich aus kristallisiertem Kohlenstoff bestehen, indem er diese im Brennpunkt einer riesigen Linse im Sonnenlicht verbrannte und das gasförmige Reaktionsprodukt in Kalklauge auffing. Im heutigen Sprachgebrauch hatte er damit die Entstehung von Kohlendioxid bei der Verbrennung von Diamanten nachgewiesen und so die für seine Zeit äußerst befremdliche Entdeckung gemacht, daß Diamanten nichts weiter sind als eine Art farblose und durchsichtige kristalline Kohle.

Große Brennlinse mit Terpentinfüllung nach Lavoisier zum Verbrennen von Diamanten.

Doch nicht nur von der modernen Chemie, sondern auch von der Alchemie grenzt sich Saint-Germain ab, wenn er sich von der »Goldenen Kette Homers« distanziert. Dieses 1723 in Frankfurt und Leipzig mit dem Untertitel »Eine Beschreibung von dem Ursprung der Natur und natürlichen Dingen« erschienene Buch schätzte noch der junge Goethe. Auch in den Werken des Albertus Magnus sowie in der »Picatrix« soll nach Saint-Germain nichts über die Diamantenvergrößerung zu finden sein. Daß die großen Entdeckungen nur dem Reisenden zuteil würden, ist ein von Paracelsus oft geäußerter und von Nachfolgern gern zitierter Gedanke. Da jeder, der einigermaßen mit den Schätzen dieser Erde vertraut war, wußte, daß die größten Edelsteine so gut wie immer aus Indien stammten, kam auch einzig und allein dieses Land für die Annahme praktizierter Diamantenvergrößerung in Frage: »...Ich verdanke die Entdeckung des Schmelzens der Edelsteine der zweiten Reise nach Indien, die ich 1755 mit dem Obersten Clive unter dem Befehl des Vizeadmirals Watson machte. Auf meiner ersten Fahrt hatte ich nur sehr geringe Kenntnisse über dieses wunderbare Geheimnis erworben. Alle meine Versuche in Wien, in Paris, in London galten nur als Proben; den Stein der Weisen zu finden, war mir in der genannten Zeit beschieden.«[3]

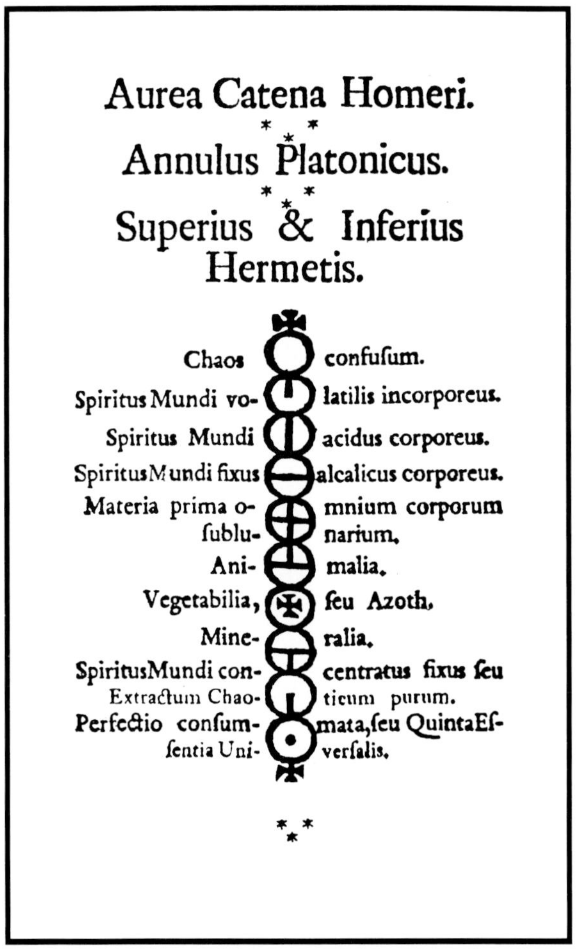

Zweites Frontispiz der »Aurea Catena Homeri ...«, diesem spätbarocken pansophischen Werk, in dem die Kette – die »catena« – versinnbildlichen soll, wie die verschiedenen Bereiche dieser Welt mit der Sphäre des Göttlichen verbunden sind. Aus der Vernunft, der Erfahrung und der Heiligen Schrift versucht dieses Buch in alchemistischer Denkungsart die in dieser Welt wirkenden Kräfte zu beschreiben, wobei sich der Verfasser – wahrscheinlich Joseph Anton Kirchweger aus Krumau in Mähren – häufig auf Experimente und Beobachtungen beruft.

Mit den Mitteln des 18. Jahrhunderts war es sicherlich nicht möglich, Diamanten umzukristallisieren, doch berichteten die Zeitgenossen immerhin, Saint-Germain habe in der Tat ausnehmend große Diamanten besessen, und diese künstlichen Edelsteine hätten bei seinen im Auftrag der französischen Krone in Amsterdam geführten Finanzverhandlungen eine Rolle gespielt. Von Casanova schließlich erfährt man, daß Saint-Germain, zusammen mit Ludwig XV. experimentierend, tatsächlich – wie der König selbst wähnte – einen besonders schönen Diamanten vergrößert habe. Mit absoluter Sicherheit kann man davon ausgehen, daß Saint-Germain bei dieser Demonstration gemogelt und einen größeren Diamanten nur untergeschoben hat. Diamantenvergrößern muß damals offenbar überhaupt eine Art wissenschaftliche Mode unter gekrönten Häuptern gewesen sein. Gemeinsam mit dem Jesuitenpater Joseph Franz (1776–1804) unternahm auch Kaiser Franz I. Stephan (1708–1765) vergebliche Versuche zur Diamantenvergrößerung im Sonnenlicht. Statt einer Brennlinse bedienten sie sich dabei eines von der Stückgießerei Chatal hergestellten, versilberten Brennspiegels mit einem Durchmesser von immerhin fünf Fuß, also etwa eineinhalb Metern. Franz I. Stephan war äußerst vielseitig an Alchemie und Naturwissenschaften interessiert. Im Gegensatz zu Ludwig XV. und zur Mehrzahl der gekrönten Häupter seiner Epoche verstand er es meisterlich, naturwissenschaftliche und technische Erkenntnisse erfolgreichst wirtschaftlich zu nutzen und brachte es so zu immensem privatem Reichtum.

Schon bald darauf gerieten Saint-Germain und Casanova bei einem kleinen Diner der Madame d'Urfé aneinander. Die bizarre Marquise trug einen großen armierten Magneten als Schmuckstück am Hals: »... Sie behauptete, dieser Magnet würde eines Tages den Blitz anziehen und sie würde auf diese Weise zur Sonne aufsteigen. Der berühmte Betrüger beeilte sich, ihr zu versichern, die Tatsache sei unbestreitbar, aber nur er besitze die Macht, die Stärke des Magneten um das Tausendfache zu verstärken ...«[4] Der in Physik bewanderte Casanova stellte dies völlig zu Recht in Abrede: »... Ich sagte ihm kühl, ich wäre bereit, um zwanzigtausend Taler zu wetten, daß er die Stärke des Magneten, den Madame d'Urfé an ihrem Halse trüge, nicht einmal um das Doppelte vermehren würde ...«[5] Leider vereitelte die Marquise diese Wette.

Wie Casanova mitteilt, richtete Saint-Germain im Trianon zu Paris für den königlichen Zeitvertreib ein Laboratorium für Ludwig XV. ein. In einem vom König finanzierten Laboratorium in Chambord arbeitete er außerdem an der Entwicklung neuer chemischer Farben und Färbetechniken, mit denen er die französische Industrie zu fördern suchte.

Der nächste Zusammenstoß der beiden Abenteurer bald darauf in Amsterdam war brisant, weil der französische König beide im Zuge einer überaus verworrenen Finanzintrige – der französische Staat war damals bereits bankrott – gleichzeitig, aber unabhängig voneinander und hinter dem Rücken seiner zuständigen Minister zu einer Geldbeschaffungsaktion nach den Niederlanden geschickt hatte. Diese reichlich dunkle, schwer durchschaubare Affäre, in deren Verlauf Saint-Germain zunächst verhaftet wurde, ist nur zu verstehen, wenn man sich vor Augen hält, daß es nur noch wenige Jahrzehnte währte, bis das »Ancien Régime« in den Stürmen der Französischen Revolution untergehen sollte.

Da Gold als das edelste und wertvollste Metall galt, hatten sich im Laufe der Jahrhunderte ganze Heerscharen von Alchemisten auf die Untersuchung seiner chemischen Verbindungen gestürzt. Die Abbildung zeigt die Zusammenstellung chemischer Reaktionen des Goldes.

An der Frage, ob Saint-Germain tatsächlich Edelsteine vergrößern könne, erhitzten sich zeitgenössische Gemüter heftig. Baron von Gleichen allerdings schrieb nur lakonisch: »... Er besaß mehrere chemische Geheimmittel, besonders zur Herstellung von Farben und Färbstoffen und eine Art von Similor von seltener Schönheit ...«[6] – eine goldähnliche Legierung unedler Metalle. Von Gleichen behauptete sicherlich zu Recht, daß die künstlichen Edelsteine Saint-Germains – darunter auch ein besonders schöner Saphir – weder die Härte noch das spezifische Gewicht echter Steine gehabt hätten und daß Saint-Germain dies auch zugegeben habe. Kein Geringerer als Graf Mirabeau (1749–1791) versicherte dagegen in »Die preußische Monarchie unter Friedrich dem Großen«: »... Er machte im Handumdrehen faustgroße Diamanten ...«[7], was sicherlich eine faustdicke Übertreibung war. Jahre später, im Sommer 1763, führte der Zufall die beiden Abenteurer in Tournai wieder zusammen. Von Ypern kommend, sah Casanova auf der Straße besonders schöne Reitpferde und fragte, wem sie gehörten: »Dem Grafen von Saint-Germain, dem Adepten, der seit einem Monat hier ist und niemals ausgeht. Unser Land wird durch ihn reich werden, weil er Fabriken einrichtet. Alle Durchreisenden wünschen ihn zu sehen, aber er ist unzugänglich ...«[8] Seinen alten Kontrahenten Casanova empfing der Graf jedoch. Die Schilderung dieser Begegnung ist in vieler Hinsicht einzigartig. Beide hatten allen Grund, einander zu mißtrauen, hatte doch jeder in der Zwischenzeit nichts in seinen Kräften Stehendes unterlassen, um den anderen zu desavouieren und ihm zu schaden. Casanova hatte sich wieder einmal eine jener Krankheiten geholt, wie man sie dank ausschweifender Pflege zwischenmenschlicher Beziehungen mit Dienerinnen der Venus allzu leicht erwerben konnte. Daher wäre er der ärztlichen Hilfe des Wundermannes durchaus bedürftig gewesen, doch fürchtete er, daß der rachsüchtige Graf vielleicht der Versuchung, ihn zu vergiften, nicht widerstehen könne, und lehnte dessen Pillen ab. Um seinen Gast zu beeindrukken, führte Saint-Germain einige Experimente vor, die Casanova minutiös geschildert hat. Besonders imponierte ihm die Verwandlung eines

„... Dann zeigte er mir sein Elixier, das er Uräther nannte. Es war eine farblose Flüssigkeit, die sich in einem mit Wachs verschlossenen Fläschchen befand. Er hatte mehrere davon. Er sagte mir, diese Flüssigkeit sei der Universalgeist der Natur; dies werde dadurch bewiesen, daß dieser Geist sofort aus dem Fläschchen entweiche, wenn man das Wachs nur ganz leicht mit einer Nadel durchsteche. Ich bat ihn, mir das Experiment zu zeigen. Er gab mir ein Fläschchen und eine Nadel. Ich stach ganz leise in das Wachs hinein und das Fläschchen war wirklich im Augenblick vollständig leer ...
In seinem Ehrgeiz, mich in Verwunderung zu setzen, fragte er mich, ob ich etwas Kleingeld bei mir habe. Ich zog einige Münzen aus der Tasche und legte sie auf den Tisch. Ohne mir zu sagen, was er machen wollte, stand er auf und nahm eine glühende Kohle, die er auf eine Metallplatte legte. Hierauf bat er mich um ein Zwölfsousstück, das sich unter den Münzen befand. Er legte ein schwarzes Körnchen auf die Münze und diese auf die Kohle, die er mit einem Blasrohr anblies; in kaum zwei Minuten war das Geldstück glühend.
›Warten Sie, bis es sich abgekühlt hat‹, sagte der Alchimist. In einer Minute war die Münze kalt, und er sagte: ›Nehmen Sie sie mit, denn sie gehört Ihnen.‹
Ich nahm das Geldstück; es war von Gold ...“

Band 10, Seite 46

Mme. de Pompadour galt als absolute Herrscherin im »Empire du luxe«. Sie kreierte auch jene chinesischen Stoffmuster, die Casanova in seiner Manufaktur gedruckt und gemalt kopierte. Quentin de La Tour, »Madame de Pompadour«. Musée du Louvre, Paris.

kupfernen Zwei-Sousstückes in ein solches aus purem Gold. Mit diesem und dessen seltsamer Geschichte gelang es Casanova bald darauf bei seinem Besuch in Berlin, das Interesse von George Keith, Lordmarschall von Schottland und Freund König Friedrichs II. von Preußen, zu erwecken, was ihm bei dem Versuch, eine Audienz des Königs zu erlangen, von Nutzen sein sollte.

Daß Casanovas Bericht, Saint-Germain habe für Karl Graf Cobenzl (1712–1770) – seit 1753 bevollmächtigter Minister für die österreichischen Niederlande in Brüssel – als Chemiker gearbeitet, den Tatsachen entsprach, wird durch die Forschungen von Gustav Berthold Volz bestätigt. Das Unternehmen florierte allerdings nicht, erfolgreich scheint es lediglich für Saint-Germain gewesen zu sein, der sich schließlich mit dem nicht unbeträchtlichen Rest eines Vorschusses von 94000 Gulden aus dem Staub machte. Nicht ohne Genugtuung hält Casanova fest, daß der Graf vor ihm gestorben war (trotz aller Prahlereien auch noch in Armut), was seinen Behauptungen, er könne sein Leben beliebig verlängern, eindeutig widersprach. Zwar rühmte ihn Prinz Karl von Hessen-Kassel (1744–1836): »...Er war vielleicht einer der größten Weltweisen, die je gelebt haben. Er liebte die Menschheit...«[9], doch war auch in Schleswig seinen Versuchen, besonders schöne, haltbare neue Farben zu produzieren, kein rechter Erfolg beschieden. Die Diamantvergrößerung war und blieb in späteren Jahren ohnedies aus der gräflichen Trickkiste verschwunden.[10]

❝ Ich ging um neun Uhr zu ihm, und er empfing mich mit einem ein Zoll langen Bart. Er hatte zwanzig Destillierkolben mit Flüssigkeiten um sich herum. Einige davon, in denen er feste Stoffe auflösen wollte, standen in Sand von Zimmertemperatur. Er sagte mir, er arbeite zu seinem Zeitvertreib an Farben und richte, um dem Grafen von Cobenzl, dem Bevollmächtigten der Kaiserin Maria Theresia in Brüssel, einen Gefallen zu tun, eine Hutfabrik ein. Der Graf habe ihm dazu fünfundzwanzigtausend Gulden gegeben, und diese Summe genüge nicht, er lege aber das Fehlende aus seiner eigenen Tasche zu. ❞ Band 10, Seite 45

Im Laufe seines langen Lebens legte Casanova mit Reisekutschen Tausende von Meilen auf der Landstraße zurück. Stets führte er vier Pistolen mit sich, zwei mit kurzem, zwei mit langem Lauf sowie eine umfangreiche Reisebibliothek. Die Pferde waren meist nur gemietet, wohingegen ihm die Wägen in der Regel gehörten. Zuweilen transportierte er seinen Wagen auch zu Schiff – beispielsweise rheinabwärts von Mainz nach Köln.

»Fabrik – Harem – Arzt – Bankrott«

Versuche, in der Welt der Technik eine Existenz zu gründen

»... Ich weiß über Bergwerke, Mineralien, Salz, Schwefel, und fast alles, was diese Bereiche betrifft, Bescheid. Ich selbst bin weder Ingenieur und Wasserbauer, aber ich weiß, was dazu nötig ist. Jener Bereich der Chemie, der die Farben betrifft, ist mir vertraut, und ich verstehe Baumwolle, Leinen und Hanf mit geringen Kosten färben zu lassen. Ich habe Manufakturen für Kupfer, Malachit und Salpeter gebaut. Ich habe einen Plan, die Züchtung von Schafen zu verbessern, um ihre Wolle zu vervollkommnen ...«[1] So bewarb sich Casanova am 6. Juli 1767 aus Schwetzingen bei der kurpfälzischen Regierung – vermutlich auf Drängen seines Freundes Lamberg, bei dem er nach seiner Ausweisung aus Wien zu Beginn des Jahres Aufnahme gefunden hatte. Seine Selbstbelobigung als vielfältiger Fachmann wurde jedoch ablehnend beschieden, und so war er wieder einmal zum Weiterwandern gezwungen, obwohl er sich selbst nicht gerade bescheiden dargestellt hatte: »... Ausfuhr, Einfuhr, günstige Handelsbilanzen, wirklicher, unsicherer und nur scheinbarer Reichtum, Luxus, Geldzins, Eingangs- und Ausgangszoll und Steuern sind Gebiete, die ich ausreichend beherrsche, um einem Fürsten zu Diensten zu sein ...«[2]

Wie stand es denn mit den unternehmerisch-technischen Vorkenntnissen des damit brillierenden Fachmanns Casanova? Er warb mit tatsächlichen Erfahrungen und wollte mit ihnen wieder einmal zu jenem Gelde kommen, welches er stets derart verschwendet hatte, daß er ebenso stets in Nöten war. Als er sich Jahrzehnte später des Jahres 1758 – dem Jahr der Gründung einer eigenen Manufaktur – und seines maßlos üppigen Lebens erinnert, beschreibt er mit genußvollem Stolz: »... Die Lebensart, die ich in ›Petite Pologne‹ aufbot, machte mein Landhaus berühmt. Man sprach davon, wie wir dort schwelgten ... und meine Gäste sahen, wie groß mein Vergnügen war, ihnen etwas bieten zu können ...«[3]

Obwohl sich Casanova zu dieser Zeit auf dem Gipfel seiner finanziellen Möglichkeiten befand, schien ihm diese aufwendige Lebensführung doch eine Konsolidierung seiner wirtschaftlichen Verhältnisse nahezulegen. »... Entzückt von dieser Lebensweise, jedoch eingedenk der Tatsache, daß ich hunderttausend Francs brauchte, um sie aufrechtzuerhalten, sann ich über Möglichkeiten nach, um sie dauerhaft werden zu lassen ...«[4]

Die Lösung schien ihm im bürgerlichen Unternehmertum zu liegen, wobei er dieses jedoch als Sprungbrett in ein höheres Amt der staatlichen Wirtschaftsführung zu nutzen gedachte. Im Umfeld seines Lotteriepartners Calzabigi lernte Casanova einen jungen Maler und Zeichner kennen, der ihm den Plan zu einer Manufaktur zum Färben und Bemalen von Seidenstoffen einredete, die den in Peking hergestellten entsprechen oder diese sogar noch übertreffen sollten. »... Man könnte damit ein Vermögen verdienen ... wenn man sie um ein Drittel billiger verkaufte als jene aus China importierten ...«[5]

Die farblosen Seidenstoffe sollten zunächst in einem bestimmten Grundton eingefärbt, dann die Muster leicht vorgezeichnet und von den Arbeiterinnen ausgemalt werden: »... Die Idee, Leiter einer Manufaktur zu werden, gefiel mir. Ich beglückwünschte mich dazu, durch ein Mittel reich zu werden, das mich dem Staat empfehlenswert machen mußte ...«[6]

Es sollte anders kommen, wenngleich sich zunächst alles gut anließ. Selbst die Protektion, die man im 18. Jahrhundert brauchte, war für den beziehungsreichen Casanova leicht zu erlangen. »... Entschlossen, ein Haus im ›Enclos du Temple‹ zu mieten, suchte ich den Prinzen von Conti auf, der ... mich seiner Gönnerschaft und aller Freihandelsrechte versicherte, die ich mir nur wünschen konnte ...«[7]

Doch nun mußte investiert werden: »... Ich mietete ein Haus für tausend Taler jährlich. Es enthielt einen geräumigen Saal, worin alle Arbeiterinnen arbeiten sollten; einen andern großen Saal, der als Lagerraum diente, zahlreiche Zimmer, um meine leitenden Angestellten unterzubringen ...«[8]

Besonderes Interesse verdient die Vergabe der Aktien. »... Ich teilte mein Unternehmen in dreißig Anteile; davon gab ich fünf dem Maler und Zeichner, der das Ganze leiten sollte, und behielt die andern fünfundzwanzig für mich, um über sie zugunsten von Teilhabern zu verfügen, welche entsprechende Kapitalien einlegen würden. Eine gab ich einem Arzt, den ich gegen Bürgschaft als

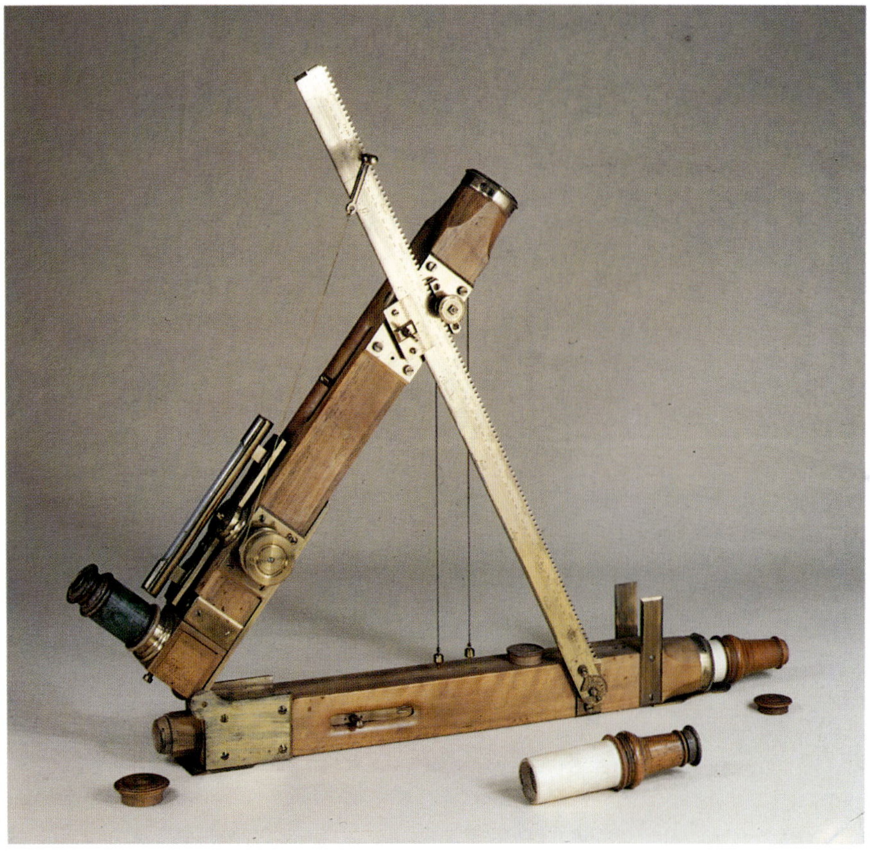

Der Instrumentenkasten, den Casanovas Gehilfe Lambert mit sich führte, dürfte ähnlich ausgesehen haben wie dieser aus Augsburg von 1764.

Unten: Einfacher Theodolit. Die Firma Brander und Höschel in Augsburg war in der zweiten Hälfte des 18. Jh.s für die Güte ihrer Instrumente berühmt.

Lagerverwalter anstellte... Ich nahm vier Bediente, zwei Dienstmädchen und einen Türhüter. Einen anderen Anteil mußte ich meinem Buchhalter bewilligen, der mir zwei Schreiber besorgte und ebenfalls im Haus wohnte...«[9]

Offenbar war sich Casanova von vornherein seiner Fähigkeiten als Unternehmer nicht übertrieben sicher. Den vielzähligen Erforschern seiner wechselreichen Biographie bereitete es nämlich Schwierigkeiten, dieses Unternehmen zu belegen, obwohl die Manufaktur in Casanovas Korrespondenz durchaus erwähnt wird. Schließlich entdeckte Charles Samaran 1914 einen merkwürdigen Sachverhalt. Tatsächlich hatte ein Ausländer 1758 eine Manufaktur für bemalte und bedruckte Seide in Paris gegründet, allerdings hieß dieser Etienne Scotti. Da Casanova häufig in brenzligen Situationen unter den Namen von Verwandten aufzutreten pflegte und Samaran Verwandte dieses Namens in Parma nachweisen konnte, kann als gesichert gelten, daß sich hinter Etienne Scotti der decknamenreiche Giacomo Casanova verbirgt.

Die Gründung war durchaus beeindruckend: »... Da mehrere Tischler die Schränke im Lager und die zwanzig Arbeitsplätze im großen Saal herstellten, so war in weniger als drei Wochen alles fertig. Ich überließ es dem Direktor, zwanzig junge Mädchen zum Bemalen der Stoffe anzustellen; diese sollten jeden Samstag ihren Lohn erhalten. Ich nahm dreihundert Ballen Taft, grobgewebte Seide aus Tours und weißen, gelben und grünen Kamelott auf Lager, um sie mit den Mustern bemalen zu lassen, deren Auswahl ich mir vorbehalten hatte. Ich bezahlte alles bar...«[10]

Casanovas Gewinnerwartung war – gelinde gesagt – optimistisch: »... Mit dem Direktor hatte ich ausgerechnet, daß ich, wenn der Verkauf erst nach einem Jahr begänne, ungefähr hunderttausend Taler vorschießen müßte, und sie standen mir zur Verfügung. Für alle Fälle hätte ich noch Aktien zu je zwanzigtausend Francs gehabt, welche leicht und sicher zu verkaufen waren; aber ich hoffte niemals in diese Notwendigkeit zu geraten, denn ich rechnete auf ein Jahreseinkommen von mindestens zweihunderttausend Francs...«[11]

In Casanovas Manufaktur wurde Seide in einem hellen Grundton eingefärbt, bevor die Stoffe bedruckt und bemalt wurden. Seiner Beschreibung nach dürften die Arbeitsabläufe etwas weniger aufwendig gewesen sein als hier in einer Darstellung aus der Enzyklopädie Diderots. Typisch für die Zeit war: Ein eleganter Unternehmer, eine mondäne Dame und ein Abbé in Soutane beobachten aufmerksam den Fortgang der Arbeiten.

Doch dem erst später zu erwartenden Gewinn standen Ausgaben gegenüber, die gleich getätigt werden mußten: »...In weniger als einem Monat gab ich für die Einrichtung des Hauses ungefähr sechzigtausend Francs aus; außerdem hatte ich mich zu einer wöchentlichen Ausgabe von zwölfhundert Francs verpflichtet...«[12]

Als sich Casanova Jahrzehnte später Stichworte für die Aufzeichnung dieses Kapitels seiner Memoiren zurechtlegte, fand er für die Ereignisse der Manufakturgründung die überaus griffige Formulierung: »Fabrik – Harem – Arzt – Bankrott«.[13] Er machte seinem skandalösen Ruf alle Ehre, worüber die damalige Dame seines Herzens zu Recht höchst bekümmert war: »...Manon Baletti teilte meine Freude nicht; sie zitterte, als sie mich im Besitze dieses Harems sah; denn sie fühlte wohl, daß meine Tugend bald an irgend einer neuen Klippe scheitern würde...«[14] Und eitel wie immer legt Casanova Wert auf die Feststellung, daß er sich tatsächlich mit jeder seiner zwanzig Arbeiterinnen vergnügt habe. Ein wirklich erfolgreicher Unternehmer sollte sich eben doch mehr dem Gang der Geschäfte widmen.

Vielleicht hätte Casanova trotz neuer Klippen, »ungeheurer« Ausgaben und seiner »Genußsucht und Freigiebigkeit« noch eine Zeitlang weiter durchhalten können, doch nun lahmte die Konjunktur, da Frankreich bereits schon wieder einmal Krieg führte. Der Untergang seiner Manufaktur war besiegelt: »...Meine Fabrik würde mich in den Stand gesetzt haben, mein Leben noch lange in gleicher Weise fortzuführen, wenn nicht der unglückliche Krieg den Absatz gelähmt hätte. Ich hatte vierhundert Ballen bemalter Stoffe auf Lager, aber es war nicht wahrscheinlich, daß ich sie vor dem Frieden verkaufen konnte... so drohte mir der Ruin...«[15]

Theodolit von Brander und Höschel, Augsburg um 1770, wie ihn auch Casanova und Lambert bei Vermessungsarbeiten in Kurland gebraucht haben dürften.

Unten: Theodolit am Meßtisch zum Zeichnen von Plänen und Landkarten, Augsburg 1767/72.

Folgen wir Casanova in das Jahr 1764 nach Berlin. Der später geschilderte Annäherungsversuch an Friedrich II. war mißglückt (siehe Seite 105), ziemliche Bedrängnis zeichnete sich ab, bald sollte Casanova nahezu blank dastehen. »... Anstandshalber mußte ich mit einem Bedienten reisen ...«[16] Dem Anstand zur Genüge nahm er also einen etwas schrulligen jungen Mann namens Lambert in Dienst, der auf die Frage, was er in seinem Bündel mit sich führe, die seltsame Antwort gab: »... ›Zwei Hemden und zwanzig mathematische Bücher‹ ...«[17] Außerdem besaß er ein »mathematisches Besteck« und gab an, im Vermessungswesen bewandert zu sein. Casanova überprüfte seine Kenntnisse: »... Ich stellte ihm mehrere Stunden lang mit Kompaß und Tabellen in der Hand Fragen. Da ich fand, daß er gute Kenntnisse besaß, hatte ich den Einfall, ihn mit nach Petersburg zu nehmen ...«[18] Eine ausgezeichnete Idee, wie sich zeigen sollte, denn mit diesem jungen Mathematiker als Adlatus gelang es Casanova bald darauf,

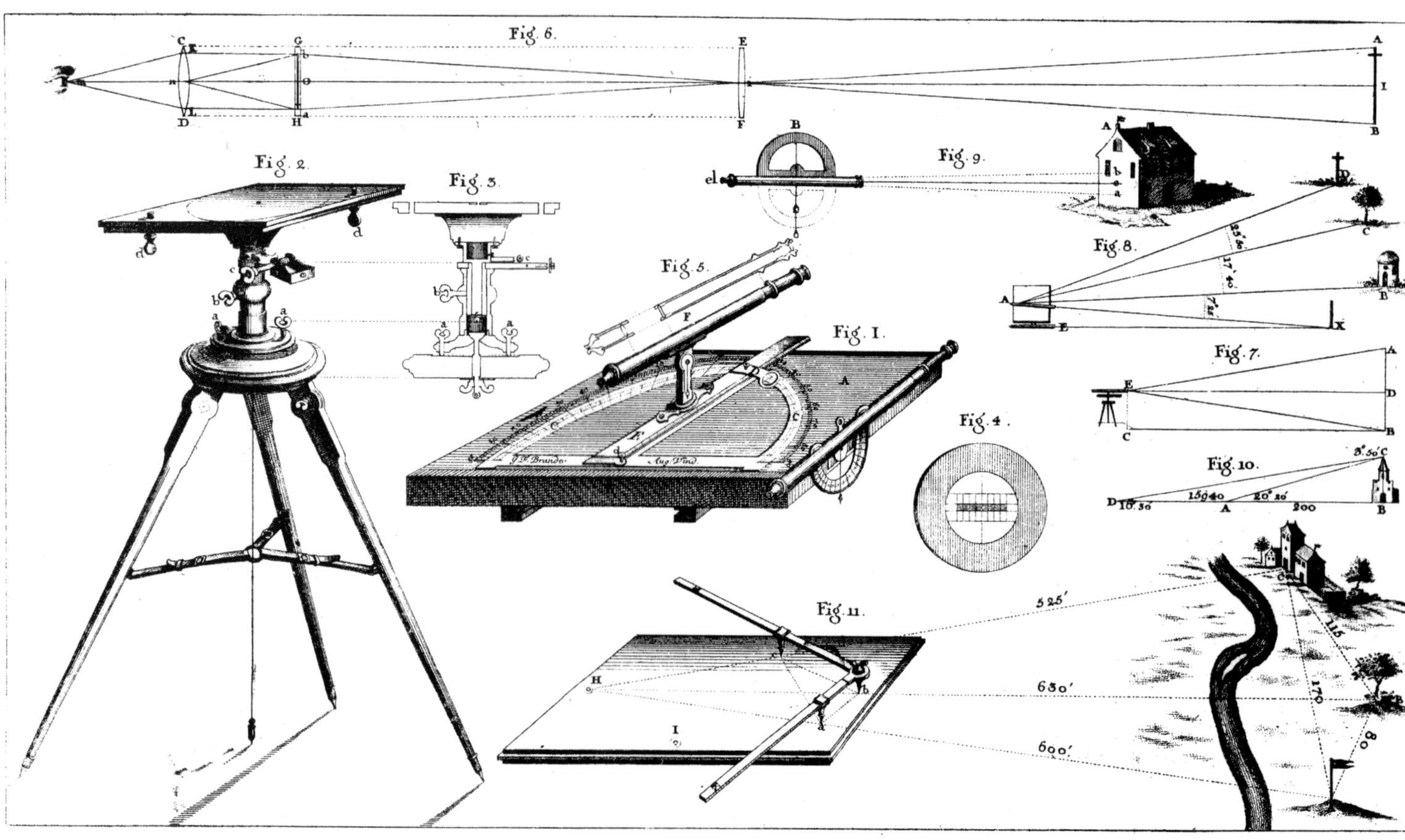

in Mitau auf Ernst Johann Biron, Herzog von Kurland (1690–1772), einen ungeheuer professionellen Eindruck zu machen. Zunächst lagen aber die Dinge noch fatal, Casanova war endgültig pleite. Bei einer Einladung schenkte er Frau von Keyserlings Zofe sein letztes Geld: »Das Mädchen stand mit gesenkten Augen vor mir, als wenn sie mir Gelegenheit geben wollte, sie in aller Muße zu betrachten. Dabei überkam mich eine Laune, der ich nicht widerstehen konnte. Ich zog geschickt meine drei einzigen Dukaten aus der Tasche und legte sie auf die Untertasse ...«[19]
Von da an hatte er Kredit, und man bat ihn, vor dem regierenden Herzog von Kurland zu erscheinen. Casanova findet für diese Wendung der Dinge philosophische Worte: »... Nichts ist auf dieser Welt leicht oder schwer, sondern es kommt nur darauf an, ob man sich richtig oder falsch benimmt und ob das Glück uns günstig oder feindselig gesinnt ist. Ohne meine Angeberei mit meinen letzten drei Dukaten hätte ich in Mitau keinen Groschen aufgetrieben ...«[20]
An des Herzogs Mittagstafel saß Casanova mit kaltblütig gezieltem Kalkül. »... Der alte Fürst ließ mich fortwährend sprechen, und gegen Ende der Mahlzeit kam das Gespräch auf die Reichtümer des Landes, die besonders in Bergwerken und Rohstoffen bestanden. Ich sagte ganz beiläufig, diese Reichtümer hingen nur von der Ausbeute ab, könnten daher sehr unsicher sein. Um diese Behauptung zu rechtfertigen, hatte ich über das Thema zu sprechen, als wenn ich es ganz besonders studiert hätte. Ein alter Kammerherr, dem alle Bergwerke von Kurland ... unterstanden, ließ mich zunächst alles vorbringen, was die Begeisterung mir eingab ... Ich hatte gesprochen, als wenn ich Kenner in diesen Dingen wäre ... Der Herzog setzte sich in den Kopf, daß ich ein richtiger Fachmann sei ...«[21]
Ernst Johann beschloß, Casanova zusammen mit dem alten Kammerherrn auf eine längere Rundreise durch das Herzogtum zu schicken, um Verbesserungsvorschläge für alle herzoglichen Betriebe zu erarbeiten. Sechsspännig und mit martialischem Gehabe fuhr man alsdann durch die Gegend, alles ließ sich gut an: »... ein Bedienter stieg rückwärts auf, zwei andere ritten, mit Säbel und Gewehr bewaffnet, vor uns her. Alle zwei oder drei Stunden wechselten wir die Pferde; der Kammerherr hatte einen reichlichen Vorrat guter deutscher und französischer Weine mitgenommen, und wir erfrischten uns, sooft wir Lust bekamen ...«[22]
Man war einige Wochen unterwegs. »... wir besuchten fünf Kupfer- oder Eisenbergwerke. Ich brauchte nicht Kenner zu sein, um überall etwas aufschreiben zu können; es genügte, wenn ich vernünftige Bemerkungen machte, besonders über die ökonomische Einrichtung, auf die es dem Herzog hauptsächlich ankam. In einem Bergwerk schaffte ich etwas Unnützes ab, in einem andern empfahl ich, mehr Arbeiter einzustellen, um die Erträge zu verbessern. Im größten Bergwerk, wo dreißig Männer arbeiteten, ordnete ich die Herstellung eines sehr kurzen Kanals an; dieser stand mit einem stets wasserführenden, ziemlich hoch gelegenen kleinen Fluß in Verbindung, und es brauchte nur eine einfache Schleuse angebracht zu werden, um drei Räder in Bewegung zu setzen und dadurch zwanzig Arbeiter zu sparen. Lambert entwarf unter meiner Anleitung einen sehr sauberen Plan des Werkes, maß die Höhen, zeichnete die Schleuse und die Räder und steckte die ganze Länge des geplanten Kanals ab. Dann versetzte er selbst die Pfähle für die Erdaufschüttungen an der linken und rechten Kanal-

Zu den vielen nicht realisierten technischen Unternehmungen Casanovas gehörte der Plan zu einer Tabak- und Zigarrenfabrik in Madrid.

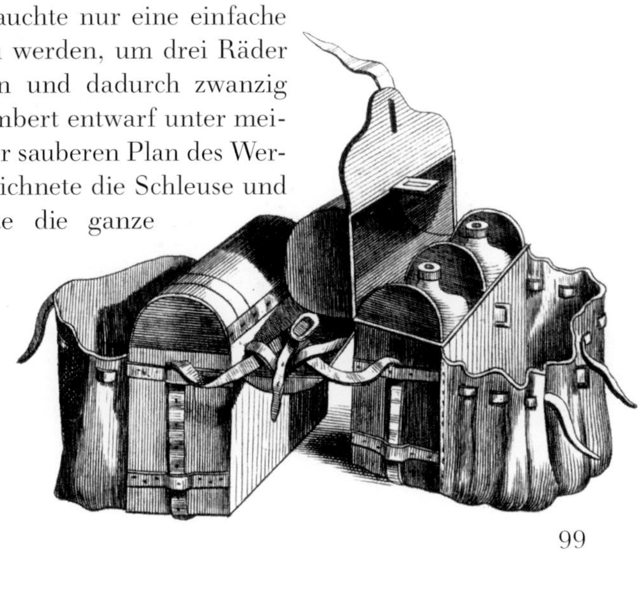

Damit wertvolle Flaschen in der Kutsche nicht zerbrachen, schützte man sie in schweren Futteralen.

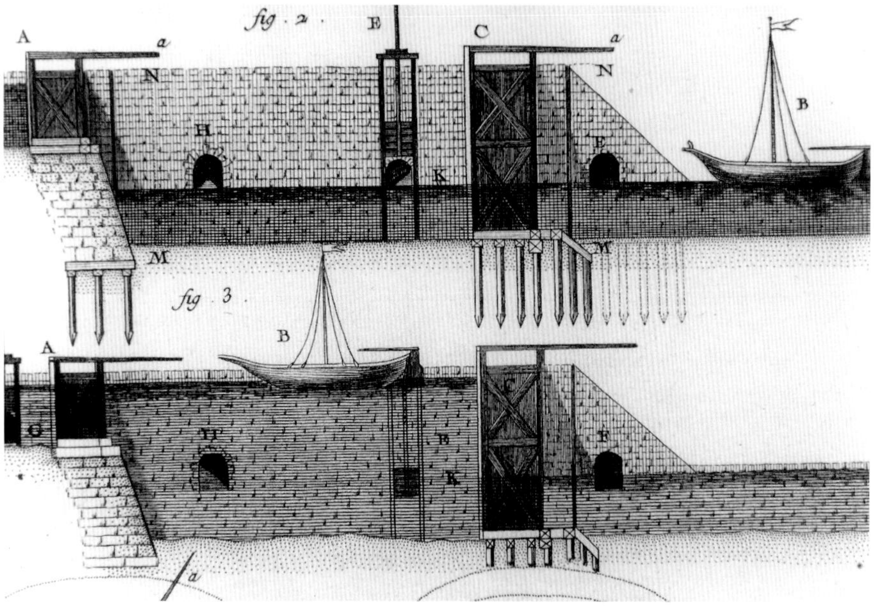

Oben und Mitte: Casanovas wohl letztes technisches Projekt war ein Plan zum weiteren Ausbau des Kanalnetzes in Südfrankreich. Sein Versuch, Geldgeber zu finden, scheiterte. Frankreich verfügte über das bestausgebaute Kanalsystem jener Zeit. Die Kanäle waren in mancher Hinsicht Vorläufer der späteren Eisenbahnen.

Unten: Für den Herzog von Kurland überprüfte Casanova auch den Betrieb einer Vitriolhütte, wie sie hier in einer Darstellung aus der Enzyklopädie zu sehen ist.

seite bis hin zur Wiedereinmündung in den Fluß. Durch verschiedene andere Kanäle legte ich nach meinem Plan weite Täler trocken, in denen sich große Mengen von Schwefel und Sulfaten befanden, die dadurch in verstärktem Maße abgebaut werden konnten...«[23] Casanovas wacher Verstand und sein kenntnisreicher analytischer Blick ließen ihn eine Reihe von Rationalisierungs- und Verbesserungsmöglichkeiten beobachten: »... Sehr befriedigt von meiner Reise, kehrte ich nach Mitau zurück, denn ich hatte nicht nur aufgeschnitten, sondern mich wirklich nützlich machen können... Den nächsten Tag verbrachte ich damit, die von mir aufgezeichneten Beobachtungen ins reine zu schreiben und die dazugehörigen Skizzen in größeren Maßstab übertragen zu lassen...«[24] Der Herzog war mit der technischen Beratung durchaus zufrieden und ließ Casanova eine Belohnung von zweihundert Dukaten reichen.

Wesentlich häufiger als in der Praxis setzte sich Casanova mit technisch-merkantilen Problemen theoretisch auseinander.

Am 6. November 1767 stellte man ihm auf Drängen der Familie d'Urfé einen »lettre de cachet« zu, und der französische Minister für Auswärtige Angelegenheiten wies ihn aus Frankreich aus. Casanova reiste nach Spanien und korrespondierte dort mit dem Großkanzler, dem Herzog von Losada, über die Errichtung einer Tabakfabrik in Madrid. Dieses Projekt kam wie alle folgenden nicht zustande. Auch seine Denkschrift über die Möglichkeiten der gefährdeten Deutschen Kolonie in der Sierra Morena hatte keine greifbaren Folgen. Nach dem Plan des bayerischen Offiziers Johann Caspar Thürriegel hatte man 1767 heimlich insgesamt etwa zwölftausend Schwaben, Pfälzer, Niederländer, Lothringer, Schweizer und Österreicher nach Spanien gebracht und in der Sierra Morena angesiedelt. Die Lebensgewohnheiten der Siedler mißfielen jedoch der Inquisition. Casanova schlug vor, die »deutschen« Kolonisten durch Spanier zu ersetzen, da er mit Recht annahm, es könne allein aufgrund der Tatsache, daß es sich bei einem Teil der Kolonisten um Protestanten handelte, im katholischen Spanien auf Dauer zu viele Probleme geben. Auch bei diesem Projekt trug Casanova reichlich dick auf: »... Durch meine Studien und Erfahrungen bin ich zu einem Fachmann der Bodenbeschaffenheit geworden, und ich fühle mich in der Lage, sie zu verbessern, die Mängel zu beheben und die Erde nach dem gewünschten Erzeugnis mehr oder weniger salzhaltig und mehr oder weniger fett zu machen ...« Man versicherte Casanova, ihn selbst zum Gouverneur dort zu ernennen, wenn seine Pläne angenommen würden. Aber dazu kam es nicht. Casanova entwarf noch manche Projekte, die alle Papier blieben.

So findet sich in seinem Nachlaß ein Entwurf, in dem er sich mit der 1769 von Friedrich II. gegründeten »Emdener Heringskompagnie« auseinandersetzt und den Grund für deren mangelndes Florieren im Nichtvorhandensein einer starken preußischen Flotte sieht. Für Zarin Katharina verfaßte Casanova eine Studie »Vorschlag zur Anpflanzung von Maulbeerbäumen und Einführung der Seidenerzeugung in Rußland«. Für den König von Polen war die Studie »Projekt zur Gründung einer Seifenfabrik in Warschau« bestimmt. In diesem Werk weist Casanova nach, daß es unter polnischen Arbeitsbe-

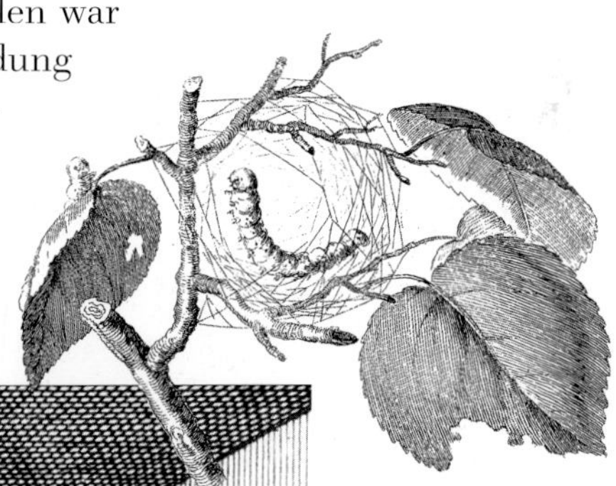

Im 18. Jh. war Seide in Mode und wurde in großen Mengen aus China importiert. Um das Geld im Lande zu halten, versuchte man es in ganz Europa mit der Zucht der Seidenraupe.

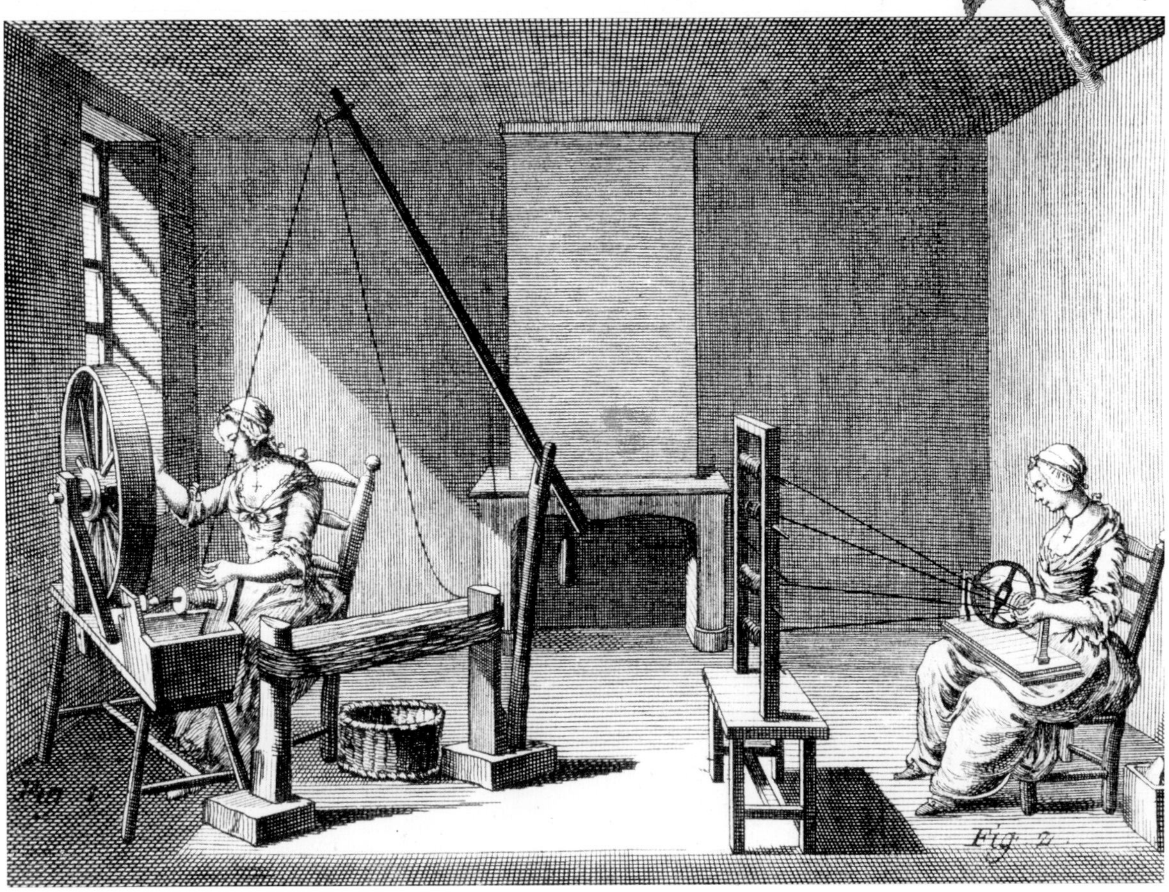

Spinnen und Wickeln von Seide. Casanova schlug Zarin Katharina II. in einer ausführlichen Denkschrift die Errichtung einer Seidenmanufaktur vor. Allerdings erscheint die Kultivierung von Maulbeerbäumen und die Zucht der Raupen im Klima von St. Petersburg ziemlich realitätsfremd.

dingungen möglich sei, die Qualität der Seifen aus Marseille – diese galten damals als die besten Europas – zu übertreffen, gleichzeitig ihren Preis zu unterbieten und trotzdem einen beträchtlichen Gewinn zu erwirtschaften. Für die Republik Venedig war der Plan einer Färberei bestimmt. Und noch im fortgeschrittenen Alter plante Casanova ein großes Kanalprojekt in Südfrankreich.

Für manche Techniken interessierte sich Casanova auch als Konsument. So liebte er die Produkte der Confiserien über alles. Auch schätzte er ganz besonders schwere Liköre. Die Destillierkunst war ihm wohlvertraut.

Für den König von Polen verfaßte Casanova einen detaillierten Plan zur Fabrikation von »Marseiller« Seife.

Kochen, Sieden, Schöpfen und Schneiden von Seife war harte Arbeit.

»Wissen Sie, Sie sind ein sehr schöner Mann.«

Mit Friedrich II. im Park von Sanssouci

Die Naturwissenschaften spielten im 18. Jahrhundert eine bedeutsame gesellschaftliche Rolle, die sich auch in den entsprechenden Neigungen Friedrichs II., König in Preußen, spiegelt. Vor der Schilderung des Rencontres mit Casanova sei dieser Hintergrund etwas ausgeleuchtet.

Am 8. August 1736 schrieb Friedrich – damals noch Kronprinz – seinen ersten Brief an Voltaire (1694–1778). Eine der bemerkenswertesten Korrespondenzen der Literaturgeschichte, in der die Naturwissenschaften eine nicht unbeträchtliche Rolle spielen sollten, nahm damit ihren Anfang.

Im Mai 1726 war Voltaire, nach kurzer Haft in der Bastille, zu einer Reise nach England gewissermaßen begnadigt worden. Diesen Zwangsaufenthalt nutzte er zur Materialsammlung eines seiner berühmtesten und folgenschwersten Bücher, den »Lettres philosophiques«, die im Sommer 1733 in England unter dem Titel »Letters Concerning the English Nation« herauskamen. Voltaires analytischer Vergleich der gesellschaftspolitischen Verhältnisse in England und Frankreich und seine kritische Erörterung der recht unterschiedlichen naturwissenschaftlichen Kulturen beider Länder verursachten ungeheures Aufsehen und führten am 10. Juni 1734 zur öffentlichen Verurteilung. Wie immer war der Eingriff der Zensur eher eine Empfehlung, um so mehr, als ein offenbar bibliophiler Gerichtsdiener ein falsches Werk zur Verbrennung unterschob. Insbesondere in den Kapiteln »Über Descartes und Newton«, »Über die Lehre von der Anziehung«, »Über die Optik des Herrn Newton« und »Über das Unendliche in der Zeitrechnung« ging Voltaire hart mit der Rückständigkeit der Naturwissenschaften in Frankreich ins Gericht.

Als ihm 1734 zum dritten Mal die Bastille drohte, zog er sich auf das Schloß Cirey in Lothringen zurück, mit dessen Herrin, der Marquise Emilie du Châtelet (1706–1749), ihn eine Liaison verband. Emilie war eine leidenschaftliche Naturwissenschaftlerin. 1740 veröffentlichte sie die »Institution de physique«, 1756 sollte ihre Übersetzung von Newtons »Philosophiae naturalis principia mathematica« ins Französische erscheinen. Mit Voltaire unternahm sie chemische und physikalisch-chemische Untersuchungen, wobei ein Pater als Laborant mitarbeitete.

Vergeblich hoffte Friedrich II., in Casanova einen Wasserbauspezialisten zu finden. Als Kronprinz hatte er selbst naturwissenschaftlich experimentiert und auf Schloß Rheinsberg den Einbau eines wissenschaftlichen Refugiums geplant. Gemälde von Antoine Pesne. Staatl. Museen Preuß. Kulturbesitz, Berlin.

So wurde Voltaire nicht nur zu einem philosophisch-literarischen, sondern auch zu einem naturwissenschaftlichen Inspirator des Preußen-Königs. In seinem Brief vom 3. 12. 1736 schreibt Friedrich beispielsweise: »... die Épître à Emilie ist eine wunderbare Zusammenfassung des Newtonschen Systems ... Mit großer Ungeduld warte ich auf die ›Philosophie de Newton‹ ...«[1]

Dem Vorbild in Cirey folgend, begann er nun selbst mit physikalischen Experimenten (8. 1. 1739): »... Gleich nach meiner Rückkehr nach Remusberg [gemeint ist natürlich Schloß Rheinsberg; Anm. d. Verf.] werde ich mich kopfüber in die Physik stürzen; das verdanke ich der Marquise ...«[2]

„Der verstorbene König von Preußen war nicht nur ein großer König, sondern auch ein großer Soldat, ein Mann von Geist und ein Gelehrter. Aber ich habe niemals bemerkt, daß er vorgab, weiser zu sein als andere. Er glaubte sich sicherlich allen denen unterlegen, die er an sich zu fesseln verstand, allen Akademikern, die er dazu erwählt hatte, und allen denjenigen, die er fremden Ländern entriß, um seines mit ihnen zu schmücken. Es genügte ihm, ihre Fehler und Schwächen zu kennen und sich über sie in ihrer Abwesenheit mit einer absolut königlichen Freiheit und Rücksichtslosigkeit lustig zu machen. Er liebte es, bei ihnen irgendetwas zu finden, das ihn aus vollem Halse lachen machen konnte, wenn er sich im engen Kreise seiner Getreuen befand. Er hielt sich auch für gebildet und klarblickend genug, um in einem entschiedenen Ton zu sprechen. Aber er konnte auch zuhören und liebte es, das Gesprächsthema zu wechseln und den Partner mit plötzlichen Fragen zu verblüffen, die wie aus den Wolken kamen. Deshalb nannte ich ihn ... einen stolzen Fragesteller. Als er mir auf dem Spaziergang im Park von Sanssouci sagte, daß er Sulla den Vorzug vor meinem Atilius gäbe, vermied er jeden möglichen Widerspruch von meiner Seite ... “

Band 10, Seite 373

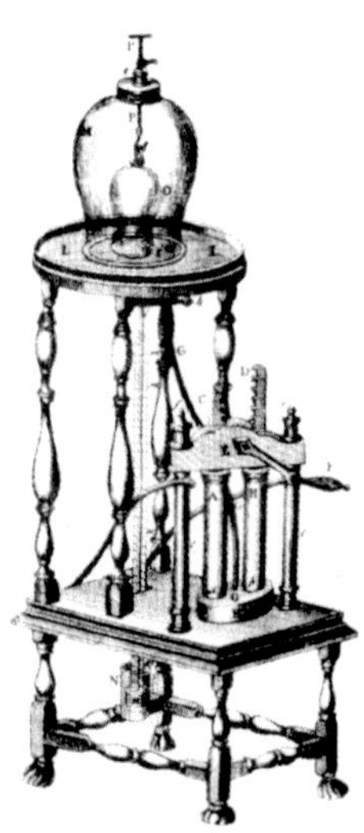

Offenbar besaß Friedrich eine große Luftpumpe, denn er wollte, wie er Voltaire wissen ließ, das Keimen von Erbsen im luftleeren Raum beobachten.

Am 3. 2. 1739 erfährt man auch, welche Versuche Friedrich unternahm: »... Ich habe alle Experimente mit der Luftpumpe verfolgt, und ich visiere zwei neue an, die da sind: erstens, eine Uhr ohne Gehäuse in die Pumpe zu legen, um zu sehen, ob ihre Bewegung sich beschleunigt, verlangsamt, gleich bleibt oder zum Stillstand kommt. Das zweite Experiment betrifft die Nährkraft von Luft. Man nimmt ein Quantum Erdreich, in das man eine Erbse steckt, danach wird beides in ein Behältnis eingeschlossen; mit der Pumpe saugt man die Luft ab, und ich vermute, daß die Erbse nicht keimen wird, weil ich diese Nährkraft und Kraft zum Keimen der Luft zuschreibe ...«[3] Untersuchungen über die Rolle der Luft bei chemischen und biochemischen Vorgängen waren damals Mode und sollten im letzten Drittel des 18. Jahrhunderts in neuen Erkenntnissen innerhalb der sogenannten »pneumatischen Chemie« J. Priestleys und A. L. Lavoisiers gipfeln (u. a. die Entdeckung von Ammoniakgas, Kohlenmonoxid und Sauerstoff durch Priestley, die Wasserstofferzeugung nach Lavoisier). Wohl Friedrich zu Gefallen unternahm Voltaire ebenfalls Versuche mit der Luftpumpe, wenn er sich auch in Cirey nicht ganz sicher und deshalb auch nicht recht wohl fühlte: »Ich sehe mein Leben als Fest des Damokles beim Dionys ...«[4]

Friedrich begann sich in die Welt der Philosophie und in das Treiben des forschenden Physikers so weit einzuleben, daß er in seinem Schloß Rheinsberg einen bemerkenswerten Umbau plante. Schon vorher war seine Bibliothek in einem Geschoß eines der beiden Türme untergebracht gewesen, doch jetzt dachte er an eine Erweiterung in der Tradition der zu seiner Zeit höchst modernen »Philosophentürme«: »... Ich habe einen Turm bauen lassen, in dem ich oben ein Observatorium einrichten werde. Das Erdgeschoß wird eine Grotte; die erste Etage ein Saal für physikalische Instrumente; in die zweite kommt eine kleine Druckerei. Dieser Turm ist durch einen Kolonnadengang mit meiner Bibliothek verbunden, dessen Überdachung eine Terrasse abgibt ...« (10. 10. 1739)[5]

Paradoxerweise waren damals ausgerechnet künstliche Grotten als Stätten des Nachdenkens über die Natur äußerst beliebt. Es war ein wissenschaftliches Refugium, das Friedrich für sich plante, dessen Vollendung aber der baldige Tod seines Vaters, Friedrich Wilhelms I. (1688 bis 1740), des Soldatenkönigs, vereitelte. Friedrich, dem Voltaire bald, sei es schmeichelnd, sei es scherzhaft, den Beinamen »Le Grand« – der Große – anhängte, gab Schloß Rheinsberg auf. Zum König in Preußen geworden, förderte er zwar noch immer die Naturwissenschaften, doch die Gewichtungen hatten sich deutlich verschoben: »... Ich habe zunächst damit begonnen, die Streitkräfte des Staates um 16 Bataillone ... zu verstärken. Ich habe den Grundstein zu unserer neuen Akademie gelegt. Ich habe Wolff gewonnen, Maupertuis, Vaucanson, Algarotti. Ich warte auf Antwort von Gravesande und Euler ...«[6] Der Mathematiker Leonhard Euler (1707–1783) sollte den König bald darauf bitter enttäuschen.

Auch von der Alchemie blieb Friedrich nicht unberührt – und ungeschoren: 1754 wurde auch er ein Opfer der Goldmachergaukeleien. Nach Aussagen von Zeitgenossen soll er selbst zugegeben haben, daß »... es mich am Ende weit über zehntausend Thaler kostete, die ich dazu bestimmt hatte ...«[7] Ein Zeuge überlieferte folgen-

Zur legendären Tafelrunde des Königs – dargestellt von A. v. Menzel – fand Casanova keinen Zugang, erfuhr und kolportierte aber allerlei Tafel-Fama.

Unten: »Friedrich und Voltaire unter der Colonade hinter Sanssouci bei Potsdam«.

den köstlichen Ausspruch Friedrichs: »... Goldmacherei ist eine Art von Krankheit; sie scheint oft durch Vernunft eine Zeitlang geheilt, aber dann kommt sie unvermutet wieder, und wird wirklich epidemisch. Bei Fredersdorf [seinem Geheimen Kämmerer; Anm. d. Verf.] hatten sich hier in Potsdam Alchemisten gemeldet; dieser glaubte fest daran und ließ sich mit ihnen ein. Bald verbreitete sich das Gerücht dieser Unternehmungen über die ganze Garnison, und es war kein Fähnrich in Potsdam, der nicht hoffte, durch Alchymie seine Schulden zu bezahlen...«[8]
Friedrich soll sich, nachdem der Betrug offenbar geworden war, nach eigenem Bekunden sehr geschämt haben. Sein Reinfall aber beweist, daß dergleichen Affairen doch recht häufig waren, womit die Assoziation zu Casanova und dessen Betrugsepisode mit der Marquise d'Urfé gegeben ist und zur Schilderung seiner Begegnung mit dem König führen soll.

Im Jahre 1764 reiste Casanova nach Berlin, besuchte umgehend den Lordmarshall George Keith (1693–1778), einen Freund des Königs, und teilte diesem mit: »... ich würde mich gern dauernd niederlassen, wenn der König mir eine angemessene Anstellung gäbe...«[9] Keith riet, den König schriftlich um eine Audienz zu ersuchen, die dieser um vier Uhr nachmittags im Park von Sanssouci gewährte.

Casanova wunderte sich über die Ruhe, die dort herrschte, keine Schildwachen, keine Lakaien waren zu sehen. Pünktlich zum vereinbarten Zeitpunkt kam der König zusammen mit »einem hübschen Spaniel«. »... Sobald er mich bemerkte, ging er auf mich zu, nahm mit kecker Miene seinen alten Hut ab, nannte meinen Namen, und fragte mich im barschen Ton, was ich von ihm wolle...«[10]

Für die Dauer eines längeren Spaziergangs entspann sich ein Gespräch über den Park, von dem Friedrich selbst sagte: »... ›Aber der Park von Versailles ist doch viel schöner.‹ ›Allerdings, Majestät, aber hauptsächlich wegen der Wasserspiele.‹ ›Ganz recht; aber das ist nicht meine Schuld: hier gibt es kein Wasser. Ich habe mehr als dreihunderttausend Taler ausgegeben, um Wasser zu bekommen; aber ohne Erfolg‹...«[11]

Der König hoffte, in Casanova einen Fachmann

Zum großen Kummer Friedrichs gab es durchaus Schloßbauten, deren Wasserspiele funktionierten.

Berühmt waren die Pumpwerke von Nymphenburg.

„... ›Denn Sie werden mir zugeben, daß die Lotterie eine Steuer ist.‹
›Gewiß, und zwar keine von den unbedeutendsten. Es ist eine Steuer von der guten Art, wenn der König die Erträgnisse zu nützlichen Ausgaben verwendet.‹
›Aber der König kann daran verlieren.‹
›Einmal unter zehn.‹
›Ist dies das Ergebnis einer sicheren Berechnung?‹
›Einer so sicheren, Majestät, wie alle wirtschaftspolitischen sind.‹
›Diese sind oft fehlerhaft.‹
›Niemals, Majestät, wenn Gott neutral bleibt.‹
›Das lasse ich gelten. Übrigens denke ich vielleicht wie Sie über moralische Rechtfertigung; aber Ihre Genueser Lotterie liebe ich nicht. Sie scheint mir eine richtige Gaunerei zu sein, und ich möchte nichts von ihr wissen, selbst wenn ich die tatsächliche Sicherheit hätte, daß ich niemals verlieren könnte.‹
›Eure Majestät denken wie ein Weiser; denn das unwissende Volk kann nur in der Lotterie spielen, wenn es sich von einem trügerischen Vertrauen hinreißen läßt.‹ ...“ Band 10, Seite 78

„1. Ein Grundkapital von einer Million müßte genügen.
2. Diese Million müßte in hundert Aktien zu je zehntausend Talern aufgeteilt werden.
3. Jeder Aktionär müßte sich vor einem bestimmten Notar verpflichten, und dieser Notar müßte für die Zahlungsfähigkeit des Aktionärs bürgen.
4. Die Dividende würde stets am dritten Tag nach der Ziehung verteilt werden.
5. Im Falle eines Verlustes müßte der Aktionär den Betrag seiner Aktie ergänzen, und zwar wieder vor dem Notar.
6. Ein Prüfer, der von vier Fünfteln der Aktionäre gewählt würde, müßte den Lotteriekassierer kontrollieren, in dessen Händen die baren Geldeinnahmen stets verbleiben.
7. Die Gewinne würden am Tage nach der Ziehung ausbezahlt werden.
8. Am Abend vor der Ziehung würde der Kassierer der Lotterie das eingenommene bare Geld dem Prüfer der Aktionäre vorzählen; dieser würde die Kasse mit drei verschiedenen Schlüsseln verschließen. Einen von diesen würde der Prüfer behalten, den zweiten bekäme der Kassierer und den dritten der Direktor der Lotterie.
9. Einsätze würden von den Lotterieannahmebüros nur auf eine, zwei oder drei Zahlen angenommen; die Wette auf vier Zahlen würde abgeschafft, weil diese Kombinationen zu große Verluste ermöglichen könnten.
10. Der Einsatz auf drei Zahlen, auf zwei oder auf eine Zahl dürfte nicht mehr als einen Taler und nicht weniger als vier Groschen betragen; die Annahmestelle würde vierundzwanzig Stunden vor der Ziehung geschlossen.
11. Der zehnte Teil der Einnahme würde Monsieur Calzabigi als Generaldirektor der Lotterie gehören, dafür hätte er aber alle Verwaltungskosten zu übernehmen.“ Band 10, Seite 72 und 73

für Wasserbau zu finden, was diesen einen Augenblick verlockte, sich als Spezialist aufzuspielen, doch schließlich siegte die Vernunft, »... denn ich kannte nicht einmal die Anfangsgründe dieser Wissenschaft«.[12]
Casanova lenkte das Gespräch auf ein Gebiet, auf dem er tatsächlich Fachmann war, nämlich auf die Organisation von Lotterien. Behaglich war ihm dabei nicht: »... Es kam mir vor, als wenn ich eine Szene in einer italienischen Kommödie zu spielen hätte ...«[13] Er verteidigte gegenüber Friedrich die Lotterie als eine Art Sonderform der Besteuerung, deren Erträge, gewissermaßen zweckgebunden, gemeinnützigen Bauwerken zum allgemeinen Wohl zugute kommen sollten. Des Königs Sympathie nutzend – Friedrich hatte ihn wegen seiner männlichen Schönheit gelobt –, machte sich Casanova zum Fürsprecher seines ehemaligen Lotteriegenossen Giovanni Antonio de' Calzabigi, mit dem er – wie schon früher geschildert – sieben Jahre zuvor die »Genueser Lotterie« in Paris eingeführt hatte. Calzabigi hatte in Berlin abermals eine Lotterie gegründet, war aber durch die Ängstlichkeit des Königs in Schwierigkeiten geraten, doch dank Casanova verbesserte sich seine Situation. »... Calzabigi erhielt ohne Mühe die Erlaubnis, die Lotterie fortzusetzen auf Rechnung des ersten besten, der ihm für jede Ziehung sechstausend Taler zahlen wollte. Er erließ die dreiste Ankündigung, daß die Lotterie auf seine eigene Rechnung ginge, machte seine Annahmestellen wieder auf und sah seine Kühnheit vom Glück gekrönt. Obgleich

Zu Friedrichs Lebzeiten gelang es nur einmal im Jahr, die große Fontäne in Sanssouci springen zu lassen. Erst mit der Schneeschmelze des Frühjahrs konnte das Vorratsbassin jeweils entsprechend gefüllt werden. Das von antikisierenden Ruinenbauten umgebene Bassin war sonst meist leer oder – wie auf diesem zeitgenössischen Kupferstich von David Schleuen – nur mäßig gefüllt.

sein Ruf sehr schlecht war, strömten ihm die Spieler in solcher Menge zu, daß er einen Gewinn von fast hunderttausend Talern hatte ...«[14] Tatsächlich war Friedrich geneigt, Casanova eine feste Anstellung zu geben, und zwar zu dessen nicht geringer Verblüffung als Erzieher in einer neugeschaffenen Kadettenanstalt für Pommersche Junker. Eingedenk seiner nicht gerade übertrieben moralischen Lebensansichten mußte Casanova an sich halten, »... um nicht über diesen wunderlichen Vorschlag eines sonst so weisen Mannes herauszulachen ...«[15] Immerhin besuchte er doch diese Anstalt, um sie wenigstens einmal in Augenschein zu nehmen, und erlebte dort, wie der König wegen eines Nachttopfes, der noch »... Spuren einer übelriechenden Ablagerung ...«[16] trug, ein Strafgericht inszenierte: »... Diese ekelhafte Szene genügte mir ...«[17] Casanova reiste ab. Der Wasserexperte, den Friedrich sich erhofft hatte, war er nun einmal nicht, und der Drillexperte für preußische Kadetten, den ihm der König obskurerweise angetragen hatte, wollte er nicht werden. Doch hatte Casanova während seines Aufenthaltes in Preußen viel gelesen, und von da an trug er sich mit

„... und fuhr, ohne mich von einem Menschen zu verabschieden, nach Wolfenbüttel. Ich wollte dort acht Tage verbringen und war sicher, daß ich mich nicht langweilen würde, denn in Wolfenbüttel war die drittgrößte Bibliothek Europas, und ich hatte schon seit langer Zeit große Lust gehabt, sie in Ruhe zu besichtigen.

Der gelehrte Bibliothekar sagte mir bei meinem ersten Besuch mit großer Höflichkeit ...: Ein Mann werde den Auftrag erhalten, mir in der Bibliothek alle gewünschten Bücher auszuleihen, außerdem werde man mir diese auch in mein Zimmer bringen, sogar die Handschriften, die den besonderen Reichtum dieser Bibliothek bildeten.

Ich verbrachte acht Tage in dieser Bibliothek, die ich nur verließ, um zum Essen und zum Schlafen in mein Zimmer zu gehen, und verließ dieses nur, um in die Bibliothek zurück zu kehren. Am achten Tag, eine Stunde bevor ich abreiste, sah ich den Bibliothekar wieder, um ihm meinen Dank auszusprechen. Ich lebte dort vollkommen glücklich, dachte weder an die Vergangenheit noch an die Zukunft, und mein Geist, der sich vollständig in die Arbeit versenkt hatte, konnte die Gegenwart nicht bemerken. Heute sehe ich, daß nur einige ganz unbedeutende Umstände hätten zusammenwirken brauchen, damit ich in dieser Welt ein wahrer Weiser geworden wäre ..."

Band 10, Seite 61 und 62

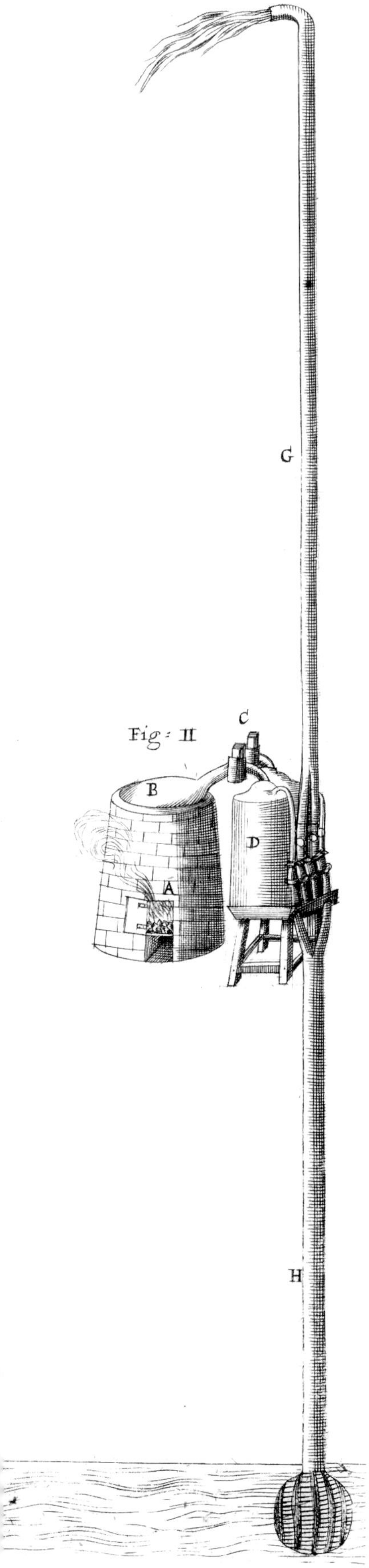

Links: Merkwürdigerweise war bei aller progressiven Orientierung weder dem König noch Casanova die Saverysche »Aspirationsmaschine« bekannt – eine einfach zu bedienende Dampfpumpe, in der durch Abkühlen eines Dampfvolumens Wasser angesaugt und durch nachfolgendes Erhitzen nach oben gedrückt wurde.

Unten: Erst in den 30er Jahren des vorigen Jahrhunderts gelang es der Firma Borsig, mit Hilfe einer Dampfmaschine die Wasserspiele in Sanssouci zu prachtvoller Entfaltung zu bringen. In solcher Schönheit wie auf dem Aquarell von H. Hintze hat Friedrich sie nie gesehen.

dem Plan, einen utopischen Roman zu verfassen. Die Fontäne von Sanssouci sollte Friedrichs Kummer bleiben: »... Euler berechnete die Leistung des Räderwerks, damit das Wasser in ein Bassin hinaufgelänge, über Kanäle wieder abfließe, um in Sanssouci wieder aufzusteigen. Meine Mühle wurde nach allen Regeln der Mathematik gebaut, und sie konnte keinen einzigen Wassertropfen weiter als fünfzig Schritt unter das Bassin hinaufpumpen. Eitelkeit der Eitelkeiten! Eitelkeit der Mathematik.«[18] Es läßt sich nicht leugnen, daß dieses betrübliche Mißgeschick in erster Linie eine Folge kontinentaler Rückständigkeit war. Weder Friedrich noch Casanova oder Euler scheinen die hygienischen Verbesserungen in den Schlössern des englischen Landadels gekannt zu haben. Bereits 1712 hatte Thomas Savery seine frühe, noch primitive, aber äußerst betriebssichere »Feuermaschine« – eine Art Dampfpumpe – auf Campten House in Kensington installiert; sie konnte in nur einer Stunde fast eineinhalb Tonnen Wasser siebzehn Meter hoch heben, um ein Reservoir zu füllen, das für den Betrieb von »Water Closets«, für die Speisung der Bäder und für den Betrieb von Wasserspielen im Park genutzt wurde. Seither gab es viele solcher Maschinen auf englischen Landsitzen.

Mit einigen leichtbedienbaren Saveryschen Dampfpumpen hätte man dem König mühelos helfen können. Zwar gilt Sanssouci heute noch als Perle des preußischen Rokoko – doch da man am Hofe Friedrichs offenbar weder Bäder noch Toiletten vermißte, kam auch niemand auf die Idee, einen Installateur aus England kommen zu lassen. Erst lange nach des Königs Tod brachte eine Dampfmaschine von Borsig die Fontäne zum Springen.[19]

»... Sie sind von Natur freigiebig und werden immer arm sein ohne das Geheimnis, dessen einziger Besitzer ich bin ...«

Gold, Amalgam, Tinte und der Prinz von Kurland

Eine der trefflichsten und für Casanova bezeichnendsten alchemistischen Betrügereien war der Versuch, eine Rezeptur für die Transmutation von Silber in Gold an Karl von Biron, Prinz von Kurland (1728–1801), zu verkaufen. Er hatte diesen überaus leichtlebigen Edelmann Ende 1764 kennengelernt, als er in Riga weilte, um für dessen Vater, den regierenden Herzog, technologische Untersuchungen durchzuführen. Bezeichnend für Casanova ist es natürlich auch, daß er ein durchaus positives Bild von diesem dem Lustprinzip Verfallenen vermittelt: »Prinz Karl von Biron,... Generalmajor in russischen Diensten, Ritter des Alexander-Newski-Ordens, empfing mich, durch den Brief seines Vaters günstig gestimmt, mit großer Auszeichnung. Der Prinz war sechsunddreißig Jahre alt, hatte ein sehr angenehmes, wenn auch nicht schönes Gesicht, war höflich und sprach gut französisch ... Er bot mir seine Tafel, seine Gesellschaft, seine Vergnügungen, seinen Rat und seine Börse an ...«[1]

Welch noble Offerte, würde man nicht aus den weiteren Schilderungen Casanovas unschwer entnehmen können, daß die Börse des Prinzen meist leer war, da die »Vergnügungen« vorwiegend Glücksspiele waren. Jedenfalls war der Prinz unterhaltsam und steckte voll phantastischer Geschichten, so über die unvorstellbare winterliche Kälte in den Weiten Rußlands: Er »... hat mir versichert, er habe in Sibirien eines Tages die Nase verloren und diese sei während des Sommers wieder nachgewachsen ...«[2]

Offenkundig waren sich die beiden in ihrer tief empfundenen Lebensfreude recht ähnlich, wie aus einem Brief des Prinzen an Casanova im Frühjahr 1765 hervorgeht: »... Gott ist mein Zeuge, daß ich verschuldet bin durch die Liebe und durch das Vergnügen am Spiel in zweifelhaften Spelunken ...«[3] Man traf sich in St. Petersburg und bald darauf, Ende 1765, bei Casanovas Rückreise. »Prinz Karl von Kurland kam nach Warschau und veranlaßte mich, ein Diner beim Grafen Poninski, damals Haushofmeister der Krone, mitzumachen ...«[4] In der Nacht zuvor hatte Casanova einen unguten Traum von einem merkwürdigen Unfall während eines Diners. Er hielt ihn offenbar für ein gefährliches Omen und dies nicht grundlos, denn er hatte den Zenit seiner Abenteurerlaufbahn längst überschritten. Aus dem Protokoll einer Zollvisitation, der er sich auf dieser Reise hatte unterziehen müssen, geht beispielsweise hervor, wie ärmlich damals schon seine Garderobe war. Sein Bekenntnis, »... daß ich mich eines gewissen Aberglaubens niemals habe erwehren können ...«[5], läßt annehmen, daß ihn, der ein stetes Imponiergehabe an den Tag legte, die postwendende Erfüllung eines Traums tief getroffen haben muß. »... Während des Essens zersprang eine Flasche Champagner, ohne daß jemand sie angefaßt hatte, ein Splitter traf mich an der Stirn und zerschnitt eine Ader. Das Blut strömte schnell über mein Gesicht, sogar bis auf den Tisch ...«[6]

Zu allem Überfluß wurde Casanova im März 1766 in Warschau bei einem Duell verwundet. Der Prinz stellte ihm »... seine Börse zur Verfügung ...«[7], während er die Schußwunde an der linken Hand auskurierte. Casanova – wiewohl selbst von der »Serenissima« verbannt und noch immer zum Einsitzen unter den Bleidächern verurteilt – revanchierte sich mit Empfehlungsbriefen an seine Gönner in der Republik Venedig, in deren Dienste sich Prinz Karl als Offizier verdingen wollte; der unsolide Lebenswandel hatte ihn um seine Ämter gebracht. »... Prinz Karl ... war nach Venedig abgereist. Ich hatte ihn an meine mächtigen Freunde empfohlen, und er hatte allen Anlaß, mit meiner Empfehlung zufrieden zu sein ...«[8]

In den Palazzi der Gönner Casanovas hörte der Prinz sicherlich einiges über dessen bemerkenswerten Ruf als Kabbalist und Alchemist. Dieser Empfehlungshintergrund dürfte ihn zum geeigneten Opfer für eine alsbaldige alchemistische Betrügerei Casanovas prädestiniert haben. Auf die soldatischen Tugenden des abenteuernden Prinzen glaubte die »Serenissima« trotz reichlich bedrängter militärischer Lage verzichten zu können, und so sah sich dieser gezwungen, sein Leben als Glücksritter fortzusetzen.

Doch zunächst zurück zum Schicksal Casanovas, wobei einige Stationen seiner Lebensreise übergangen seien, da sie auf die hier zu schildernde Betrügerei keinen Bezug haben. Nach einer ganzen Kette von gesellschaftlichen, finanziellen und gesundheitlichen Mißgeschicken finden wir ihn

Mit den alchemistischen, chemischen und gewerblich-chemischen Arbeitstechniken seiner Epoche war Casanova wohlvertraut. Der Betrieb einer Salpetersiederei wie der hier abgebildeten lag durchaus im Bereich seiner Fähigkeiten.

»Man nehme vier Unzen guten Silbers, löse es in Scheidewasser auf und fälle es nach den Regeln der Kunst mit einer Kupferplatte aus; hierauf wasche man es mit lauwarmem Wasser, um es vom Säurerest zu befreien. Dann lasse man es gut trocknen, mische es mit einer halben Unze Salmiak und lege es in einen verschließbaren Tiegel. Hierauf nehme man ein Pfund Federweiß und ein Pfund ungarischen Spießglanz, vier Unzen Grünspan, vier Unzen echten Zinnober und zwei Unzen Schwefelblüte. Alle diese Zutaten müssen zu Pulver zerstoßen und miteinander vermischt werden. Dann gibt man sie in einen Destillierkolben von solcher Größe, daß er nur zur Hälfte von ihnen gefüllt ist. Dieser Destillierkolben ist auf einen Schmelzofen zu setzen, der vier Züge hat; denn das Feuer muß bis zum vierten Grade gesteigert werden. Man muß mit einem mäßigen Feuer beginnen, das nur das Phlegma oder die wässrigen Teile ausscheidet. Wenn die Dämpfe zu erscheinen beginnen, muß man sie in den Tiegel strömen lassen, worin sich das Silber mit dem Salmiak befindet. Alle Fugen müssen mit geeignetem Kitt verschlossen werden, und in dem Maße, wie die Dämpfe austreten, muß das Feuer bis zum dritten Grade gesteigert werden... Jetzt muß man alles erkalten lassen. Nun muß man den Tiegel mit dem Silber nehmen und seine Öffnung mit einer dreifachen Blase verschließen und ihn mit der Öffnung nach oben in einen Zirkulationsofen stellen; vierundzwanzig Stunden lang muß man ein leichtes Feuer wirken lassen, dann nehme man die Blase ab und bringe den Tiegel in den Mittelpunkt [ergänze: des Feuers], damit die Masse ausdampfen kann... Nachdem man diese Operation dreimal wiederholt hat, wird man das Gold in dem Tiegel sehen...«

Band 10, Seite 265

Mitte 1767 mit leerer Börse in Augsburg wieder. Um sich finanziell zu sanieren, beschloß er, als Berufsspieler den Sommer in dem damals in ganz Europa berühmten Badeort Spa zu verbringen, in der Hoffnung, schlechtere Spieler rupfen zu können. Aber ein Glücksspieler braucht ein gewisses Grundkapital, um Anfangsverluste auffangen zu können. Dem in dieser Hinsicht außerordentlich sachkundigen Casanova schwebte eine Summe von drei- oder vierhundert Dukaten vor, die aber erst beschafft werden mußte. Eines der Opfer sollte Prinz Karl sein, der brieflich eine Gegengabe erhielt. »... Dieses Geschenk ist das Geheimnis der Vermehrung des Goldes, des einzigen Stoffes, dessen Eure Durchlaucht auf Erden bedürfen...«[9] Da hundert Gulden nicht genug für diese Gabe, versuchte Casanova mit jener einzigartigen Taktik, die Betrugsalchemisten zu allen Zeiten zu Gebote stand, den Prinzen gleich noch in eine weitere Falle zu locken. Nur er selbst sei in der Lage, nach diesem Rezept auch wirklich erfolgreich Gold zu machen: »... Die Operation fordert meine Gegenwart zum Bau des Ofens und damit die Ausführung mit der äußersten Sorgfalt gemacht werde, denn bei dem geringsten Versehen würde sie mißlingen...«[10] Casanova hatte sogar die Dreistigkeit, die scheinbare Unfehlbarkeit seiner Rezeptur durch die Empfehlung ihrer fabrikmäßigen Anwendung im Großen zu untermauern und schlug die kurländische Münzstätte in Mitau vor. In der für ihn typischen doppelbödigen Bescheidenheit schrieb er: »... Die Direktorenstelle erbitte ich für mich selber, doch verlange ich für meine Rechnung nur so viel Metall, wie Eure Durchlaucht geruhen wollen, mir zuzuweisen, in Münzen geprägt, wie ich sie bezeichnen werde...«[11]

Es gehörte selbstverständlich zur guten Alchemistentradition, Referenzen für frühere Erfolge zu nennen, und so berichtete Casanova, er habe bei der Marquise d'Urfé einen Dianenbaum wachsen lassen. Nun ist der »Baum der Diana« kein eigentliches Transmutationsexperiment, vielmehr scheidet sich durch Reduktion metallisches Silber aus Silbernitratlösung an einem baumförmig gebogenen Eisendraht in schönen groben Kristallen ab. Dabei entsteht naturgemäß kein Silber, es wird lediglich das schon im Salz Silbernitrat gebundene Silber zu metallischem Silber reduziert. Casanova behauptete aber nun, er habe durch Zufügung von Salpeter und Quecksilber eine Vermehrung des Silbers erzielt, die die Fürstin von Anhalt-Zerbst auf fünfzig Prozent berechnet habe. Dies war äußerst glaubhaft formuliert, denn die Marquise war als Alchemistin in ganz Europa bekannt. Bei der zweiten Empfehlung handelte es sich um Johanna Elisabeth von Anhalt-Zerbst (1712–1760), die Mutter der Zarin Katharina II., die seit 1758 unter einem Pseudonym in Paris lebte und sich intensiv mit Alchemie beschäftigte.

Das blumig wortreiche Goldmacherrezept Casanovas zeichnet sich durch eine überaus geschickte Verwendung chemischer Begriffe und scheinbar überzeugend glaubhafter chemischer Beschreibungen aus. Die Hinweise auf Kunstgriffe bei der Laborarbeit verraten einen geübten Praktiker, zumindest aber einen äußerst belesenen Alchemisten. Daß das Rezept nicht funktioniert, nicht funktionieren konnte, bedarf keiner Diskussion. Niemand, auch Casanova nicht, konnte und kann Gold machen. Seine Empfehlung, Silber zu reinigen und mit Salmiak gemischt in einem gut verschließbaren Tiegel den Dämpfen auszusetzen, die man bei der Destillation eines Gemisches von Spießglas, Grünspan, Zinnober und Schwefel erhalten sollte, um dann die erhaltene Masse nach dem Abkühlen bis zum Verschwinden jeglicher Dämpfe zu erhitzen, liest sich zwar sehr gut, ist aber sozusagen nur elegant formulierter chemischer Blödsinn.

Ob der Prinz die Rezeptur tatsächlich bezahlt hat, ist nicht gesichert, er hob sie jedoch auf und verbrannte sie entgegen dem ausdrücklichen Wunsch des Verfassers nicht, was diesem viel später zum Verhängnis werden sollte. Prinz Karl war am 20. Dezember 1767 in Paris unter dem Namen eines Grafen Barbinsky aufgetaucht. Auf Betreiben des Kaufmanns Desmarets wurde er aber nur drei Wochen später – was für seine kriminelle Virulenz spricht – am 9. 1. 1768 in der Bastille gefangengesetzt. Bei dem Prinzen fanden die Justizbehörden Proben von gefälschten Wechseln. Die Briefschaften Karl von Kurlands nahm man bei der Inhaftierung zu den Akten, darunter auch die Briefe Casanovas, auch das seltsame Goldrezept. Doch bereits am 8. Mai 1768 wurde der Prinz wieder entlassen, weil merkwürdigerweise ausgerechnet der Bischof von Wilna für ihn eintrat und für die Tilgung von Karls atemberaubend hohen Schulden aufkam.

Damit hätte diese Geschichte ihr Bewenden haben können. Wahrscheinlich hätte auch Casanova nie über die Sache berichtet, wenn nicht der Gang der Weltgeschichte seine allzu geschickt ausgedachte Betrügerei hätte offenkundig werden lassen. Am 14. Juli 1789 griffen die revolutionären Massen die Bastille an, weil sie in ihr irrigerweise ein Symbol der Tyrannei erblickten. Zwar sah die Bastille als alte Zwingburg furchterregend aus, aber die sie beschützende Garnison bestand aus nur zweiundachtzig betagten Invaliden und zweiunddreißig Schweizergardisten sowie dem Kommandanten. Auch diente sie zu dieser Zeit nur noch als Edelgefängnis für Verbrecher meist guter Herkunft – eben Leuten wie Karl von Kurland. Immerhin saßen am Tage des Angriffs sieben Häftlinge ein – zwei Aristokraten, vier Fälscher und ein Irrer –, die nicht wenig erstaunt waren, ausgerechnet vom Volk befreit zu werden. Die folgende publizistische Auswertung ließ den Fall der Bastille bis heute zum Symbol der Französischen Revolution schlechthin werden. Daß die königliche Regierung den Abriß des alten Gemäuers längst beschlossen hatte und man sich daher gar nicht so fürchterlich hätte zu plagen brauchen, brachte erst die Geschichtsschreibung unserer Tage ans Licht.

Ein besonders gewitzter Journalist namens Carra nutzte den Sturm auf die Bastille zu einem höchst privaten Fischzug und brachte die dort lagernden Justizakten zeitweilig an sich. 1789 veröffent-

Siegel von einem Briefumschlag Casanovas an den Abbé Maillot de la Treille vom 31. 7. 1790 aus Dresden.

Unterschrift des Prinzen Karl von Kurland unter einen Brief vom 12. 8. 1766 aus Wien an Casanova in Venedig. Bemerkenswert ist der Ex Libris-Stempel aus Dux-Oberleutensdorf. In Oberleutensdorf befand sich eine große Textilfabrik, die zur Zeit Casanovas von Graf Waldstein betrieben wurde. Wir wissen, daß Casanova gelegentlich bei der Führung der Korrespondenz und der Beschaffung von Rezepturen mitgearbeitet hat.

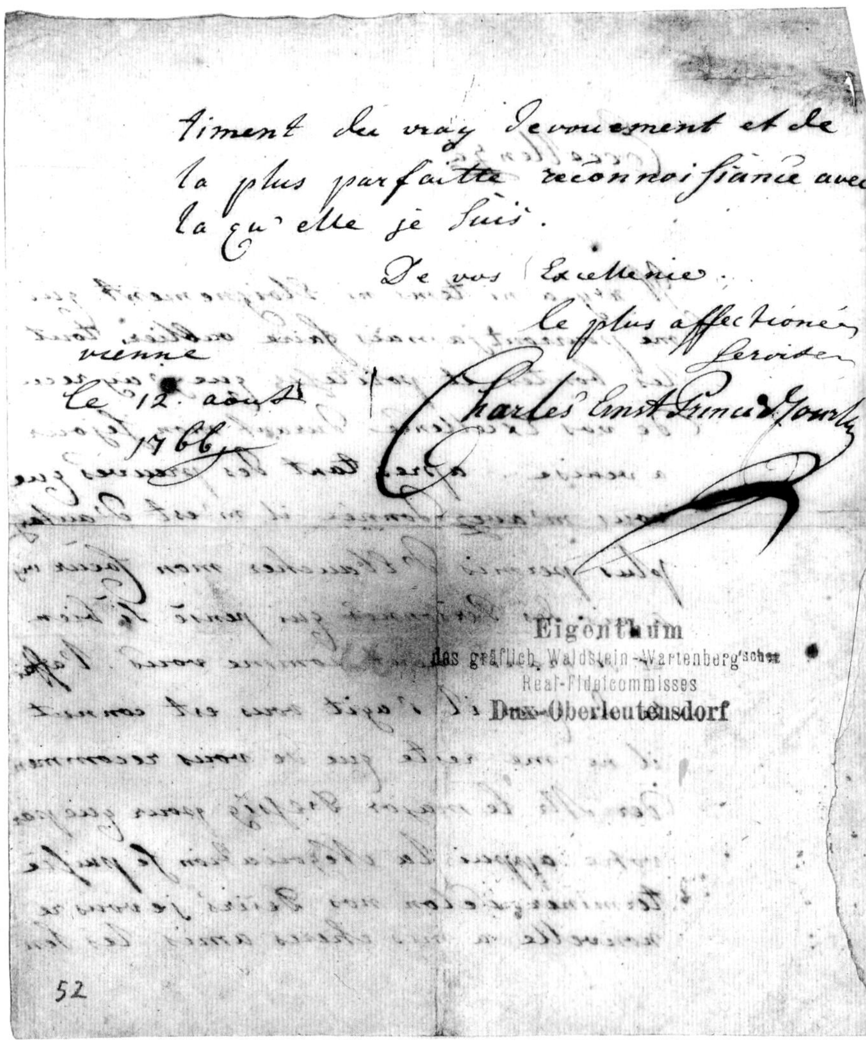
timent du vray devouement et de
la plus parfaitte reconnoissance avec
la qu'elle je suis.
De vos Excellence
le plus affectioné
serviteur
vienne
le 12. aout
1766
Charles Ernst Prince de Courl
Eigenthum
des gräflich Waldstein-Wartenberg'schen
Real-Fideicommisses
Dux-Oberleutensdorf
52

lichte er in Paris seine berühmten »Mémoires historiques et authentiques sur la Bastille«. Da dieses Werk die einstmals Inhaftierten unverfroren brüskierte, indem es deren Akten und Briefe einer gierigen Öffentlichkeit zugänglich machte, war es ein ungeheurer Erfolg. Im Verlauf nur eines Jahres wurde es in mehrere Sprachen übersetzt. Der Goldbrief Casanovas fand sich in der französischen und englischen Ausgabe auf den Seiten 215 bis 223 und wurde bei dem Ruf seines Verfassers als Sensation empfunden, dies um so mehr, als Carra zusätzlich Erstaunliches mitzuteilen hatte.

So sollte der Prinz von Casanova das Geheimnis einer Tinte erfahren haben, die nach einiger Zeit auf dem Papier unsichtbar wird, so daß das Blatt völlig unbeschrieben aussieht. Es handelte sich somit um eine in damaligen Fachkreisen sogenannte Damentinte. Sie eignete sich nämlich – weil eben nach einiger Zeit verschwindend – ungemein zum Abfassen von Liebesbriefen, die, weil später unsichtbar werdend, den Verfasser nicht kompromittieren konnten. Es bedarf keiner Diskussion, daß sich eine solche Tinte hervorragend zum Unterschreiben ungedeckter Wechsel eignet. Aus den »Denkwürdigkeiten« eines weiteren Zeitgenossen, H. G. von Brettschneider, läßt sich ein gewisser Wahrheitsgehalt dieser Unterstellungen durchaus entnehmen. Casanovas Freund erfährt hier eine treffende Schilderung: »... Er besaß Talente, redete verschiedene Sprachen recht gut und hatte Geschmack an Kunst und schönen Wissenschaften. Seine Seele erhob sich und sein Herz floß über von Vergnügen, wenn er Aussicht hatte, jemand betrügen zu können ...«[12] Von den chemisch-praktischen Künsten des Prinzen hinterließ Brettschneider eine sehr bemerkenswerte Beschreibung. Auch hier liegt nahe, daß einige der Rezepturen von Casanova stammen: »... Karl von Biron, Prinz von Kurland, war der größte Spitzbube, der mir jemals in der Welt vorgekommen ist. Falsche Wechsel waren bei ihm zu finden mancher Art und chemische Präparate, um Schriften auszulöschen, Unterschriften zu schreiben, die von selbst verschwanden, Amalgame zum Siegelabdrucken, auch Giftpulverchen, kurz alles, was in die Boutique eines Erzgauners gehört ...«[13]

❞ ... da ich knapp an Geld war, so traf ich meine Maßregeln, um mit drei- oder vierhundert Dukaten in meiner Börse in Spa erscheinen zu können. Zu diesem Zwecke schrieb ich dem Prinzen Karl von Kurland, der in Venedig war, er möchte mir etwa hundert Dukaten schicken. Um ihn zu veranlassen, mir das Geld sofort zu senden, teilte ich ihm ein unfehlbares Verfahren mit, um Gold herzustellen. Da mein Brief, obwohl er ein großes Geheimnis enthielt, nicht chiffriert war, so empfahl ich dem Prinzen, ihn zu verbrennen, indem ich ihm versicherte, ich hätte eine genaue Abschrift zurückbehalten. Er tat es nicht, und der Brief wurde mit seinen anderen Papieren in Beschlag genommen, als man ihn in Paris in die Bastille sperrte ...
Zwanzig Jahre danach zerstörten die Bürger von Paris ... die Bastille, man stürmte das Archiv, und mein Brief wurde gefunden ... ❞

Band 10, Seite 260 und 261

»... Die Zarin hatte das Vergnügen, mich überrascht zu sehen...«

Katharina II. und die Kalenderreform in Rußland

Noch immer war Casanova ohne feste Anstellung. Schon bei seinem Aufenthalt in Potsdam hatte er bei Carl Gottlieb Guighardt (1747 bis 1783), preußischer Oberst und Freund Friedrichs II., Erkundigungen eingezogen, mit welchen Themen die russische Zarin Katharina II. (1729–1796) zu beeindrucken wäre. Von dem venezianischen Tänzer und Spieler Antonio Campioni – Vater einer von Casanova geschätzten hübschen Tochter – übernahm er eine auf Schlittenkufen montierbare, geschlossene Kutsche, die man dank ihrer raffinierten Einrichtung auch als Schlafwagen verwenden konnte. »... infolgedessen mußte ich sechsspännig nach Petersburg fahren... Am 15. Dezember [1764] reiste ich bei grimmiger Kälte von Riga ab...«[1]
In Petersburg mietete er in der Nähe des Winterpalais zwei leere Zimmer. Der Literat und Bücherfreund Casanova hatte einen speziellen Möblierungsbedarf: »... kaufte ich eine Kommode und einen großen Schreibtisch, wo ich meine Papiere und Bücher unterbringen konnte...«[2]
Er hatte größte Mühe, sich der Herrscherin zu nähern. Zwar erschien sie in einem Domino-Kostüm auf einem sechzigstündigen Gratis-Maskenball des Hofes. Aber inmitten von fünftausend Tanzenden – Casanova trug ebenfalls ein Domino-Kostüm – bot sich keine Gelegenheit, die Kaiserin anzusprechen. Um seinem Ziel näherzukommen, besuchte er mit einem Empfehlungsschreiben versehen die Fürstin Jekaterina Romanowa Daschkowa (1743–1810), eine einstige Mitverschwörerin Katharinas und spätere Präsidentin der Russischen Akademie der Wissenschaften. Sie war eine bedeutende Schriftstellerin und eine in jeder Hinsicht ungewöhnliche Frau. Als Casanova sie kennenlernte, befand sie sich zwar bei Katharina in Ungnade, doch versprach sie, den Leiter des Kollegiums für Auswärtige Angelegenheiten und Hofmeister des Thronfolgers, den Grafen Nikita Iwanowitsch Panin (1718–1783), auf Casanova aufmerksam zu machen. Die Angelegenheit zog sich in die Länge, und Casanova vertrieb sich die Zeit, indem er die seltsamen sozialen Verhältnisse Rußlands nutzte, um sich für hundert Rubel eine dreizehnjährige Gespielin zu kaufen, die er nach der Titelheldin einer Tragödie Voltaires »Zaïre« nannte. Während der taghellen weißen Sommernächte Petersburgs oblag Casanova – wie gewohnt – der Liebe und dem Glücksspiel und wunderte sich über die damals erst zweiundsechzig Jahre alte Stadt (Stadtgründung war 1703), die er als eine Art ewige Baustelle empfand: »... im Jahre 1765 hatte ich sie noch in den Anfängen erlebt. Alles erschien mir wie Ruinen, als hätte man sie schon so gebaut...«[3]
Wiederholt gelang es ihm, die Zarin zu beobachten – beim Kirchgang, in der Oper –, doch nie kam es zu einem Gespräch. Um die Verhältnisse Rußlands besser zu erkunden, reiste er mit Zaïre nach Moskau: »... In acht Tagen sah ich alles: Fabriken, Kirchen, alte Denkmäler, naturgeschichtliche und andere Sammlungen und Bibliotheken. Diese letzteren interessierten mich nicht...«[4] Vermutlich, weil er der Landessprache nicht mächtig war. Besonders beeindruckte ihn das Haus eines Monsieur Demidow: »... Dieser hatte als Besitzer von Eisenbergwerken sich den Spaß gemacht, das ganze Haus aus Eisen bauen zu lassen. Mauern, Treppen, Türen, Fußböden, Wände, Decken, Dach, alles war aus Eisen, nur die Möbel nicht. Einen Brand hatte er nicht zu befürchten...«[5]
Da es ihm auch nach seiner Rückkehr nach St. Petersburg nicht gelang, ein Gespräch mit der Zarin herbeizuführen, legte Casanova seine Verbesserungsvorschläge in Denkschriften nieder: »... Ich schrieb über mehrere Probleme, um eine Anstellung im Staatsdienst zu erhalten. Ich reichte meine Arbeiten ein, und sie wurden auch der Zarin vorgelegt. Aber ich hatte keinen Erfolg

---

❞ Ich ging im Jahre 1764 nach St. Petersburg und verbrachte dort das ganze Jahr 1765 und hatte Gelegenheit, ganz in der Nähe das Äußere dieser großen Frau zu betrachten. Sie hat eine immer heitere und immer gleiche Miene, ein leutseliges Entgegenkommen und empfängt und stellt sich immer mit einem heiteren Antlitz dar, das sich ein bißchen ins Lächeln neigt. Sie schläft wenig, studiert alle Materien und gerade die schwierigsten; sie liebt keine Unterhaltung, nicht einmal die Musik, aber sie hört sie an. Sie hat keine andere Leidenschaft als zu herrschen und die Herrschaft sich zu bewahren... Ich wünschte, in ihren Dienst in einigen jener Geschäfte einzutreten, in welchen der Mann seinem Herrn mit der Feder dienen kann, aber ich erreichte nichts... ❞ Band 10, Seite 412

Die Kompliziertheit der Kalenderrechnung jener Zeit – insbesondere beweglicher Feste wie z. B. Ostern – muß man sich heute erst vergegenwärtigen. Papierastrolabium zur Darstellung der Planetenbahnen mit beweglichen Scheiben und Zeigern von Leon. Thurneisser zum Thurn (1574/75).

Zarin Katharina II. traf sich mit Casanova nur privat, in offizieller Audienz empfing sie ihn nicht. Vermutlich wußte sie von seinen engen Freimaurerbeziehungen und argwöhnte Subversion. Casanova empfahl ihr eine Kalenderreform und arbeitete eine Fülle von Denkschriften für sie aus. Gemälde von Vigilius Erichsen. Musée des Beaux-Arts, Chartres.

damit. Man legt in Rußland nur auf Leute wert, die man gerufen hat; wer von selber kommt, macht dort nur selten sein Glück. Man hat vielleicht recht.«[6]

Wahrscheinlich unterschätzte Casanova wohl doch, daß die Zarin Vor- und Nachteile seiner Person, wenn auch nur indirekt, aber eben doch aus erster Quelle sehr gut gekannt haben dürfte. Von seinem alchemistischen und freimaurerischen Treiben muß sie gewußt haben, gehörte doch Katharinas Mutter, die Fürstin Johanna Elisabeth von Anhalt-Zerbst, zum Freundeskreis der Marquise d'Urfé. Casanova renommierte stets damit, daß die Fürstin nach seinen alchemistischen Anweisungen experimentiert hatte. Was die Zarin davon hielt, läßt sich aus den von ihr verfaßten Komödien erkennen, in denen sie sich über Alchemisten lustig machte. Außerdem hatte Katharina, als Gattin Zar Peters III. nicht erbberechtigt, den Thron in einer Palastrevolte usurpiert und ängstigte sich nun ihrerseits vor vermeintlich umstürzlerischen Gruppierungen, zu denen sie – vielleicht nicht einmal zu Unrecht – gerade die Freimaurer zählte.

Ohne es wohl recht zu begreifen, hatte Casanova bei der Zarin ausgesprochen schlechte Karten. So ist es verständlich, daß sie sich von seiner Denkschrift »Vorschlag zur Anpflanzung von Maulbeerbäumen und Einführung der Seidenerzeugung in Rußland« – zu der sich ein eigenhändiger Entwurf von sieben Folioseiten in seinem Nachlaß erhalten hat – nicht beeindruckt zeigte. Casanova wollte schon abreisen, als es doch noch zu dem ersehnten Zusammentreffen kam: »... Endlich sagte Monsieur Panin mir eines Tages, ich möchte doch in der Morgenfrühe im Sommergarten spazierengehen, wo ihre Kaiserliche Majestät häufig lustwandelte ...«[7] Tatsächlich sprach ihn die Kaiserin an, wobei sie ihn aber nur über Friedrich II. aushorchte. Doch Panin berichtete Casanova, Katharina habe sich mehrmals nach ihm erkundigt. »Obwohl ich selber nicht wußte, zu welchem Amt ich in einem Lande, das ich zudem nicht liebte, wohl tauglich sein könnte, so war es mir doch angenehm zu erfahren, daß ich mir mit leichter Mühe Zutritt bei Hofe verschaffen könnte. Infolgedessen ging ich jeden Morgen in dem Garten spazieren ...«[8]

Es kam zu einem zweiten Gespräch, in dem Casanova der Zarin eine Reform des russischen Kalenders vorschlug, ein damals durchaus aktuelles Thema. 1582 hatte Papst Gregor XIII. den Schaltmodus des 47 vor Christus von Julius Cäsar eingeführten »Julianischen Kalenders« verbessert. So war es gelungen, den bis dahin aufgelaufenen Fehler von zehn Tagen gegenüber dem echten Sonnenjahr zu korrigieren. Zunächst gingen nur die katholischen Länder zum Gregorianischen Kalender über, die meisten protestantischen Länder folgten erst 1700, England sogar erst 1751. Da England aber der wichtigste Handelspartner Rußlands war, scheiterte 1700 der Versuch Peters des Großen, die Gregorianische Zeitrechnung für Rußland zu übernehmen. Au-

Der Sonnen Circkel vnd Lauff.
MARTIUS
FEBRUARIUS
IANUARIUS
DECEMBER
NOVEMBER
OCTOBER
SEPTEMBER
AUGUSTUS
IULIUS
IUNIUS
MAIUS
APRILIS
PISCES
AQUARIUS
CAPRICORNUS
TAURUS
GEMINI
CANCER
LEO
VIRGO

Die Raupen des Maulbeerspinners (Bombyx mori) pressen aus ihren Spinndrüsen einen gummiartigen Faden und formen daraus ein Gespinst, den »Seidenkokon«, in dessen Hülle sie sich verpuppen. Ohne daß der hauchdünne Faden reißt, muß dieser abgespult und dann mit anderen Seidenfäden zum eigentlichen Faden verzwirnt und versponnen werden – unten eine Vorrichtung dazu, Turin 1768. Trickreiche Webtechniken lassen daraus Taft, Serge, Samt oder Gaze entstehen. Mit der Technik der Herstellung und Verarbeitung von Seide beschäftigte sich Casanova öfters. »... leicht wie eine Wolke und durchscheinend wie Eis ...«, waren Seidengewebe im 18. Jh. besonders beliebt.

ßerdem begann im Zarenreich – wie in Casanovas Heimat Venedig – das Jahr nach julianischer Tradition am 1. März und nicht am 1. Januar. Schwierig war auch die Festlegung des Tagesbeginns. Den Tag von Mitternacht bis Mitternacht zu rechnen, gilt heute allen als selbstverständlich; im Italien des 18. Jahrhunderts begann der Tag jedoch noch mit dem Angelus-Läuten, d. h. eine halbe Stunde nach Sonnenuntergang des Vortages.

Versuche zu Kalenderreformen sollte das 18. Jahrhundert häufiger hervorbringen. Am 24. November 1793 hatte in Paris der Konvent den komplizierten französischen Revolutionskalender eingeführt, der in Frankreich und in den von ihm besetzten Gebieten bis 1805 gelten sollte. Erst vierzehn Jahre vor dem Gespräch Casanovas mit Katharina hatte man in England die elf letzten Tage des Februar einfach wegfallen lassen und war zum Schaltjahrmodus des Gregorianischen Kalenders übergegangen. Es lag also ganz nahe, der Kaiserin die Frage zu stellen: »... Wäre es nicht eine Eurer Majestät würdige Handlung, den Gregorianischen Kalender einzuführen? ...«[9] Die Zarin bat sich Bedenkzeit aus.

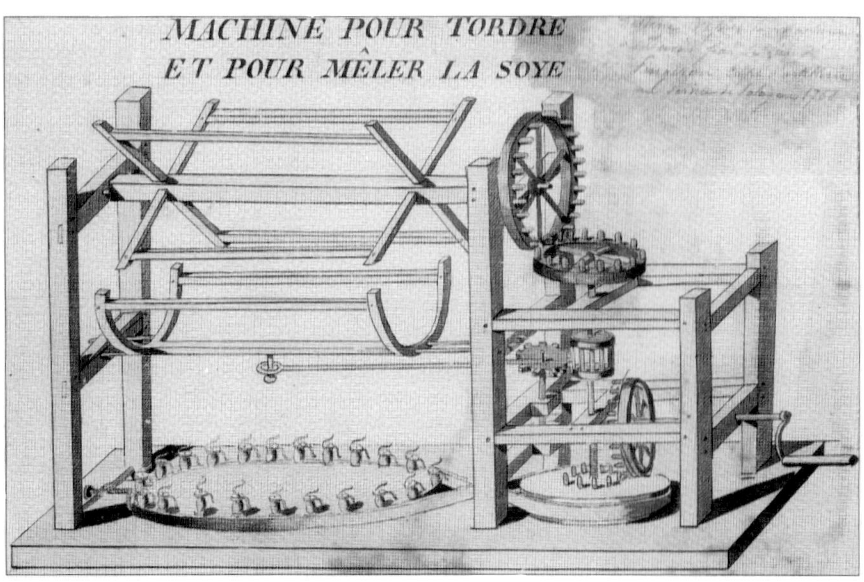

In unserer Zeit, in der zur Finanzierung von Pflegeversicherungen ein christlicher Feiertag ohne allzu große Diskussion geopfert werden kann, ist nur schwer vermittelbar, welche politische Brisanz einstens Kalenderfragen innewohnte.

Heutzutage dient ein Kalender eigentlich nur zur Lösung des Problems, auf welchen Werk- oder Feiertag ein bestimmtes Datum fällt. Früher dagegen sah man im Kalender ein Instrument nationaler, kultureller und religiöser Identität. Tatsächlich hätte im damaligen Denken die Aufgabe des alten Kalenders auch eine Preisgabe altrussischer Traditionen bedeutet. Es ist sehr die Frage, ob Katharina je mächtig genug gewesen wäre, eine solche Änderung gegen den Klerus der russisch-orthodoxen Kirche durchzusetzen. Es ist denkbar, daß sie bei Befolgung der Ratschläge Casanovas ihren Thron riskiert hätte. So blieb ihr nur die Möglichkeit eines Kompromisses.

Als Katharina etwa zehn Tage später wieder mit Casanova zusammentraf, war sie bestens vorbereitet: »... Was Sie zum Ruhme Rußlands gerne geschehen sähen, ist bereits gemacht. Alle Briefe, die wir nach fremden Ländern schreiben, alle öffentlichen Urkunden, die von irgend einer geschichtlichen Bedeutung sein können, sind von jetzt an mit zwei Daten versehen, von dem das eine unter dem anderen steht. Daß das Datum, das den anderen um elf Tage voraus ist, das moderne ist, weiß jedermann ...«[10] Casanova wagte den Einwand, daß sich bis zum Ende des Jahrhunderts die Differenz des russischen Kalenders zum Gregorianischen auf zwölf Tage erhöhen würde. Doch zu seiner maßlosen Verblüffung erwies sich Katharina als die Kenntnisreichere: »... Die Zarin hatte das Vergnügen, mich überrascht zu sehen, und ließ mich dabei. Ich habe nicht daran gezweifelt, daß sie die Thematik eigens studiert hatte, um mich zu verblüffen, oder daß sie sich nach unserem letzten Gespräch bei einem Astronomen über die Kalenderreform erkundigt hatte ...«[11]

Die Zarin und Casanova sahen sich noch ein drittes und letztes Mal, wieder im Sommergarten. Die Zarin fragte ihn, ob er denn die Gregorianische Kalenderreform wirklich für völlig fehlerfrei halte. »... ›Gewiß nicht, Madame; die Reform gibt ja die Abweichung selber zu; aber die Abweichung ist so klein, daß sich eine merkliche Änderung des Sonnenjahres erst nach neun- oder zehntausend Jahren bemerkbar machen kann‹ ...«[12]

Wieder erntete Casanova wortreiche Gegenerklärungen der Kaiserin: »... ›Ich mußte lachen, als ich vor einigen Tagen sah, daß ohne die Beseitigung des Grundfehlers durch Ausfall eines Schalttages am Ende jedes Jahrhunderts die Welt nach Ablauf von fünfzigtausend Jahren ein ganzes Jahr zuviel gehabt hätte, indem während dieses Zeitraumes die Tag-und-Nacht-Gleiche einhundertdreißig Mal durch alle Tage des Jahres sich rückwärts verlagert hätte. Infolgedessen hätte man Weihnachten zehn- bis zwölftausendmal im Sommer gefeiert‹ ...«[13]

Casanova gab auf. Die stets optimal unterrichtete Katharina war ihm in der Kalenderfrage überlegen. Das weitere Gespräch – wie könnte es anders sein – drehte sich um Glücksspiel, insbesondere um das Genueser Lotto. Dann trennte man sich, und Casanova blieb weiter auf der Suche nach einer wie immer gearteten Lebensstellung. Die Kaiserin aber hatte in der für sie so typischen Belesenheit, wie sie auch aus ihrer Korrespondenz mit Voltaire zu erkennen ist, einen weiteren Bewunderer gewonnen.

Ereignisse, die sich zwei Jahrzehnte später zutrugen, an denen Casanova nicht beteiligt war, sind geeignet, im nachhinein die Ursachen seines Mißgeschickes bei der Kaiserin aufzuhellen. 1784 führte Katharina einen sich lange hinziehenden Kampf gegen eine dem Rosenkreuzertum nahestehende Freimaurerloge in St. Petersburg, deren Mitglieder ihr durch ausgeprägte mystische und alchemistische Bestrebungen aufgefallen waren. So hatte der Rosenkreuzer I. W. Lopuchin einen Geheimverlag für den Druck freimaurerischer Werke gegründet. Eine Untersuchung der in diesem Zusammenhang von Katharina verbotenen Werke erbrachte den an sich merkwürdigen Sachverhalt, daß es insbesondere alchemistische Schriften – etwa jene von Paracelsus – waren, die die Kaiserin konfiszieren ließ. Sie dachte in diesem Punkt offenbar völlig anders als ihre Mutter, Elisabeth von Anhalt-Zerbst.

❞ ... ›Wäre es nicht eine Eurer Majestät würdige Handlung, den Gregorianischen Kalender einzuführen? Alle protestantischen Länder haben sich angepaßt, sogar England nahm ihn vor vierzehn Jahren an, indem es die elf letzten Tage im Februar hat wegfallen lassen, es hat dabei schon mehrere Millionen gewonnen. Europa ist bei dieser allgemeinen Übereinstimmung erstaunt, Madame, daß der alte Stil sich noch in einem Staate erhält, dessen Herrscherin das augenscheinliche Oberhaupt der Kirche ist und dessen Hauptstadt eine Akademie der Wissenschaften besitzt. Man glaubt, Madame, der unvergängliche Peter, der den Befehl gab, das Jahr mit dem ersten Januar zu beginnen, würde ebenfalls die alte Rechnungsweise abgeschafft haben, wenn er es nicht für notwendig gehalten hätte, sich nach dem Vorbild Englands zu richten, das damals für das ungeheure russische Reich die größte Bedeutung hatte.‹ ... ❞ Band 10, Seite 151

»Dämpft mir doch mein bleichendes Haar den Mut, der einst an Streit sich freute und kecken Händeln ...«

»Weder Liebe noch Frauen oder der ausgemistete Stall«

In seiner letzten in Venedig verfaßten Publikation »Weder Liebe noch Frauen oder der ausgemistete Stall« sind erstmals die für den alten Casanova später so typischen mathematischen Arbeiten ein neues Thema, und es zeigt sich die Eigenart, mit der er seinen großen Roman gestalten sollte. Das hier titelgebende friedliche Horaz-

Im Gegensatz zu den eher scharf profilierten Gesichtszügen sowohl des Jugend- wie des Altersportraits zeigt diese Darstellung des 49jährigen Casanova von Alessandro Longhi ein eher weiches, fast etwas aufgedunsenes Gesicht. Privatbesitz.

Zitat, das er der »Empfehlung an den Leser« nachgestellt hatte, trügt: Die maliziöse Satire auf Feinde und verlorene Freunde – eine phantasievoll persiflierende Scheinnacherzählung der Taten des Herkules – verursachte bei ihrem Erscheinen im Frühherbst 1782 so großes Aufsehen, daß Casanova seine über alles geliebte Heimatstadt Venedig für immer verlassen mußte. So betrüblich dies für ihn selbst gewesen sein muß, verdanken wir es doch eben diesem Umstand, daß Casanova zum großen Literaten reifte. Erst im einsamen Exil im abgelegenen böhmischen Dux sollte jenes Werk entstehen, das heute seinen Ruhm ausmacht. Ob er im umtriebigen Venedig je die Muße gefunden hätte, eigenhändig Abertausende von Seiten niederzuschreiben, ist durchaus fraglich.

Anlaß für die Entstehung der Satire war eine bizarre Wette, die der Marchese Spinola di Roccaforta, Graf von Ronco, mit dem Grafen Francesco Xaverio Carletti ausgetragen hatte. In anonymen »Erläuterungen« zu dem Buch »Weder Liebe noch Frauen ...« heißt es: »... Schon einige Jahre sind verflossen, seit ein gewisser Carletti ... in Wien eine Wette gegen den Marchese gewonnen hatte, deren Gegenstand die Behauptung des letzteren war, er könne jederzeit die Tochter des Grafen Esterhazy heiraten. Doch erwies sich, daß er dazu nicht imstande war. Wegen Spinolas Vergeßlichkeit ... erhielt Carletti nie den ihm zustehenden Gewinn von zweihundertfünfzig Zechinen ...«[1]
Casanova, der den schrulligen und maßlos verschwenderischen Marchese 1763 in Mailand beim Glücksspiel kennengelernt hatte, diente diesem von 1775 bis 1782 als Sekretär und wurde in dieser Eigenschaft von Carletti um die Vermittlung der Schuldeinforderung bei Spinola angegangen. Carletti war bei seinem Venedigaufenthalt Casanova im Hause des Aristokraten Carlo Grimani begegnet, wo auch Zahlungsmodalitäten und eine Vermittlungsbelohnung verhandelt wurden. Da Carletti schließlich jedoch Casanova um seinen Anteil prellte, kam der ganze Handel nicht zustande. Es gab einen heftigen Wortwechsel vor Zeugen, in dem Casanova schwer beleidigt und vom Hausherrn Grimani nicht verteidigt wurde – im Gegenteil: dieser stellte sich auf die Seite Carlettis, wohl wissend, daß Casanova im Recht war.
Die Ehrenstandpunkte der Beteiligten sind zwar heute nur bedingt einsichtig, doch sah es für Casanova so aus, als hätten sich hier zwei gesellschaftlich einflußreiche Aristokraten gegen einen chancenlosen Bürgerlichen verbündet. Er beschloß, sich zu rächen. Der exzellente Kenner klassischer Mythologie und Literatur weitete die alte Geschichte von Herkules' Taten zu einer bösen Satire aus, wobei er den einzelnen Akteuren die Züge seiner Kontrahenten verlieh; sich selbst führte er in der leicht entschlüsselbaren gräzisierten Form seines Namens als neugeschaffene Gestalt des »Ökoneus« ins Geschehen ein. Der Marchese Spinola fand sich in der Rolle des Königs Augias wieder, den Grafen Carletti

In den »Procuratie Nuove« besaß die Familie Grimani ein Casino, in dem Casanova häufig verkehrte. Zeitweilig wohnte er auch dort. Das nach seinem ersten Besitzer Floriano Francesconi benannte Café »Florian« im Erdgeschoß ist von Casanova sicher frequentiert worden. Gemälde von Pietro Longhi. National Gallery, London.

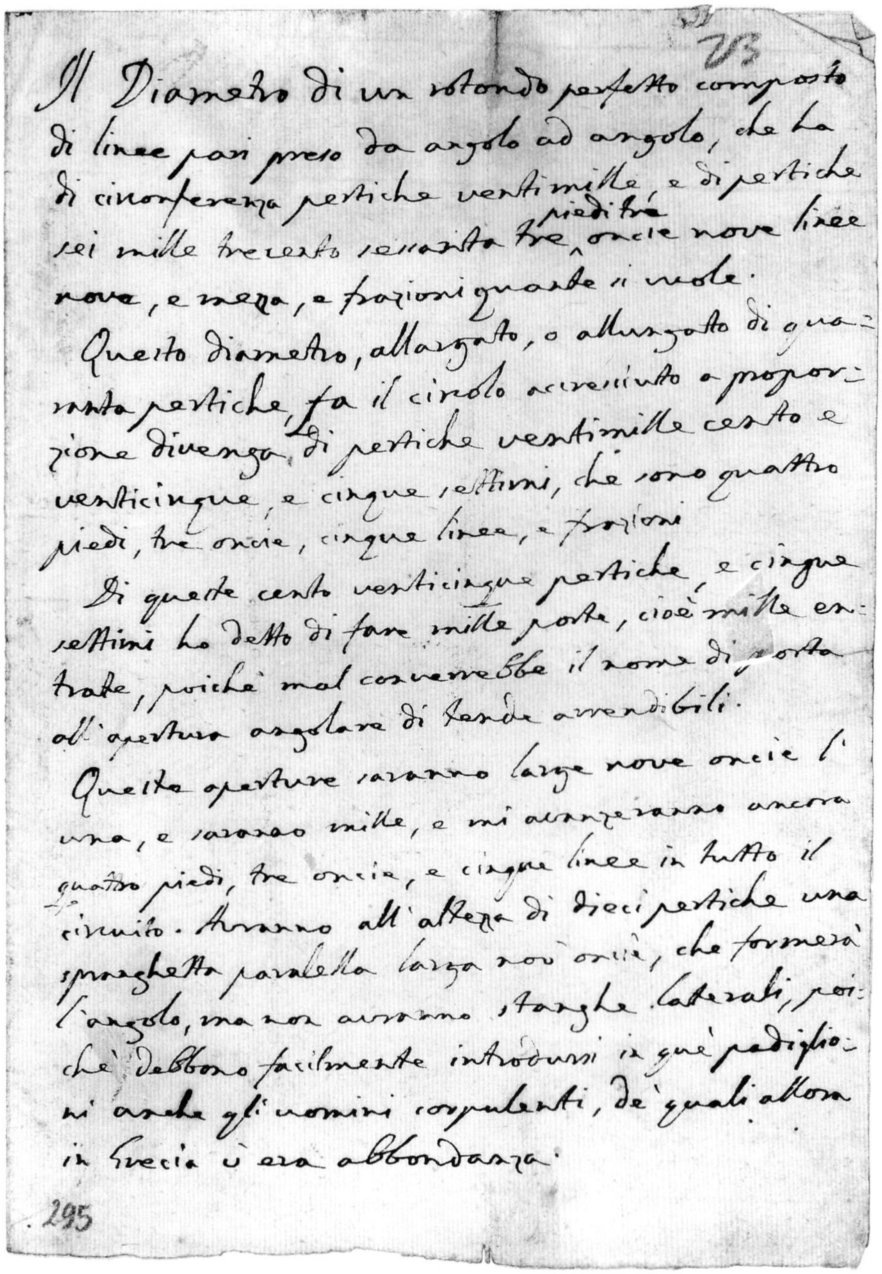

73

Il Diametro di un rotondo perfetto composto
di linee pari preso da angolo ad angolo, che ha
di circonferenza pertiche ventimille, e di pertiche
sei mille trecento sessanta tre, piedi trè oncie nove linee
nove, e mezza, e frazioni quante si vuole.

Questo diametro, allargato, o allungato di qua-
ranta pertiche, fa il circolo accresciuto a propor-
zione diverso, di pertiche ventimille cento e
venticinque, e cinque settimi, che sono quattro
piedi, tre oncie, cinque linee, e frazioni

Di queste cento venticinque pertiche, e cinque
settimi ho detto di fare mille porte, cioè mille en-
trate, poichè mal converrebbe il nome di porta
all'apertura angolare di tende arrendibili.

Queste aperture saranno larghe nove oncie l'
una, e saranno mille, e mi avanzeranno ancora
quattro piedi, tre oncie, e cinque linee in tutto il
circuito. Avranno all'altezza di dieci pertiche una
spranghetta parallela larga nove oncie, che formerà
l'angolo, ma non avranno stanghe laterali, poi-
chè debbono facilmente introdursi in què padiglio-
ni anche gli uomini corpulenti, de' quali allora
in Grecia v'era abbondanza.

. 295

Casanovas Berechnung zum Umfang des Ringzeltes (September 1782?), wo König Augias seine Ochsen untergebracht hatte.

verkörperte »Klymenos«, genannt »der kläffende Hund«. Eigentlich hätte der Cavaliere Giovanni Carlo Grimani durchaus zufrieden sein können, in Gestalt des Herkules zu figurieren, wenn dieser nicht mit besonders bösartigen Zügen ausgestaltet worden wäre. Wiewohl das Werk letztlich ein scharfer Angriff auf die Vorrechte des Adels war, passierte es unbehelligt die Zensur. Ob diese gerade schlief oder deren Entscheidung durch die Tatsache, daß ein Freund Casanovas der Inquisition angehörte, beeinflußt worden war, ist später oft diskutiert worden. Die Wirkung auf das Publikum war ungeheuer, und Casanova mußte gehen.

Schon einem zeitgenössischen Rezensenten dieses Werkes war aufgefallen, daß Casanova bei der Beschreibung des Stalles des Augias erstaunlichen Scharfsinn walten ließ: »Fast hätte ich die Bemerkung vergessen, daß im vorliegenden Buch endlose Berechnungen zu einem gewissen riesengroßen Palast und über die Aufteilung der Ställe enthalten sind. Der Mist von dreitausend Ochsen, der ganze dreißig Jahre hindurch den Boden bedeckt hat, wird spätere Mathematiker zweifellos zu Berechnungen über die dritte und vierte Dimension anregen.«[2]

Bekanntlich hatte Herkules nur drei Tage Zeit, die überaus schmutzigen Ochsenställe des Augias zu reinigen. Ebenso wie das klassische Vorbild nahm Casanova offenbar an, daß eine solche gewaltige Aufgabe selbst die körperlichen Kräfte eines Herkules überfordern würde. Da es einem Helden gut anstand, auch den Kopf und nicht nur die Muskeln zu gebrauchen, sahen sowohl die antike Vorlage als auch er eine Lösung dieses Problems nur unter Zuhilfenahme des Wasserbaus. Herkules fegt den Augiasstall nicht leer, er schwemmt den Mist einfach mit Wasser fort. An dieser Stelle schlägt Casanovas Bearbeitung einer mythologischen Sage unversehens in eine Art technische Fantasy-Story des 18. Jahrhunderts um. Wie viele Autoren seines Zeitalters liebte Casanova scheinbar genaueste Zahlenangaben. Die naturwissenschaftlich-technischen Wunder seines späteren großen Romans »Eduard und Elisabeth« erscheinen gewissermaßen am literarischen Horizont: »... begann er, seinen Kanal von Norden nach Süden zu ziehen; die Vorbereitung seiner eigentlichen Aufgabe bestand darin, daß er in die zwei Fuß starke Stallmauer ... eine Bresche schlug. Diese Öffnung war dreißig Fuß hoch und sechzig breit. Die aus der Mauer herausgebrochenen Steine, es waren dreitausendsechshundert an der Zahl und alles Blöcke von einem Kubikfuß, baute er zu zwei kleinen Dämmen zwischen Stall und Alphäus auf, die viermal höher als einer dieser Steine wurden ... Diese beiden Damm-Mauern bildeten zwei nebeneinander laufende Geraden, sie waren bei der Mauerbresche sechzig Fuß voneinander entfernt, am anderen Ende, am Ufer des Alphäus nur noch einen Fuß ... Mit diesen beiden Dämmen hatte Herkules die Begrenzungslinien des geplanten Kanals gezogen ... Zuerst trug Herkules die eine Uferböschung ... etwas ab, weil er wähnte, daß der vorgegebene Weg sonst zu wenig Gefälle gehabt hätte. Dann begann er, den durch die

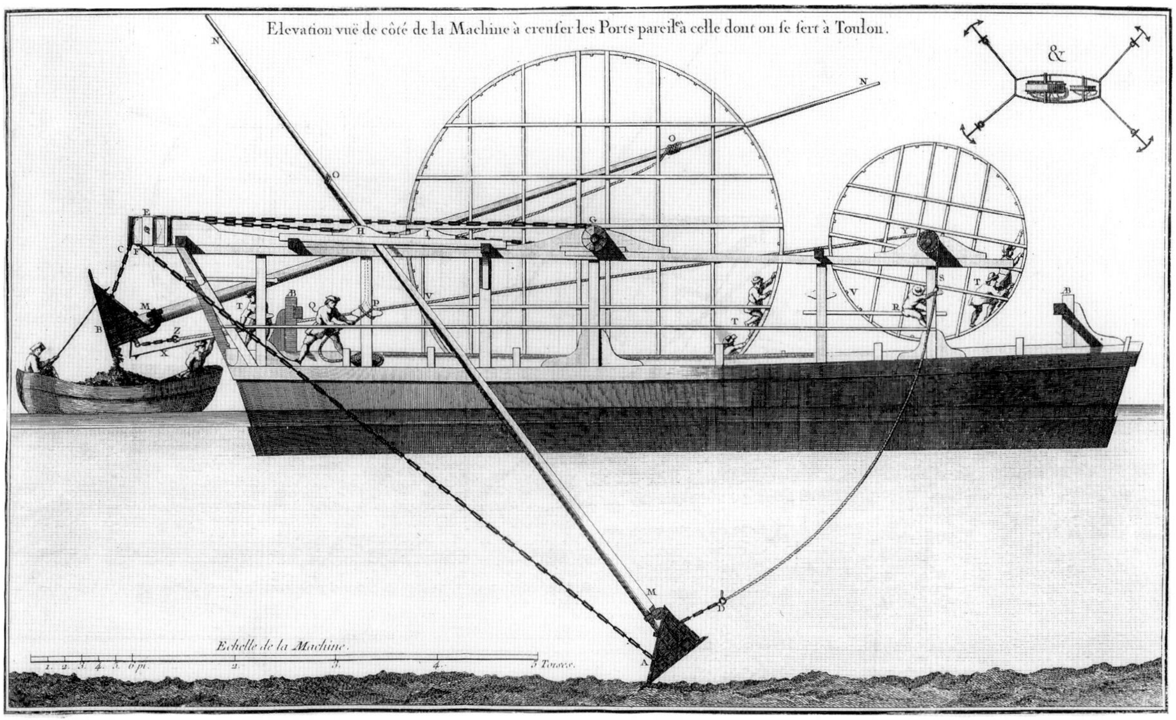

Herausragende Entwicklungen in bestimmten Bereichen kennzeichnen bestimmte Epochen. Das 18. Jh. war die große Zeit des Wasserbaus und der Kanalverbindungen.

Steindämme schon vorgezeichneten Kanal am Ende des Alphäus auszuheben; zum Fluß hin ließ er aber einen vier Unzen starken Damm stehen, der das Wasser bis zum Augenblick der Umleitung zurückhalten sollte ...«[3]
Dem geneigten Leser seien einige Seiten Wasserbautechnik des 18. Jahrhunderts in quasi klassischer Gewandung erspart, doch schließlich: »... Nun wandte sich der Kühne zur Uferbefestigung hin, hob mit beiden Händen seine Keule und ließ sie mit solcher Gewalt auf die dünne, absichtlich so schwach gelassene Trennwand niederschmettern, daß sie, von oben her gemessen, zwölf Fuß tief einbrach ...«[4] Der ganze Mist wurde fortgeschwemmt.
Besondere Aufmerksamkeit hatte Casanova auch an die Überlegung gewandt, wie ein Stall für so viele Viecher, nämlich 3000 Ochsen, in etwa ausgesehen haben könnte. Seine originellen Berechnungen zur Geometrie eines Stalles in Form eines Ringzeltes mit Innenhof schienen ihm äußerst wichtig, und es ist schön, daß diese sich in seinen nachgelassenen Papieren im Staatsarchiv zu Prag finden.

❝ Der Durchmesser eines vollkommenen Kreises, der aus lauter gleichen Geraden von Winkel zu Winkel gebildet wird und als Umfang 20 000 Ruten hat, beträgt 6363 Ruten, 3 Fuß, 9 Unzen, 9½ Linien und noch einen Bruch.
Wird dieser Durchmesser um 40 Ruten vergrößert [d. h. entsprechend der doppelten Tiefe des Ringzeltes; Anm. d. Verf.] oder verlängert, wird der entsprechend vergrößerte Umfang 20 125 und 5/7 Ruten betragen, was 4 Fuß, 3 Unzen, 5 Linien und einen Bruch ergibt.
Aus diesen 125 und 5/7 Ruten [dies ist die Differenz zwischen äußerem und innerem Umfang des Ringzeltes; Anm. d. Verf.] wollte ich tausend Tore bilden, besser Eingänge, denn der Begriff ›Tor‹ würde schlecht auf die Eck-öffnungen eines beweglichen Zeltes passen. Jeder dieser Eingänge wird neun Unzen breit sein, und es werden insgesamt 1000 sein, wobei mir noch 4 Fuß, 3 Unzen und 5 Linien auf den ganzen Umfang bezogen übrigbleiben. Bei einer Höhe von 10 Ruten werden diese Eingänge jeweils einen schmalen senkrechten Riegel von 9 Fuß Länge haben, der den Winkel bilden wird; sie werden aber nicht mit Querstangen ausgestattet, da auch wohlbeleibte Männer bequem in jene Gemächer eintreten können sollen, von denen es damals in Griechenland sehr viele gab. ❞

Vermischte Schriften, Seite 260

Nutzen und Gefahren der Optik im Kampf der Geschlechter

Entflammt vom Anblick einer faszinierend Schönen bei seinem Aufenthalt in Cremona 1749, forschte Casanova nach Herkommen und Nimbus dieser Dame, einer Gräfin, und erfuhr eine so ungewöhnliche Geschichte, daß er sie, Jahrzehnte später sich noch daran erinnernd, in seinen Memoiren erwähnt. Noch einmal Jahre danach wurde die Dame ihm zum Vorbild als Figur einer »Tragikomödie in drei Akten«, die er »Ihrer Durchlaucht, der Prinzessin de Clary...«[1] widmete.

Oft hat Casanova dramatische Texte und Opernlibretti bearbeitet oder verfaßt. Literatur- und Musikhistoriker hat es besonders beschäftigt, daß er im Herbst 1787 für den Librettisten Lorenzo da Ponte (1749–1838) den Text zu dem später berühmt gewordenen Sextett im zweiten Akt von Mozarts »Don Giovanni« umarbeitete, wenngleich diese Fassung offenbar nicht die Anerkennung Mozarts fand. Doch da diese Oper den »Don Juan« als Inbegriff des eroberungssüchtigen Frauenhelden zur Allgemeinmetapher in der westlichen Kultur werden ließ, es andererseits Casanova vergönnt war, seinen eigenen Namen zu einer Art Synonym für diesen Begriff zu machen, wurde die lange Freundschaft und zeitweilige Zusammenarbeit zwischen ihm und da Ponte als aufregend empfunden. Allgemein nimmt man heute an, daß Casanova bei der Uraufführung des »Don Giovanni« am Prager Ständetheater am 29. Oktober 1787 zu den Zuschauern zählte. Da sowohl Mozart als auch Casanova Spieler waren, und es damals üblich war, im obersten Rang der Opernhäuser Spieltische aufzustellen, ist es gar nicht unmöglich, daß sich die beiden bei einer gemeinsamen Partie Karten getroffen haben könnten.

Einer seiner herausragenden Freunde im Alter war der ob seiner Scharfzüngigkeit und seines weltmännischen Lebensstils berühmte Feldmarschall, Fürst Charles de Ligne (1735–1814), dem wir eine einfühlsame Beschreibung des alten Casanova verdanken. Der Schwiegersohn des Fürsten ließ 1787/88 in seinem Schloß in Teplitz einen neuen Theatersaal einrichten, der insbesondere von der »Prager Vaterländischen Schauspielergesellschaft«, aber auch von Laienschauspielern der »Durchlauchtigen Familie« selbst

Die Aufmerksamkeit des Opern- und Theaterpublikums zu fesseln, war zu Casanovas Zeit eine außergewöhnliche Herausforderung. Das für die Begriffe heutiger Zeit reichlich undisziplinierte Publikum nahm während der Aufführung Erfrischungen zu sich und unterhielt sich. Die Logen waren durch Vorhänge zum Theater hin verschließbar, hinter denen, so die Überlieferung, zuweilen privatissime Aufführungen eher orgiastischer Art abliefen. In allen Lebensphasen versuchte sich Casanova immer wieder als Impresario. Gemälde von Giuseppe de Albertis. Museo Teatrale alla Scala, Mailand.

Charles Joseph Prince de Ligne (1735–1814), ruhmbedeckter General und Diplomat in österreichischen Diensten, war Casanovas großer Altersfreund. Der Fürst rechnete den Venezianer zu den interessantesten Persönlichkeiten der Epoche, er selbst war einer der anregendsten Unterhalter seiner Zeit. Er korrespondierte mit Voltaire, Rousseau, Friedrich II., Katharina II., Goethe und Wieland.

bespielt wurde. Casanova hielt sich häufig in Teplitz auf. Im Sommer 1789 schrieb er der Gräfin Starhemberg eine klangvolle Ankündigung, die er allerdings erst zwei Jahre später einlösen sollte:
»... Für das Jahr siebzehn und neunzig wird Ihnen mein schwaches Talent eine kleine Arbeit in Prosa bescheren, doch mit der Auflage, dem untertänigsten Dichter möge erlaubt sein, zu Ihren Füßen selbst der Souffleur zu sein.«[2]

»DAS POLEMOSKOP ODER DIE DURCH GEISTESGEGENWART ENTLARVTE VERLEUMDUNG«

2. Akt. Dritte Szene: Gräfin, Graf

❛❛... GRAF: ... nichts amüsiert mich mehr als solche Liebesabenteuer. *(Er blickt durch das Theaterglas; mehrfach nach rechts und nach links.)* Aber was soll das, wirklich ein verwünschtes Glas. Das ist ja verhext!
GRÄFIN: Was ist daran so ungewöhnlich?
GRAF: Es hat die Eigenschaft, immer das zu zeigen, was man nicht sehen will.
GRÄFIN: Wieso? Was man nicht sehen will? Gib her. *(Sie nimmt ihrem Gatten das Glas aus der Hand und blickt erst nach der einen, dann nach der andern Seite.)* Wirklich sonderbar! Du hast recht. Es ist so gebaut, daß es nicht den Gegenstand zeigt, auf den man es richtet, sondern etwas anderes, was links oder rechts davon in einem bestimmten Abstand liegt. Hahaha. So etwas nennt man ein Polemoskop; aber für diese Zwecke hat man es nicht erfunden, obgleich es unter Umständen recht praktisch sein mag.
GRAF: Es ist ausgezeichnet für einen vorsichtigen Liebhaber, der nicht wissen lassen will, wer die Dame seines Herzens ist. Zugleich kann man jemanden damit gemein täuschen. Hahaha. Da muß ich lachen. Die Marquise fühlt sich getäuscht. Aber sie ist verrückt, wenn sie allein darum erzürnt ist. Ein Polemoskop! ...❜❜ Vermischte Schriften, Seite 369

In dieser kleinen, dem Zeitgeist des späten Rokoko verhafteten Tragikomödie erlangt einer edlen Dame Tugend den gerechten Sieg, während der besonders üble Schurke – dem Casanova, nachtragend, wie er sein konnte, Name und Charakter eines einstigen Widersachers gab – den verdienten Tod durch das Stilett eines Rächers findet.
Diese literarische Bagatelle würde hier nicht interessieren, wenn Casanova nicht ein physikalisches Instrument, ein damals höchst populäres Trickfernrohr, benutzt hätte, um möglichst schnell eine Schürzung des dramatischen Knotens herbeizuführen. Das zentrale Requisit ist ein »Polemoskop«, was wörtlich »Kriegsseher« bedeutet. Die Urform dieses Instruments hatte der Danziger Astronom Johannes Hevelius (1611 bis 1687) 1647 erfunden. Es bestand aus einem holländischen Fernrohr, dessen optische Achse durch ein oder zwei eingebaute Spiegel so geknickt war, daß ein hinter einem schützenden Wall oder sonstiger Verschanzung gedeckter militärischer Beobachter mit einem Fernrohr den Feind beobachten konnte, ohne Sorge, bei Verlassen der Deckung getroffen oder gar getötet zu werden.
Es handelte sich somit um eine Art Vorläufer der späteren militärischen Scherenfernrohre, wie sie noch im 20. Jahrhundert Verwendung fanden. Entsprechend der Knickung des Strahlenganges wurde dieses Instrument auch »Diagonal-Perspektiv« genannt. Auf die Sitten der Menschheit wirft es wieder einmal ein bezeichnendes – wenngleich friedlicher motiviertes – Licht, daß dieses seltsame Gerät weniger von Militärs als von Voyeuren in kleinen und kleinsten Operngguckerausführungen im Theater benutzt wurde.
1749 verfaßte M. Thomin eine Beschreibung, in der er darlegte: »... Es gibt eine letzte Art von Operngläsern, welche man gewöhnlich Eifersuchtsgläser nennt ... bei denen aber der Unterschied darin besteht, daß sich ein Spiegel schräg in seinem Gehäuse befindet ... Man könnte sie auch Fernrohre der Schicklichkeit nennen, denn es gibt nichts Ärgerlicheres, als jemanden mit einem gewöhnlichen Opernglas ins Gesicht zu sehen ...«[3]

Vorgang des Brillenmachens (Linsenschleifens) aus Diderots Enzyklopädie. Dank des väterlichen Vorbildes war Casanova mit optischen Problemen wohlvertraut. Auch später, in seiner Eigenschaft als Theaterimpresario, beschäftigte er sich mit Optik.

Man richtete also sein – meist monokulares – Opernglas beispielsweise scheinbar auf die Bühne, die man jedoch gar nicht sah, und betrachtete in Wirklichkeit die Person seines Interesses im Publikum, die sich aber unbeobachtet wähnte. Im 19. Jahrhundert wurden diese Instrumente abermals verbessert, indem man kleine Doppelfernrohre – analog heutigen Operngukkern – mit zwei Tuben baute, wobei ein Fernrohr über einen normalen, ungebrochenen Strahlengang verfügte – das andere jedoch einen im 45-Grad-Winkel angeordneten Spiegel enthielt und eine seitliche Öffnung hatte. Auf diesen Tubus baute man vorne ein Scheinokular.

Nach dieser physikalisch-technischen Betrachtung ist einfach zu erkennen, wie die Handlung in Casanovas Tragikomödie ablaufen mußte. Ein – selbstverständlich edler – junger Graf betrachtet im Theater scheinbar eine verwitwete Marquise, die dies fälschlich als Liebesgeständnis auffaßt, in Wahrheit aber eine verheiratete Gräfin, die dies nicht oder zu spät bemerkt. Ein perfider Chevalier nutzt die von ihm falsch gedeutete Situation zu einer verleumderischen erotischen Wette. Doch die bedrohte Ehre der Dame wird schließlich nicht nur gewahrt, sondern grausam gerächt. Aus dem Munde des Herzogs von Richelieu, dem er in jungen Jahren verbunden gewesen war, läßt Casanova den Sieg der Tugend in wohlgesetzten Worten verkünden, die zeigen, mit welch unnachahmlicher – durch nichts zu erschütternder – Contenance sich die Gesellschaftscrème im Rokoko zu bewegen wußte: »... Ich bin untröstlich, Gräfin, daß dieser Mord mich zwingt, das Vergnügen, mit Ihnen zu speisen, auf einen andern Tag zu verschieben. Sie

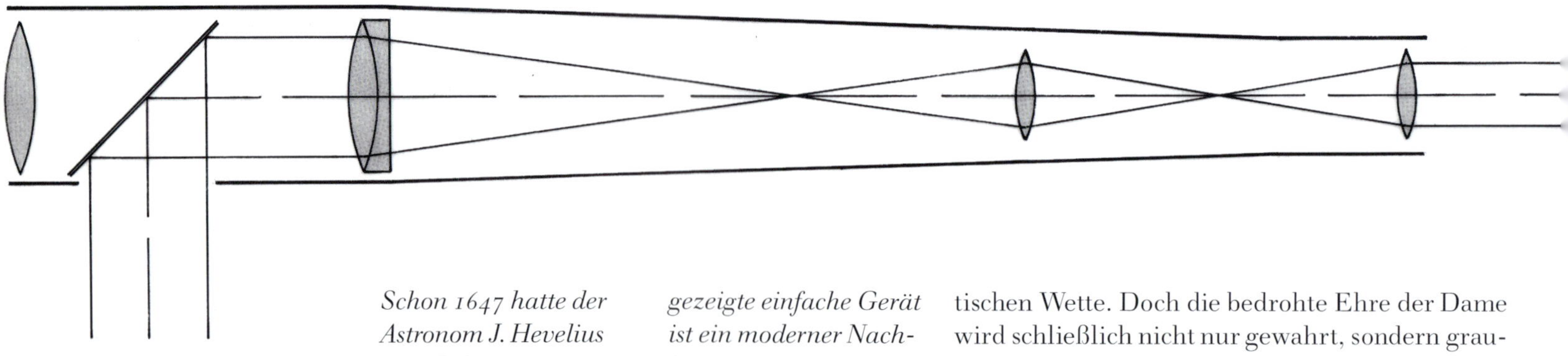

Schon 1647 hatte der Astronom J. Hevelius das »Polemoskop« erfunden, den »Kriegsseher« (oben). In den Strahlengang eines normalen Fernrohrs ist hier ein um 45° geneigter Spiegel eingebaut, so daß man gewissermaßen um die Ecke gucken kann. Das hier gezeigte einfache Gerät ist ein moderner Nachbau.

Die zeichnerische Darstellung des Strahlenganges in einem Polemoskop erläutert die Funktion des um 45° geneigten Spiegels.

Emanuele Conegiano (1749–1838), der sich nach seinem Übertritt vom mosaischen zum christlichen Glauben nach seinem Paten, einem Bischof, Lorenzo da Ponte nannte, war zunächst katholischer Priester und Rhetoriklehrer. Von 1783 bis 1791 wirkte er als Theaterdichter in Wien, wo er zahlreiche Libretti für Mozart und Salieri verfaßte. In dieser Zeit lernte er Casanova kennen. Die beiden verband eine enge, aber recht spannungsgeladene Freundschaft. Von 1792 bis 1805 lebte da Ponte in London und schließlich in New York, wo er zeitweilig einen Drugstore betrieb und ab 1825 Professor für italienische Literatur war. Gemälde eines unbekannten Meisters. Columbia University, New York.

werden aber die Notwendigkeit einsehen, denn ich muß Befehle erteilen, um die Schuldigen an diesem Verbrechen aufzuspüren. Sie sehen, der Himmel hat Sie gerächt; aber ich bin sicher, daß es Sie zutiefst schmerzt, obwohl Sie selbst der Anlaß zur Rache gewesen sind.«[4]

Nach diesem erhaben dozierten Resümee des Marschalls fällt der Schlußvorhang über diesem wohl einzigen Werk der gesamten Theatergeschichte, dessen zentrales Handlungsrequisit ein »Polemoskop« ist.

DAS POLEMOSKOP ODER DIE DURCH GEISTESGEGENWART ENTLARVTE VERLEUMDUNG

2. Akt. Vierte Szene: Gräfin, dann Gissor

❛❛ GISSOR: Ich gebe zu, daß mein Glas als Polemoskop leicht falsche Meinungen wecken kann und daß ich, als ich es vor das Auge hielt, die Marquise gar nicht sehen konnte. Aber sie hat keinen Grund, sich für gekränkt zu halten, denn auf Ehre, ich wußte nicht, daß sie es war, auf die es für alle gerichtet schien; außerdem wäre es mir unmöglich gewesen, das zu betrachten, was ich sehen wollte, ohne das Glas in der Richtung zu halten, in der ich es eben hielt... Aber mir will scheinen, man hätte seine trügerische Eigenschaft voraussetzen dürfen. Derartige Gläser sind in Paris so allgemein bekannt, daß dort niemand mehr zu entscheiden wagt, wen man anblickt... jedenfalls werde ich noch heute mein Polemoskop in tausend Stücke zerbrechen ❜❜

Vermischte Schriften, Seite 371

Mathematische Schwierigkeiten mit dem Grabmal eines minoischen Königssohnes

Gottfried Wilhelm Freiherr von Leibniz (1646–1716) entwikkelte zeitgleich, aber unabhängig von Newton die Infinitesimalrechnung, die dem klassischen Denktraditionen verhafteten Casanova obskur erschien. Der vielseitige Philosoph versuchte in seinen »Essais de Théodicée...« die Welt als die beste aller möglichen zu beweisen.

Die Manie des Zeitgeistes, in der ein Mann von Welt im 18. Jahrhundert mit mathematischen Kenntnissen, insbesondere mit Fertigkeiten der Unterhaltungsmathematik, zu prunken pflegte, und das Selbstverständnis bewußter Einbindung in eine weit zurückreichende kulturelle Tradition brachten Casanova in der Abgeschiedenheit seines Altersexils im böhmischen Dux fast unvermeidlich zur Auseinandersetzung mit in jeder Hinsicht »klassischen« mathematischen Problemen. 1790 überraschte er mit einer entsprechenden Veröffentlichung.

Im 3. Jahrhundert vor Christus soll Eratosthenes von Kyrene dem ägyptischen König Ptolemäus von einem kubischen Grabmal berichtet haben, das der sagenhafte mykenische König Minos für seinen Sohn Glaukos in Auftrag gegeben hatte. Das angefertigte Monument erschien Minos jedoch ungenügend, er wünschte eines mit doppeltem Rauminhalt. Eine ähnliche Aufgabe – die Verdoppelung eines würfelförmigen Apollo-Altars – soll auch das Delphische Orakel den von Seuchen geplagten Einwohnern der Stadt Deli gestellt haben: daher der Name »das Delische Problem«.

Im Laufe der Jahrhunderte zeigte sich, daß dieses mit den Mitteln der klassischen Geometrie nicht zu lösen war. Albrecht Dürer (1471 bis 1528), Niccolò Tartaglia (1499 bis 1557) und Giordano Bruno (1548 bis 1600) gelang es ebensowenig wie ihren zahlreichen Vorgängern in der Antike.

Die Beziehung zwischen der Kante eines gegebenen Würfels und der eines zweiten mit doppeltem Volumen entspricht dem Verhältnis $1:\sqrt[3]{2}$. Damit reduziert sich die Diskussion um das »Delische Problem« auf die Frage, ob der Aufgabe $\sqrt[3]{2}$ mit Zirkel und Lineal beizukommen ist oder – da es sich um eine »irrationale« Zahl handelt – eine algebraische Lösung zu suchen ist.

Casanova war durchaus bekannt, daß das Problem nach der Kenntnis seiner Zeit nur mit Hilfe höherer Mathematik zu lösen war. Für sein in klassisch-humanistischen Traditionen verankertes Denken stellte dies jedoch einen Stilbruch dar. König Minos hatte vor zweitausend Jahren ein scheinbar sehr einfaches Problem vorgegeben – die Antwort mußte denn auch mit entsprechend »klassischen« Mitteln gefunden werden. Betrachtungen zur Irrationalität gewisser Zahlen empfand Casanova als Verstoß gegen die Spielregeln von einst; er hielt an seinem Glauben an »klassische« Antworten auf »klassische« Fragen unverrückbar fest.

Für die Anhänger von Gottfried Wilhelm, Freiherr von Leibniz (1646–1716) und Sir Isaac Newton (1643–1727) empfand er Herablassung – zu Unrecht, wie sich zeigen sollte; denn die Zukunft gehörte den Nachfolgern dieser beiden großen Mathematiker, die Casanova entsprechend den hinter der Infinitesimal- und Integralrechnung stehenden Gedanken über die Teilbarkeit von Zahlen, Flächen und Körpern verächtlich »Divisibilisten« nannte.

Die Analogie der Auslassungen Casanovas zu ähnlichen Polemiken Goethes, mit der dieser seine Farbenlehre gegen die Anhänger Newtons verteidigte, ist unübersehbar. Casanova verweist die Divisibilisten auf den lebenszeitvergeudenden Holzweg des Nichtwissens:

»...Sie glauben, uns überholt zu haben; wir müssen sie beglückwünschen, wenn sie sich auf dem weiten Weg, den sie sich eröffnet haben, wohler fühlen als wir, aber man glaubt eher das Gegenteil. Sie haben gewaltige Anstrengungen unternommen, um Gewißheit einzubüßen. Doch was werden sie mit ihrem negativen Wissen tun, wenn sie am Ende wissen werden, daß sie nichts wissen. Sie werden wieder umkehren; aber dafür ist das Leben zu kurz.«[1]

Um zu erfahren, daß diesem vermeintlich »negativen Wissen« tatsächlich die Zukunft gehörte, sollte allerdings die Casanova vom Schicksal zugebilligte Lebensspanne nicht ausreichen.

»...Die Verdoppelung des Würfels ist, wie man sagt, eine Gleichung dritten Grades. Aus diesem Grunde waren die Geometer, die dieses Problem lösen wollten, zur Anwendung von Kurven genötigt, die man allzu ausgeklügelt finden wird...«[2]

An die neue Mathematik und an die Anwendung

»ausgeklügelter« Kurven mußte man sich eben gewöhnen. Casanovas anmaßende Annahme, er habe als erster die »klassische« Lösung gefunden, war falsch.

Die Frage, warum das Schicksal gerade ihn ausersehen haben sollte, eine seit Jahrtausenden gesuchte Lösung einer antiken mathematischen Aufgabe zu finden, muß Casanova bei aller Anmaßung doch selbst irritiert haben, denn natürlich war er nur Dilettant und kein Fachgelehrter und so gab er durchaus zu, »... daß ich ein Sektierer bin, den die neue Geometrie mit einer gewissen Verachtung Indivisibilisten nennt...«[3] So bezeichnete man Mathematiker, die den Gedankengängen von Leibniz und Newton feindlich gegenüberstanden. Auch Casanova war es bewußt, daß sein schlichter Lösungsvorschlag eigentlich schon größeren Mathematikern hätte kommen müssen. »... es war ein reiner Zufall, daß Descartes und Newton die Verdoppelung des Würfels nicht fanden... Sie wäre mir nie gelungen, hätte ich dazu Genie gebraucht, das mir die Natur nicht beschert hat...«[4] In der Vorbemerkung zur Veröffentlichung legt er dar, »... daß tiefschürfendes Wissen bei einer derartigen Entdeckung leicht hinderlich sein kann...«[5]

Seine Formel lautet: »... Wie groß immer ein Würfel sein mag, man wird ihn sogleich verdoppeln, wenn man seine Seitenlänge in 364 Teile teilt und dazu noch 94 Teile hinzufügt...«[6] Casanovas Ableitung zu dieser scheinbar verblüffend einfachen Lösung des »Delischen Problems« sei anhand seiner Figuren und Erläuterungen gesondert dargestellt. In seiner Begeisterung versteigt er sich zu Bombastischem in durchaus »klassischer« Diktion: »... Damit leuchtet eine Fackel Euklids auf dem Altar der Wahrheit...«[7] und »... Es sei mir also die Hoffnung gestattet, daß in Zukunft die Frage nach der Verdoppelung des Würfels nicht mehr gestellt zu werden braucht...«[8]

Diese Hoffnung trog. Zwar liefert Casanovas Lösungsvorschlag eine recht gute Annäherung an den idealen Wert der verdoppelten Kantenlänge, ist aber tatsächlich doch eine Winzigkeit zu klein. Den Anforderungen des Königs Minos hätte das Ergebnis wahrscheinlich durchaus genügt, aber einmal war dieser schon lange tot und zum anderen war es eben doch nicht ganz exakt, stellte mithin auch keine echte Lösung für die $\sqrt[3]{2}$ dar.

Sir Isaac Newton (1643–1727) wirkte als Physiker und Mathematiker. Er entwickelte die Fluxionsrechnung, eine Art Infinitesimalrechnung. Seine alchemistischen, naturphilosophischen und mystisch-theologischen Betrachtungen lassen eigentlich erwarten, daß er mehr Eindruck auf Casanova gemacht hätte.

Casanovas Betrachtung zur Verdoppelung des Würfels sprengt den Rahmen der mathematischen Auseinandersetzung bei weitem – sie transportiert seine gesamte Naturphilosophie in einundzwanzig ergänzenden Paragraphen. »§ 1 Grösse« erläutert: »... Die Mechanik ist, wie schon ihr Name sagt, die Grundlage aller Naturphilosophie... der kleinste Teil des Ortes oder des Raumes ist das Atom, und das Atom ist mit dem physikalischen Punkt gleich. Demnach sind der Augenblick, das Atom und der Punkt im gleichen Sinn unteilbar... Der Raum und die Zeit sind abstrakte Dinge, die nur in der Vorstellung existieren. Es ist deshalb unmöglich, sich die Existenz der Zeit vor der des Menschen vorzustellen oder etwa die des Raumes vor dem Menschen, der ihn angesichts der Materie begriffen hat, denn die Materie kann nur im Raum sein, genau wie der Raum nicht ohne Materie existieren kann...«[9] Es bewegt ihn also die Frage, ob Natur außerhalb der Vorstellungswelt des Menschen überhaupt existent sei. Auch die Atomistik klassischer Autoren behagt ihm nur bedingt: »... Die Vernunft muß über die Philosophie des Lukrez lachen, wenn darin von ungestalten, viereckigen, länglichen, hakenförmigen Atomen die Rede ist. Kann, wer über einen gesunden Menschenverstand verfügt, sich einen länglichen, oder hakenförmigen unteilbaren Körper vorstellen? Bei Betrachtung eines regelmäßigen Körpers begreift man sogleich, daß er nicht in zwei geteilt werden kann, ohne seine Form zu verlieren, und daß seine Regelmäßigkeit von seiner Unteilbarkeit nicht zu trennen ist. Der kleinste Körper muß also unteilbar sowohl in Bezug auf seine Masse wie in Bezug auf seine Form sein...«[10]

Casanova vermag sich nicht von antiken Vorstellungen zu lösen. Ganz zwangsweise nimmt er an, daß sich Atome jeweils voll und ganz berühren müssen, was beispielsweise Kugeln nicht zu lei-

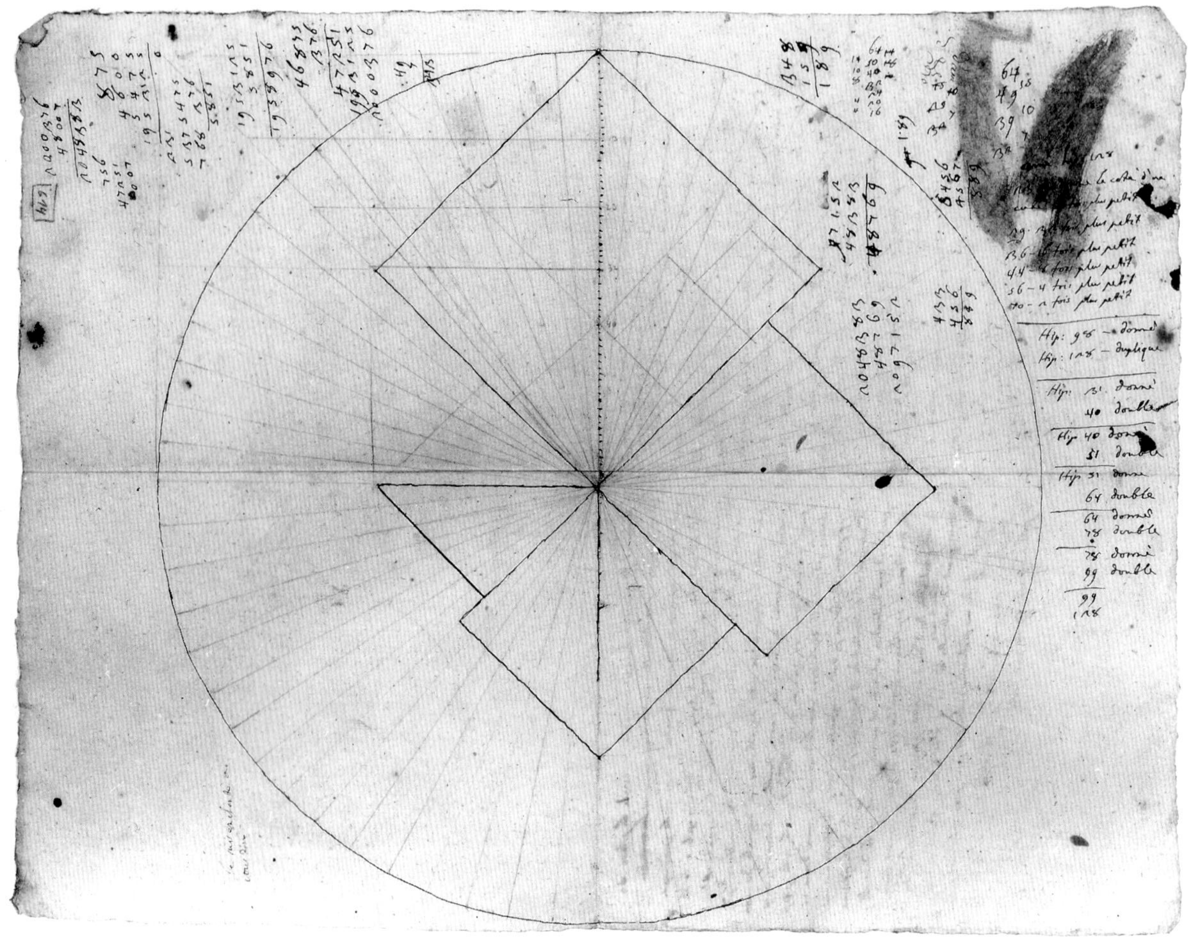

Konstruktionszeichnung Casanovas zur Verdoppelung beziehungsweise Vervier-, ja sogar Verachtfachung des Würfels.

sten vermögen: »... Der kleinste Körper wird also ein Würfel sein ...«[11]
»§ 4« beschäftigt sich mit dem Gleichgewicht, dessen Wirken in der Natur Casanova vorzugsweise in der Medizin beobachten zu können glaubt. Doch gerade in diesem Kapitel bricht unvermittelt seine Skepsis hervor: »... Es kann sein, daß es keinen Ausgleich zwischen einem Kreis und einem Quadrat gibt, ebensowenig wie zwischen dem Feuer und dem Wasser, dem Ehrgeiz und der Gerechtigkeit und manchmal auch zwischen der Philosophie und der Theologie.«[12]
Nur dem denkenden Menschen ist die Fähigkeit vorbehalten, Geometrie zu treiben: »... Man könnte den Menschen als ein Wesen definieren, das Abstraktionen zu bilden vermag, denn diese können ihren Ursprung nur in der Vernunft haben, die darin ihre ganze Kraft zeigt. Die Geometrie als Wissenschaft gründet sich nur auf Abstraktionen ...« und: »... Die geometrische Wahrheit spricht für sich selbst ...«[13]
Auch in der Naturwissenschaft ist Casanova ein unverbesserlicher Optimist: »Es gibt in der Natur keine Wahrheit, die sich unserer Vernunft entzieht, und es gibt nichts Verborgenes, in das die Vernunft nicht zu Recht mittels der Analyse, der Mutter aller Wissenschaften, eindringt. Sie täuscht sich zwar gelegentlich, ihre Fehler sind aber nie unüberwindbar; unüberwindbar werden sie erst dann, wenn sie überzeugt ist, sich nicht täuschen zu können ...«[14]
Casanova wäre nicht er selbst, wenn er seinen Optimismus nicht an der eigenen Lebenserfahrung und der durch analytische Beobachtungsgabe gewonnenen Skepsis wieder brechen würde: »... Es gibt überall Grenzen, vor denen unser Verstehen haltmachen muß; die Wissenschaft kann sie nicht überspringen, sie hat nur die Kraft, sie zurückzudrängen. Der Philosoph, der Wahrheit kennt und sie lehrt, verdient Anerkennung; er ist aber zu tadeln, wenn er den Irrtum schlechthin auszurotten versucht, weil der Irrtum für alles Glück, dessen das Menschengeschlecht fähig ist, nötig ist. Was will dieser Philosoph an die Stelle des Irrtums setzen? Die Wahrheit? Der Mensch kann sie nicht ertragen, denn sie schmeichelt ihm nicht. Wer sie kennt, muß sie sogar verbergen oder abschwächen, denn sie bringt ihm Verfolgung.«[15]
Auch der Fragwürdigkeit menschlichen Wissensdurstes ist sich Casanova durchaus bewußt: »... Meine Entdeckung ist eher interessant als nützlich, denn die Welt, die sich diese Gewißheit seit so vielen Jahrhunderten hat entgehen lassen, würde auch in Zukunft ohne sie auskommen und nicht im geringsten unglücklicher werden.«[16]

»... Wie beklagenswert sind die, die in der Freude ein Verbrechen sehen ...«

Späte Rache eines Weltmannes an den Sophismen der Kirchenväter

1788 erschien ein fünfbändiger, in Französisch geschriebener Roman mit dem zeitgemäß barocken Titel »Ikosameron oder die Geschichte von Eduard und Elisabeth, die einundachtzig Jahre bei den Megamikren, den Urbewohnern des Protokosmos im Innern unserer Erdkugel verbrachten. Aus dem Englischen übersetzt von Jacques Casanova ...« Er gab sich also nur als Übersetzer eines Berichtes aus, dessen Verfasser er in Wahrheit war. Der Gedanke zu diesem Werk war ihm bereits Jahrzehnte zuvor gekommen, als er vergeblich versuchte, eine Anstellung am Hofe Friedrichs II. zu erlangen. »... In Berlin habe ich dann im Jahre 1764 drei Monate verbracht, ohne jemanden zu sehen, habe dort die ›Sonnenstadt‹ von Campanella[1], ›Utopia‹ von Morus[2], ›Nouvelle Atlantide‹ von Bacon[3] und die ›Theodicée‹ von Leibniz[4] gelesen. Ferner die ›Unterirdische Welt‹ von Kirchner[5]. Diese« – für nur drei Monate höchst beachtliche – »... Lektüre ließ in mir den Wunsch reifen, einen philosophischen Roman in Prosa zu schreiben, um die Freiheit zu haben, alles, was ich sagen wollte, sagen zu können, und den Ort der Handlung so zu wählen, daß niemand zu ihm dringen konnte ...«[6]

Doch es vergingen beinahe zwei Jahrzehnte, bis Casanova diesen Roman zu schreiben begann. In einem Brief aus Wien vom 25. April 1785 läßt er seinen Freund Max Joseph, Graf von Lamberg (1729–1792), wissen: »... Es sind drei Jahre her, daß mich, als ich in Venedig war, die Lust packte, mich zum Schöpfer einer neuen Welt aufzuwerfen, eines neuen menschlichen Geschlechts, eines neuen Gesetzbuches, einer guten Religion, einer andern Art und Weise der Ernährung, des Wohnens, des Zusammenlebens, der Fortpflanzung ... Ich habe meinem Roman ganz den Charakter der Weisheit gegeben; denn meine Welt ist nicht aus den Wolken gefallen, sondern sie ist wirklich. Sie befindet sich im Mittelpunkt dieses Erdballs ...«[7]

Zu Casanovas Zeit stand die utopische Literatur in ausgesprochen üppiger Blüte, ganz besonders Reisebeschreibungen in fiktive Länder. Er selbst nennt berühmte Werke, doch verschweigt er, welches Buch im besonderen – »aus den Wolken fallend« – ihn zur Schöpfung seiner »wirklichen« Kontrawelt anregte. Eine Vermutung sei gewagt: Der ehedem enthusiastische Verehrer Voltaires war von diesem bitter enttäuscht worden, weil er ihm für die – wie Casanova meinte – besonders kongeniale Übersetzung eines seiner Dramen keinerlei Dank zuteil werden ließ. Casanova nahm dies fortan übel und griff das einst so bewunderte Weltbild Voltaire bei jeder sich bietenden Gelegenheit vehement an. So könnte es auch zu diesem Roman gekommen sein, der ja in der utopischen Welt der »Megamikren«, der »Großkleinen«, spielt. Voltaire hatte nämlich bereits 1752 die naturphilosophisch-utopische Erzählung »Der Mikromegas des Herrn von Vol-

Der italienische Dominikaner Tommaso Campanella (1568 bis 1639), der englische Staatsmann Sir Thomas More (1478 bis 1535), der Jesuit Athanasius Kircher (1601 bis 1680) und der englische Staatsmann Francis Bacon (1561 bis 1626) waren Casanovas Leit- und Vorbilder für seinen Roman.

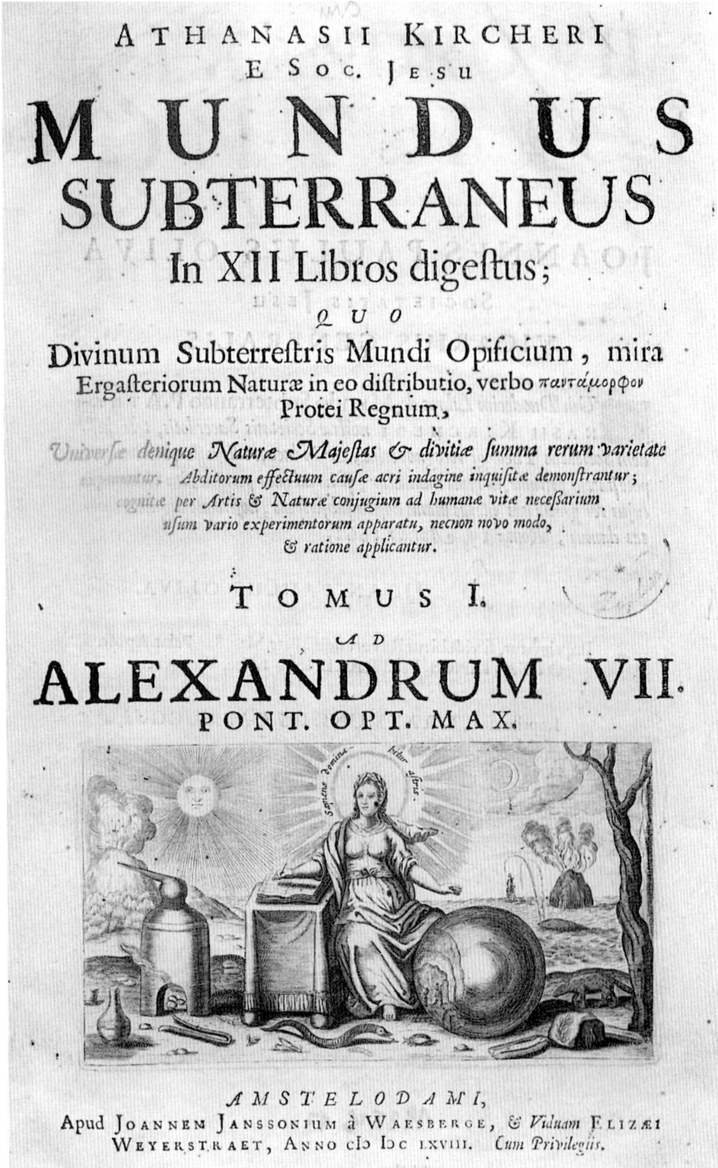
ATHANASII KIRCHERI
E SOC. JESU
MUNDUS SUBTERRANEUS
In XII Libros digeſtus;
QUO
Divinum Subterreſtris Mundi Opificium, mira Ergaſteriorum Naturæ in eo diſtributio, verbo παντάμορφον Protei Regnum,
Universæ denique Naturæ Majeſtas & divitiæ ſumma rerum varietate exponuntur. Abditorum effectuum causæ acri indagine inquiſitæ demonſtrantur; cognitæ per Artis & Naturæ conjugium ad humanæ vitæ neceſſarium uſum vario experimentorum apparatu, necnon novo modo, & ratione applicantur.
TOMUS I.
AD
ALEXANDRUM VII.
PONT. OPT. MAX.

AMSTELODAMI,
Apud JOANNEM JANSSONIUM à WAESBERGE, & Viduam ELIZÆI WEYERSTRAET, ANNO cIↄ Iↄc LXVIII. Cum Privilegiis.

Athanasius Kircher, ein hochgebildeter, aber allzu phantasiereicher Gelehrter, faßte 1665 in den beinah tausend Seiten seines Monumentalwerkes »Mundus subterraneus...«, dessen Titelblätter hier abgebildet sind, das – vermeintliche – geologische Wissen seiner Zeit zusammen. Mit erstaunlicher Detailvielfalt beschreibt er das bis dahin völlig unbekannte Erdinnere. Sein barocker Phantasiereichtum ließ Kircher zu einem der Lieblingsautoren Casanovas werden.

taire« veröffentlicht, in welcher »ein Bewohner der Sternenwelt Sirius« – also ein »Klein-Großer« – zum Planeten Saturn reist. Je ein Sirius- und Saturnbewohner begeben sich von dort zur Erde, wo sie allerlei Naturwissenschaftliches und Politisches erleben, das ihnen merkwürdig vorkommt. Insbesondere gewinnen sie einen schlechten Eindruck von den kartesianischen Anschauungen in der französischen Akademie der Wissenschaften, die sie genauso lächerlich finden wie Voltaire selbst. Diese Erzählung ist kurz und vergnüglich. Es muß Casanova gereizt haben, dem einstigen Vorbild ein ähnliches, aber weit ausführlicheres und geistreicheres Werk entgegenzusetzen. »... Als theologisch gebildeter Philosoph ...«[8] – so interpretiert er sich in der Widmung an Graf Waldstein – machte er sich an eine gewaltige Sisyphusarbeit. Geradezu abenteuerlich belesen, wie er war, stand ihm eine Fülle von Anregungen zu Gebote: »... Plato[9], Erasmus[10] ... und Nikolas Klimius[11] haben mich dazu angeregt ...«[12] Welche Spannbreite – von berühmten Staatsutopien bis zur satirischen »Unterirdischen Reise« von Niels Klims aus dem Jahre 1741! Zeitgenössischen Kritikern und auch späteren Literaturhistorikern gelang es allerdings nicht, Casanova größere Entlehnungen aus früheren Werken nachzuweisen. »Eduard und Elisabeth«, ein in jeder Hinsicht phantastischer Roman, entstand als gewaltiges Denkspiel nahezu ausschließlich im Kopf seines Verfassers. In einer späteren Verteidigungsschrift behauptet Casanova: »... Was mich dazu zwang, dieses Werk der Öffentlichkeit vorzulegen, war die Behauptung eines Gelehrten, der menschliche Geist sei nicht mehr in der Lage, etwas vollkommen Neues hervorzubringen. Ich habe mein Werk publiziert, um ihn von seinem Irrtum zu überzeugen ...«[13] So entstand ein Buch von einzigartiger Originalität. Allerdings überfordert Casanova seine Leser von Anbeginn. Zum wirklichen Genuß der fünf Bände gehört neben Ge-

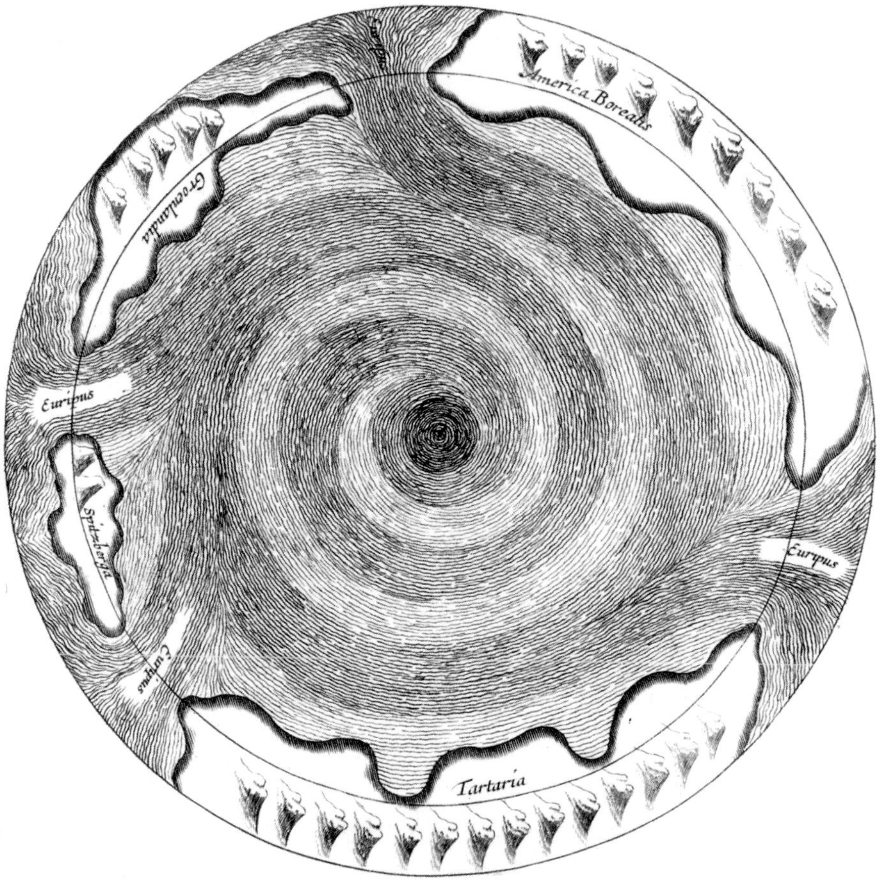

Selbst der flüchtige Blick in Kirchers »Mundus subterraneus« offenbart die zahlreichen Anregungen zur Handlungsvorlage von »Eduard und Elisabeth«. Casanovas Romanschiff sollte die Küste von »Tartaria« entlangsegeln. Kircher glaubte zu Recht, daß es am Nordpol kein Land gäbe. Der vermeintliche Wasserwirbel blieb fiktiv, die »Polartrift« mag die These begünstigt haben.

duld ein ziemlich gut gerüttelt Maß an Kenntnissen aus fast allen Bereichen menschlicher Kultur und deren Geschichte und vor allem die Fähigkeit, die heimtückisch-fröhlichen Vexierspiele des Autors zu erkennen und sich daran zu freuen. Schon der umfängliche Widmungstext an seinen Wohltäter Graf Waldstein enthält neben Erläuterungen zum Roman Zwiespältiges: »... Ihr seid der einzige Mensch auf dieser Welt, der darauf bedacht war, Anfang September 1785 meine Irrfahrt zu beenden, indem Ihr mir die Pflege Eurer schönen Bibliothek anvertrautet...«[14] Zum Dank gesellt sich dann wieder Boshaftes: »... Ihr habt weder den Hang, Euer Gut unter die Armen zu verteilen, noch die Neigung, aus Eifer für die Religion oder aus Begeisterung für das Vaterland zu sterben...«[15] Damit ist der irritierende Grundakkord des Romans angeschlagen. So ganz erfährt der Leser nie, woran er ist, denn keineswegs ist Verlaß darauf, ob dem Verfasser gerade zu trauen ist oder ob man ihm nur auf einen besonders raffiniert zubereiteten Leim kriecht. Schon in der episch breiten Vorbemerkung mit dem durchaus befremdlichen Titel »Wörtliche Auslegung der drei ersten Kapitel der Genesis«[16] wird dies deutlich. Einerseits bekennt Casanova: »... ich bin von meinem Wesen her ein Ehrenmann und durch die Gnade Gottes ein der römischen Kirche gehorsamer Christ. Auch bin ich alt und ganz durchtränkt von der Lektüre der Kommentatoren...«[17] Wenngleich an den beiden letzten Feststellungen nicht zu deuteln ist, gerät der aufmerksame Leser über die besondere Gnade Gottes dieses Falles zu zwiespältiger Auffassung, wenn sich die folgende Erörterung als herbe Parodie theologischer Wissenschaft erweist – übrigens das weitaus Witzigste, das Casanova je verfaßt hat. Trickreich nutzt er Widersprüche im Text der Genesis, von der er aber dreist behauptet, man müsse sie wörtlich nehmen: »... Moses kann nicht einer jener Schriftsteller gewesen sein, wie es unsere heutigen sind, die über etwas erst nachdenken, nachdem sie es geschrieben haben...«[18], um dann eine kleine Ungenauigkeit der Bibel zur Basis seines Romans zu machen.

Bemerkenswerte Ungeheuer bevölkerten außen wie innen Kirchers Welt und gaben wohl die entsprechenden Impulse zu den Wesen, die die Roman-Protagonisten Eduard und Elisabeth bedrohen.

Um Eduard und Elisabeth im Innern einer Bleikiste ins Erdinnere zu expedieren, bemüht Casanova den legendären »Maelstrom«, jenen höchst fürchterlichen Wasserwirbel, der nach einem zählebigen Seefahrergerücht Schiffe vor der Küste Nordnorwegens bedrohte. Seine bloße Phantasieexistenz ließ ihn zu einem bevorzugten Sujet in der Literatur werden, er wurde öfters bemüht, auch von E. A. Poe.

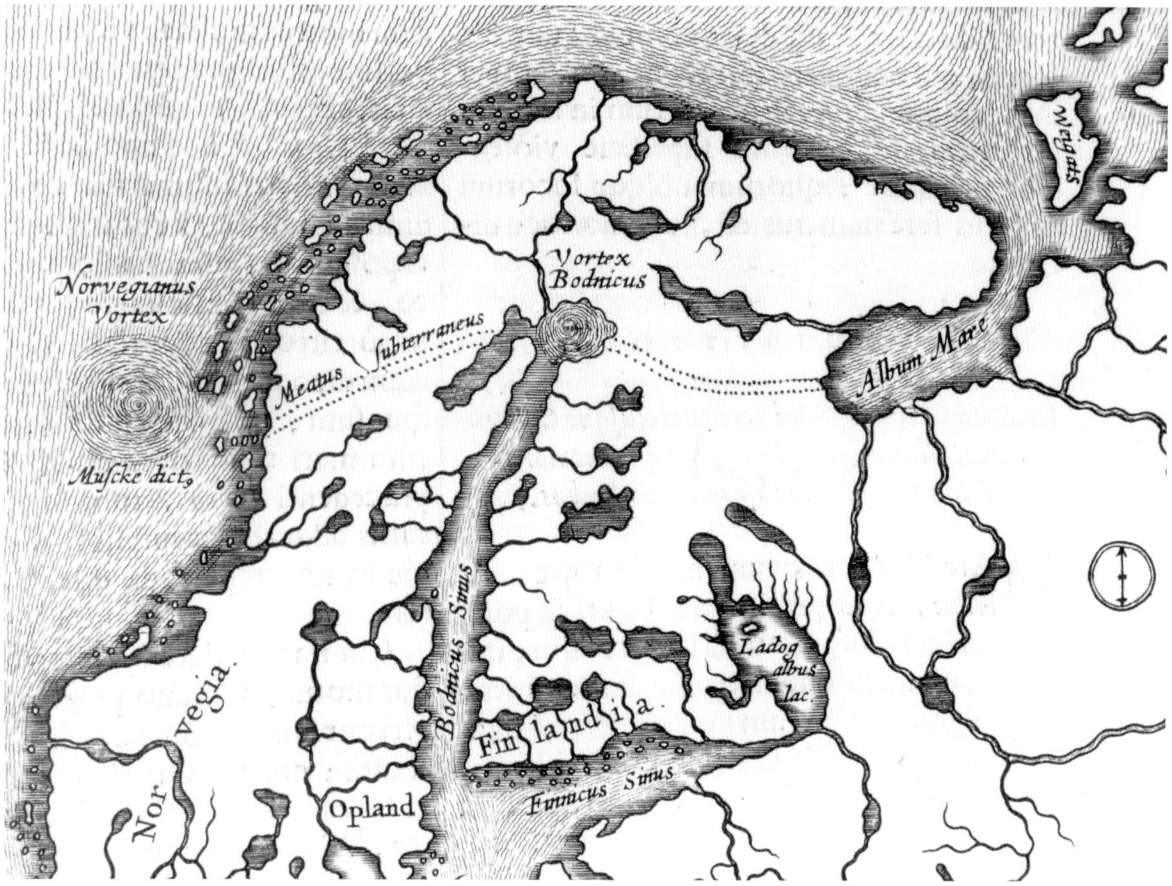

»... Er [d. h. Admiral Howard] wollte das Nordcap umschiffen und den Weg nach Nowaja Semlja einschlagen; doch starke Gegenwinde, die acht Tage anhielten, trieben uns aus dem Meer großer Eisschollen zurück und legten sich erst in der Nähe der norwegischen Küste, wo uns eine Windstille festhielt. Wir lagen zwischen der kleinen Insel Vaerö und den südlichen Lofoten auf achtundzwanzig Grad Länge und achtundsechzigeinviertel Grad Breite. Am Morgen des 20. August sahen wir uns plötzlich von einer Strömung ergriffen, die uns mit unerbittlicher Macht in die Tiefe zog. Niemand von der Besatzung zweifelte mehr an der unmittelbaren Todesgefahr, in der wir uns befanden; ein einziger fürchterlicher Schrei ertönte: der Maelstrom, der Maelstrom. So heißt dort eine große Meeresfläche von sechs Meilen Umfang, in deren Mitte ein Felsen mit Namen Muska aufragt. Dort ist ein Strudel mit einem so starken unterirdischen Sog, daß er alle festen Körper verschlingt, die in seine Nähe kommen.
Bei dem schreckenerregenden Ruf stand Elisabeth neben mir auf dem Oberdeck ganz nahe an der Reling, an der eine Bleikiste festgezurrt war, die ein alter Seeoffizier auf allen seinen Reisen mit sich führte. Er sagte immer, diese Kiste solle sein Sarg sein, falls er auf See an irgendeiner Krankheit sterben müsse ...«

»Eduard und Elisabeth« Band I, Seite 162

Die beiden Hauptfiguren nun, die Geschwister Eduard und Elisabeth, Kinder aus gutem Hause, zwölf und vierzehn Jahre alt, nehmen 1533 aus reinem Wissensdurst an einer Nordmeerfahrt teil, in der die Nordostpassage gesucht werden soll. Für Casanova war dies sicher ein höchst unvertrauter Handlungseinstieg, denn ihm selbst kam nie in den Sinn, an Entdeckungsreisen teilzunehmen. Schließlich erfährt man aber trotz aller persönlichen Unerfahrenheit auch von ihm, wie gefährlich Forschungsreisen sind. Das Schiff gerät in den »Maelstrom«, wird in die Tiefe gerissen und vom strudelnden Meer verschlungen. Die beiden Kinder retten sich in eine zufällig vorhandene und ebenso rein zufällig ziemlich aufwendig mit notwendigen Überlebens- und Handlungsutensilien – von Fernrohren bis zu mathematischen und chirurgischen Geräten – ausgestattete Bleikiste. Dieses Wunder verdanken sie einem spleenigen – und wohl deshalb auch englischen – Seemann, der ursprünglich

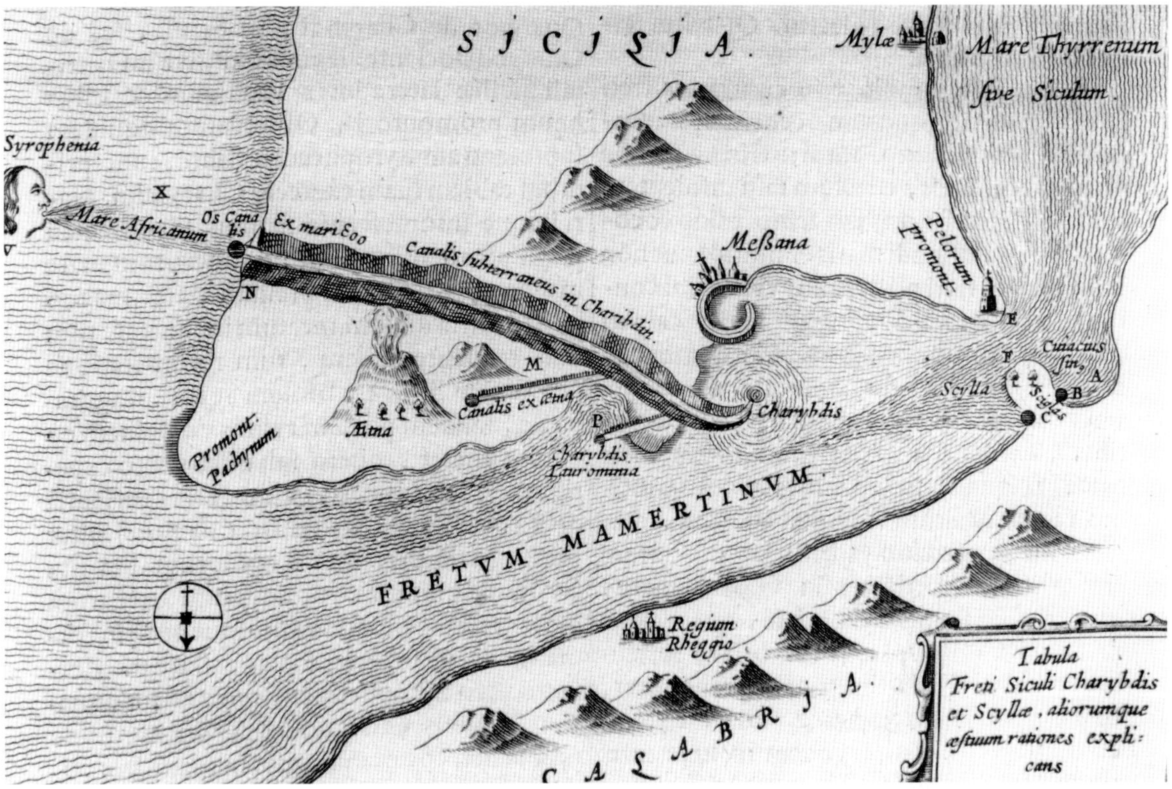

Das vergleichbar Außergewöhnliche von Naturphänomenen zu erörtern, war für A. Kircher von zwingend logischer Attraktion. So wähnte er auch für »Scilla und Charybdis« an der Südküste Siziliens im Tyrrhenischen Meer korrespondierende physikalische Gegebenheiten in Gestalt unterirdischer Kanäle. Auch den nördlichen Teil Norwegens in Höhe der Lofoten dachte er sich durch einen »Meatus subterraneus« untertunnelt (unten).

Kiste nebst Einrichtung als seeungeheuersicheren Supersarg beschafft hatte. In der Welt des 18. Jahrhunderts gab es nur eine Nation, die solcher Merkwürdigkeiten fähig war: »... Da ich mich entschlossen hatte, eine Reise in das Innere der Erde zu unternehmen ... und da ich nicht das Glück hatte, als Engländer auf die Welt gekommen zu sein, habe ich zwei Engländer gewählt, die tatsächlich dorthin gelangten und auch zurückkehrten ...«[19]. Freilich überrascht es ein wenig, daß Casanova seinen einzigen großen Roman vor einem gewissermaßen englischen Hintergrund verfaßte.

❛❛ ... Im Innern hatte diese Kiste an jeder der sechs Flächen zwei runde Löcher von der Größe einer Guinee ... und in jedem Loch steckte ein acht Zoll langes Fernrohr ... In der Kiste waren ferner an beiden Längsseiten je zwölf Taschen aus Saffianleder angenagelt ... Zwölf davon enthielten Flaschen, sechs mit gutem Wasser und sechs mit Branntwein gefüllt, die anderen zwölf einen Kompaß, einen Atlas, eine lateinische Bibel, zwei Paar Pistolen, Pulver, Kugeln, mathematisches und chirurgisches Gerät ..., chinesische Tusche, eine Büchse Pastellfarben und große und kleine Pinsel. In der Ecke der Kiste stand ein Magnet von solcher Größe, daß wohl noch niemand je einen größeren gesehen hat ... ❜❜

»Eduard und Elisabeth« Band I, Seite 163 und 164

Die Abbildungen in Kirchers Werk illustrieren Casanovas Roman unmittelbar. In »Mundus subterraneus« finden sich auch die Wasserschlünde, die Eduard und Elisabeth unfreiwillig in ihrem U-Boot-ähnlichen Bleisarg durchqueren müssen.

Unten rechts: Im Gegensatz zu Kirchers Imagination ist das Weltinnere bei Casanova eine große Hohlkugel mit einer in ihr schwebenden Zentralsonne.

Dank dem Maelstrom stürzt die Kiste tief ins Erdinnere, durchquert auf geheimnisvollen unterirdischen Feuer- und Wasserströmen die Erdkruste und strandet in der Welt der »Megamikren« – jener kleinen, bunten und liebenswerten Zwergverwandten, die, vernunftbegabt und seelenvoll, von einer Menschheitsstufe – und dies ist die theologische Sensation – vor dem Sündenfall abstammen. In einer ungewöhnlich scharfsinnigen und reichlich doppelbödigen Exegese der biblischen Schöpfungsgeschichte »beweist« dies Casanova glaubhaft als im Einklang mit der Lehre der Kirche stehend. Nach seiner Darlegung ist das irdische Paradies im Innern der Erde bevölkert von der »Vorform« des Menschen, einem androgynen Wesen, das mitsamt seinen Nachkommen dort bleiben durfte, wohingegen unsere geschlechtlichen Stammeltern dank der Story mit dem Apfel – von Casanova himmlisch kommentiert – vertrieben wurden. Ganze Maler-

❞ ... Der Umfang der Megamikrenwelt beträgt 21 380 geometrische Meilen, sein Durchmesser ungefähr 6690, dieser Durchmesser ist um 184 Meilen kleiner als der unsere am Äquator gemessen. Sie fanden, daß die mit dem Fernrohr festgestellten Punkte 1344 geometrische Meilen voneinander entfernt waren. Daraus ermittelten sie einen Durchmesser der Sonne von 672 Meilen und ihren Radius zu 336 Meilen. Die Entfernung vom Mittelpunkt der Sonne bis zum Boden beträgt demnach 3395 Meilen; diese muß man um 336 Meilen des Radius verringern, dann bleiben 3059 Meilen, was neun Radien und fünfunddreißig Meilen entspricht. Der Durchmesser des Gestirns ist also der zweiunddreißigste Teil des Umfangs ihrer Welt ...
Der Rauminhalt dieser Welt beträgt 164 187 496 200 Kubikmeilen, ihre Oberfläche 145 170 200 Quadratmeilen. Die achtzig Königreiche und zehn Republiken verfügen jede über ein Gebiet von 1100 Meilen in der Länge und Breite, was einer Fläche von 1 210 000 Quadratmeilen entspricht; die restlichen sechsunddreissig Millionen Quadratmeilen sind in zweihundertsechzehn große und kleine dreieckige Lehen eingeteilt ... ❞

»Eduard und Elisabeth« Band I, Seite 220

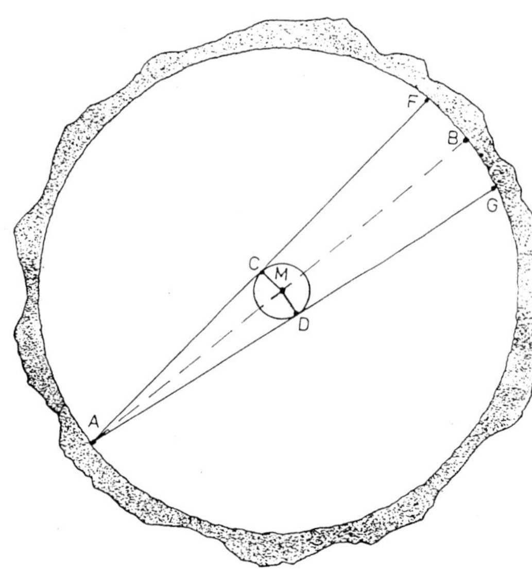

1638 hatte A. Kircher von einem vorübersegelnden Schiff aus einen verheerenden Ausbruch des Stromboli und den Untergang der Stadt St. Euphemia miterlebt. Unter diesem traumatischen Aspekt ist die große Rolle des Vulkanismus in seinen Werken zu verstehen.

generationen werden an dieser Stelle wegen ihrer Darstellung der Stammeltern mit Bauchnabel getadelt, da ein frisch geschaffenes Menschenpaar dieses »Organs« doch wohl nicht bedurfte. Dieser ganz phantastisch-hypothetische Überbau ist offensichtlich eine späte Replik auf die Dogmenhaftigkeit einstiger Studien an den Priesterseminaren auf Murano und in Venedig. In scheinheiliger Doppelbödigkeit treibt Casanova nun fröhlich seine blasphemischen Scherze.
Die beiden jungen Engländer sind an bemerkenswerte Wesen geraten: »... Die Megamikren schenken ihre ganze Aufmerksamkeit der Pflege der schönen Künste, und die beliebtesten Studien dieser glücklichen Sterblichen sind die Naturwissenschaften, die erhabene Geometrie, die Mechanik und die Jurisprudenz; alle sind aber zugleich Geographen und Musiker ...«[20] Alle Megamikren leben die ihnen fest zugewiesene Lebenszeit von hundertsechsundneunzig Ernten, nach dieser Zeitspanne vergehen sie, ohne zuvor gealtert zu sein. Mit völlig anderem Zeitrhythmus verbringen Eduard und Elisabeth nun einundachtzig – oberirdische – Jahre in überaus fruchtbarer Geschwisterehe in dieser fast paradiesischen Welt, die schließlich dank Eduards unbedingt fortschrittsgläubigem, zupackendem Handeln eine tiefgreifende gesellschaftliche und technische Umgestaltung erfährt. Die Welt der Megamikren ist das Paradies – aber eben doch ein irdisches: »... Die Megamikren ... haben auch ihre Fehler, die dem Mißbrauch der Leidenschaft entspringen ...«[21] So kommt es in ihrer ständisch gegliederten Welt – die einzelnen sozialen Schichten unterscheiden sich durch ihre Hautfarbe, was Casanova offenbar recht praktisch findet – zu politischen Schwierigkeiten. Eduard und Elisabeth, die »Giganten«, und ihre ebenso gigantischen Nachkommen gewinnen entscheidenden Einfluß. Am Modell dieses fiktiven politischen Kosmos legt Casanova seine konservative Haltung dar. Ihm, dem lebenslang bürgerlichen Nutznießer des »Ancien Régime« – fast schon dessen Schmarotzer – lag dies ganz ungeheuerlich am Herzen. Republikanische, demokratische oder gar revolutionäre Bestrebungen waren ihm aus tiefstem Herzen zuwider. Auch in der Welt der Megamikren läßt er Republiken

Es könnte durchaus Kirchers Größenvergleich angeblich entdeckter Knochen besonders groß- und kleinwüchsiger Menschen gewesen sein, der Casanova anregte, die »Megamikren« zu erschaffen.

Bei allem Reichtum an Phantasie konnte auch A. Kircher nicht wirklich exakt vermitteln, wie das Innere der Erde nun genau aussah. So stellte er zwei alternative Möglichkeiten zur Diskussion: Zum einen ein feuriges, mehr oder weniger mit Schmelze angefülltes Zentrum – eine inzwischen weitgehend bestätigte Annahme – und tief ins Erdinnere hineinreichende, mit Wasser gefüllte »Adern« und Blasen. Da das Zentralfeuer der Kircherschen Welt in seiner Glühintensität ab- und zunimmt, wird das Wasser analog dieser Innenweltversion ausgetrieben oder es sickert ein. Andererseits waren nach Kirchers Vorstellung die Vulkane durch Kanäle mit dem feurigen Erdinneren verbunden. Kirchers Alternativmodell ist eine Welt in Art eines Schweizer Käses, in dessen Löchern ewiges Feuer glüht.

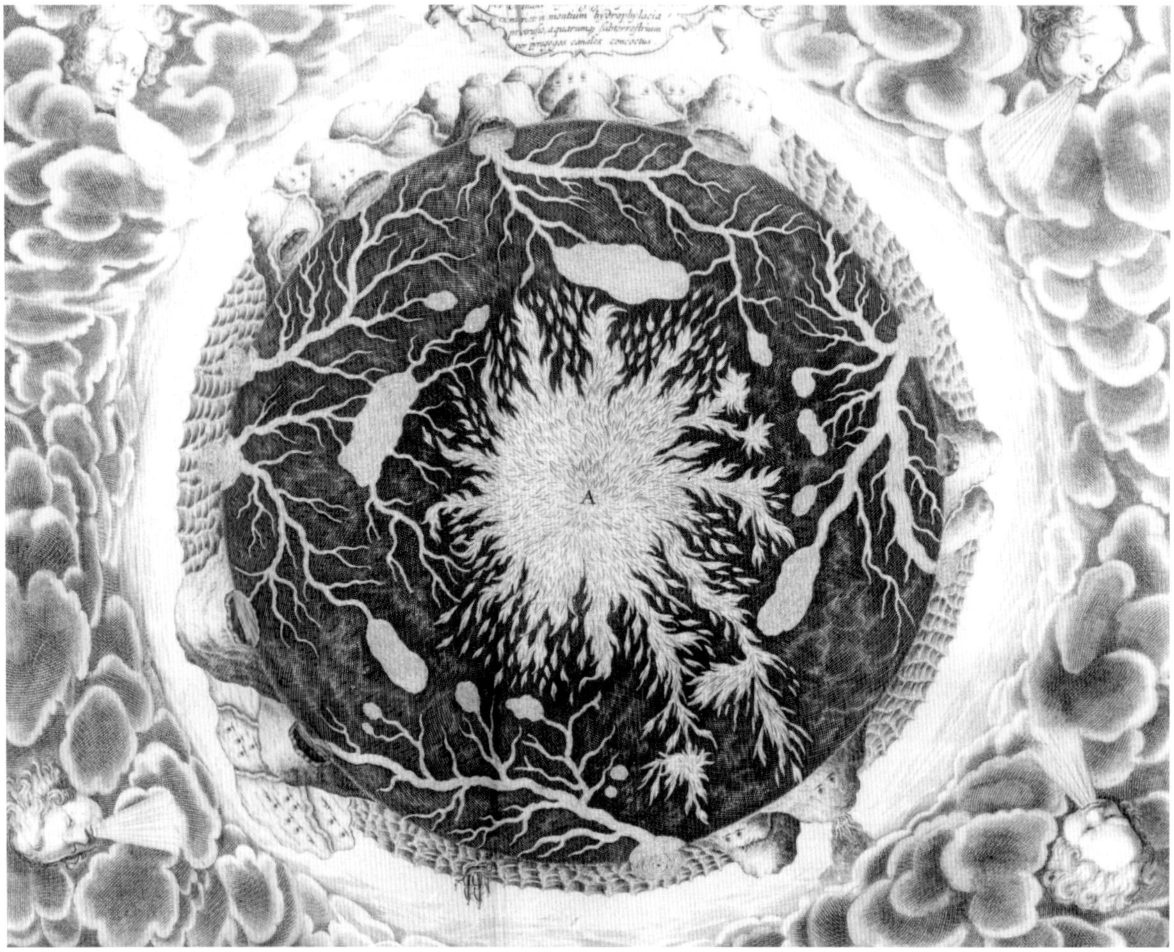

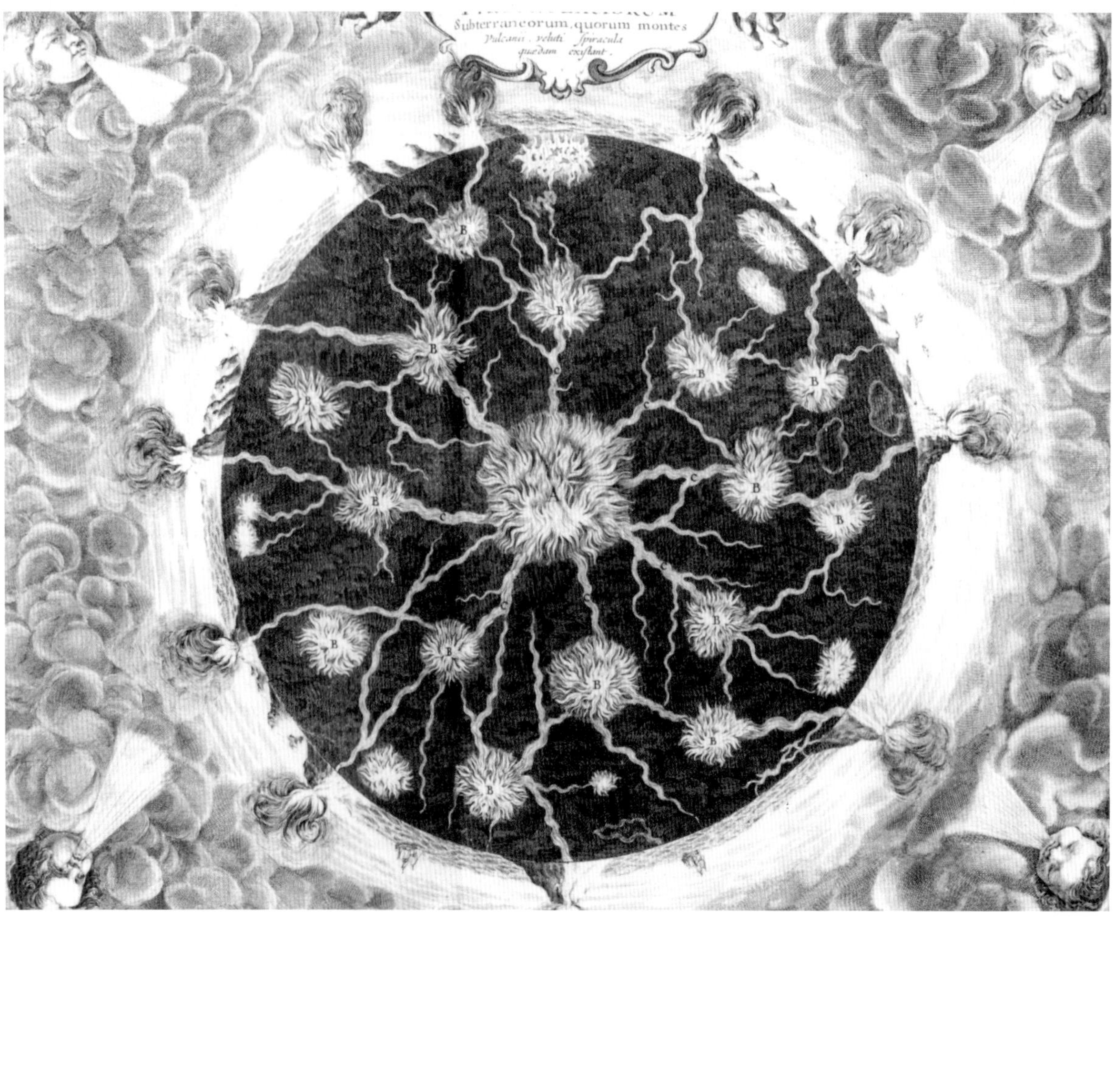

existieren, doch kommen deren Regierungsformen bei ihm um so schlechter weg, je ähnlicher sie seiner Vaterstadt Venedig werden. Der ungeheure Einfluß Eduards und der Seinen auf die Megamikren beruht jedoch gänzlich auf den von der Erdoberfläche mitgebrachten und im Erdinneren erweiterten naturwissenschaftlichen und medizinischen Kenntnissen. Casanova erweist sich hier als bedingungsloser Anhänger eines auf Naturwissenschaft und Technik gegründeten kontinuierlichen Fortschritts. »Technikakzeptanz« oder gar »Technikfeindlichkeit« wären für ihn geradezu widersinnige Begriffe gewesen. (Die bedeutende Rolle von Naturwissenschaft und Technik sei nach der Schilderung der genial trickreichen Rückbeförderung der Geschwister an die Erdoberfläche dargestellt.)

Auch die Wirtschaftswelt der Megamikren hat ihre monetären Probleme, weshalb die Auffindung einer unterirdischen Goldader und das Erschürfen eines Goldbergwerks zu einer freudigen Angelegenheit geraten. Eduard, der das Leben der Megamikren – und nicht nur zu deren Begeisterung – durch die Einführung des Schießpulvers bereichert hatte, unternimmt eine unterirdische Sprengung, bei der er sich hinsichtlich der einzusetzenden Menge Schwarzpulvers wohl ein wenig verschätzt: »... flog das ganze Stück Erde, auf dem wir uns befanden, in die Luft ...«[22]

Beim Flug treten ballistische Besonderheiten auf, die sich durch das Gegeneinanderwirken des Gravitationsfeldes der Zentralsonne im Erdinneren und jenem der Erdrinde ergeben, doch schließlich landen die zwei zusammen mit einem besonders liebenswürdigen Megamikren in einer besonders tiefen und sumpfigen Spalte der Erdrinde und krabbeln unter Erleidung unzähliger Abenteuer – teilweise Dantes Inferno entlehnt – bis zu einem unterirdischen See, der mit der Erdoberfläche nur durch einen Brunnenschacht verbunden ist. Dieser See hat die wundersame geologische Eigenschaft, periodisch anzuschwellen, das Wasser dringt so durch den Schacht und hebt schließlich beim Hochquellen die drei Schwimmer auf die sehnlichst erhoffte Erdaußenseite. Tatsächlich war Casanova eine Landschaft bekannt, in der ein zeitweilig verschwindender See sich zuweilen wieder füllte. Wahrscheinlich hatte er während seines Aufenthaltes in Triest den nicht allzu weit entfernten Zirknitzer See selbst gesehen. Die geologischen Eigenheiten der slowenischen Karstlandschaft lassen hier jahreszeitlich bedingt das Wasser periodisch steigen. Nach einiger Zeit fließt es dann durch Karstklüfte unterirdisch wieder ab. Ein derartiges Gewässer war zur Darstellung der unwahrscheinlichen Reise durch die Erdklüfte naturgemäß sehr geeignet.

Hirten und Mönche nehmen sich der drei an. Der megamikrische Reisegefährte findet auf der Erdoberfläche keine für ihn taugliche Nahrung.

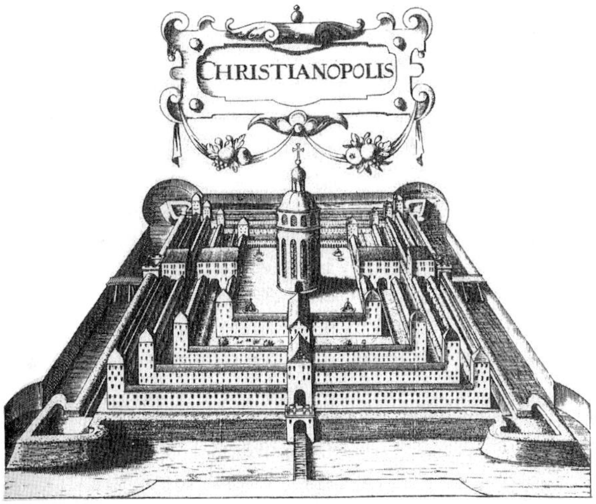

Wie die Menschen des 18. Jh.s waren auch die Megamikren im Erdinneren Anhänger eines Architekturideals mit streng symmetrischen Grundrissen. Die Salinenstadt Arc-et-Senans – untere Abbildung – wurde von Cl. N. Ledoux (1736–1806) teilweise gebaut. Casanova kannte sicher die Idealstadt »Christianopolis« – obere Abbildung –, die J. V. Andreä (1586–1654) in seinen das Rosenkreuzertum begründenden Werken vorgestellt hatte.

> ❞ ... Die Erfindung des Pulvers beweist so recht das göttliche Genie des Menschen; ich weiß, daß der Zufall viel zur Entdeckung der Eigenschaften seiner Bestandteile beigetragen hat, aber ohne die Wissenschaft, die grundlegende Erkenntnis, die Geduld, das Studium und die Beharrlichkeit, die dem Forscher halfen, sein angestrebtes Ziel zu erreichen, würden wir es nicht besitzen. Ob das Pulver zum Glück des Menschengeschlechts beiträgt oder zu seinem Elend, ist eine andere Frage; selbst wenn das Pulver zum totalen Weltuntergang führen sollte, muß es doch als eine wunderbare Leistung des menschlichen Geistes betrachtet werden ... ❞
>
> »Eduard und Elisabeth« Band II, Seite 87

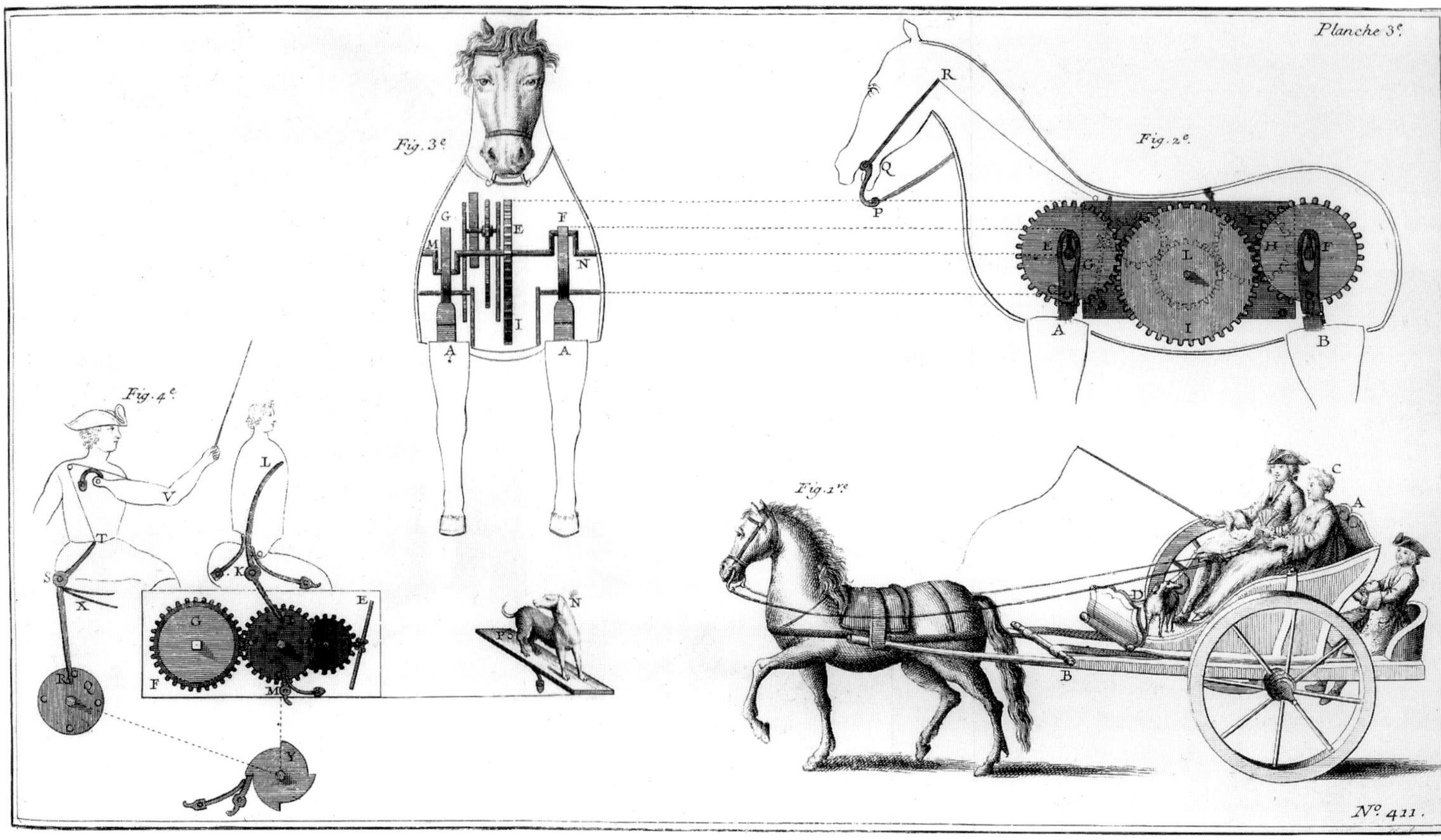

Eduard und Casanova gönnen ihm in ihrer Dankbarkeit ein aufwendiges Begräbnis, und die Überlebenden reisen über Venedig nach England zurück. Da die Geschwister in all den Jahren im Gegensatz zu allen anderen »Außenirdischen« nicht gealtert sind, ist die Wiederbegegnung aller im heimischen England mühsam und ein wenig tragisch, doch nach einiger Zeit gewinnen alle Beteiligten jene kühle Contenance zurück, die Casanova und seinen Figuren in fast schon erschreckender Weise immer eigen ist. Rückschauend berichtet Eduard in zwanzig Tagen – daher der Romantitel »Ikosameron« – seine Erlebnisse, die schließlich protokolliert Casanova zur »Übersetzung« in die Hände kommen.

›› Unsere Gastgeber stiegen mit uns in einen schönen offenen Wagen, an dem wir kein Gespann bemerkten. Der Gouverneur konnte ihn mit Druck auf verschiedene Federn nach rechts und links wenden, langsam und schnell fahren und nach Belieben anhalten. Alle hohen Herren benutzen dort solche Wagen, deren Federn sie ebenso leicht aufziehen können wie wir unsere Uhren. Sie können darin unbesorgt sehr lange Reisen machen, da der Boden überall gleich eben ist und die Kraft dieser Wagen daher nur durch die Belastung beansprucht wird, die er tragen kann. Diese ist sehr genau bekannt und wird nie überschritten ...
Am Ende der schönen Straße lag ein großer Platz, zu dem man hinaufsteigen mußte ... die Steigung zu ihm hinauf hätte unser Wagen nicht so leicht bewältigen können, wenn der Gouverneur nicht durch eine Hebelbewegung aus den Rädern recht kräftige Eisenspitzen hätte hervortreten lassen, die ein Zurückrutschen verhinderten ... ‹‹

»Eduard und Elisabeth« Band I, Seite 248 und 250

Ein utopischer Roman beschert seinem Autor allerlei Schwierigkeiten, wenn die Neuschöpfung einer rein experimentellen Gedankenwelt auch nur halbwegs logisch funktionieren soll. Casanova ist zunächst mit einem physikalischen Grundproblem konfrontiert. Um die Naturgesetzwidrigkeit einleuchtend zu erklären, mit der er seine Helden durch die Erdrinde ins Erdinnere expediert, benötigt er in seiner Handlungstrickkiste einen besonders großen Magneten. Schon zu Casanovas Zeit wurde Gravitation als Konsequenz der Materie angenommen. Daher – und weil die Erdinnenbewohner schließlich ohne durcheinanderzupurzeln stehen können müssen – darf die vorwiegend aus ewig glühendem Eisen bestehende Zentralsonne zwar durch die Gravitationskräfte im Zentrum der Hohlerde schwebend gehalten werden, muß dabei aber zu klein sein, um ihrerseits nennenswerte Gravitationskräfte zu entfalten. Das Hauptgravitationsfeld wird demnach ausschließlich durch die Materie der Erdkruste erzeugt. Da jedoch die Zentralsonne aus Eisen besteht, zieht sie Magnete an, und so kann – nach Casanova – ein starker Magnet im Innern einer Bleikiste die notwendigen Auftriebskräfte entfalten. Nachdem Eduard und Elisabeth endlich aus ihrer Kiste befreit werden, kommt naturgemäß auch der Magnet frei, erhebt sich in die Luft und stürzt schließlich in die

Obwohl Casanova bei seinem Besuch in England von der damals stürmischen Entwicklung der Dampfmaschinen gehört haben mußte, konnte er sich die Konstruktion selbstfahrender Wagen nur aufziehbar und uhrwerkgetrieben in der Art von Kinderspielzeug vorstellen.

Sonne. »Vor diesem staunenerregenden Phänomen versank die ganze Menge in beklommenes Schweigen. Die anwesenden Gelehrten der Stadt verstanden nichts...«[23] Da die Megamikren Sonnenanbeter sind, ist dieses Ereignis für sie ein großes Wunder.

Die Bewohner des Erdinneren verfügen über eine bemerkenswerte naturwissenschaftliche Kultur. Die jungen Megamikren erfahren eine nahezu ideale Ausbildung: »...Man lehrt sie Geometrie, mathematische Fähigkeiten und musikalische Regeln, man läßt sie Schritt für Schritt erkennen, daß die Naturkunde als Königin aller Wissenschaften die Chemie, die Zoologie, die Botanik und den Ackerbau umfaßt...«[24] Folglich haben sie auch beachtliche technische Leistungen vorzuweisen. Die Landschaft in Casanovas Hohlwelt ist weitgehend flach. Es fehlen Gebirge, und da der rote Regen nur gelegentlich fontänengleich aus dem Boden steigt, gibt es zwar Flüsse, deren landschaftsbildende Kraft jedoch eher gering ist, so daß man sich meist in einer immensen Ebene bewegt. Wohlhabende Megamikren durchqueren diese mit Hilfe einer Art Automobil, dessen Federn – wie bei Spielzeugautos – vor Antritt der Fahrt aufzuziehen sind.

Casanova und mit ihm die von seiner Phantasie geschaffenen Megamikren lieben die Chemie. Da sie, mit menschlicher Mechanik nicht recht vertraut, die Bleikiste nicht gleich zu knacken vermögen, bauen sie um diese eine Art Wanne, indem sie einen Wall aufwerfen und den Innenraum mit einer quecksilberähnlichen Flüssigkeit füllen, die einen Teil des Bleis einfach auflöst.

Da in der megamikrischen Welt die Sonne immer und ewig senkrecht von oben scheint und den Bewohnern daher Schatten lieb und teuer ist, bauen sie ihre Häuser in die Erde hinein. In vollkommener Dunkelheit wollen sie allerdings doch nicht hausen und beleuchten daher ihre Wohnstätten durch gläserne Doppelscheiben, deren enge Zwischenräume sie mit leuchtendem Phosphor füllen: »...Der flüssige Phosphor wird in allen unterirdischen Räumen verwendet; er ist das wertvollste Material und nur im Besitz der Herrscher... Ihre Untertanen können ihn käuflich erwerben...«[25]

Eduard und Elisabeth vertreiben sich die Zeit mit allerlei Nützlichem, was ihnen sozialen und politischen Aufstieg einbringt. Die Erdinnenbewohner sind beispielsweise Duftfanatiker und bereiten raffinierteste Parfums. Elisabeth besorgt sich nun »...Rezepte, um die Essenzen den wohlriechendsten Blüten auszuziehen. Durch sehr langsame Gärung entzog sie den Kräutern nur den feinsten Duft in flüssiger Form...« Sie »...schloß sich in ihr Laboratorium ein, überwachte selbst das Feuer, verschloß die Destillierkolben, trennte, klärte, füllte und versiegelte die Fläschchen... Ein Elixier hatte zum Beispiel die Fähigkeit, Körper und Geist in eine so süße Ruhe zu versetzen, wie sie der Schlaf schenkt...«[26] Bald schon betreibt sie ein Großlaboratorium, in dem sie einige hundert Angestellte beschäftigt.

Eduard indessen führt in der inneren, auch geologisch etwas anders beschaffenen Welt Schwarzpulver und Feuerwaffen ein. So kann er auch die heiligen Schlangen bekämpfen, die in den Bäumen hausen und sich dort von köstlichen Früchten ernähren, während die »Giganten« – Eduard und die Seinen – Schwierigkeiten haben, sich mit geeigneter Nahrung zu versehen. Also

---

❞ ...Die Köche und Apotheker, alles ausgebildete Chemiker, gelten als bedeutende Persönlichkeiten, weil sie nicht nur die guten Kräuter und Pflanzen kennen, sondern auch die Kunst beherrschen müssen, ihre Düfte zur Geltung zu bringen und sie so zu mischen, daß neue Gerichte entstehen, deren Zusammensetzung niemand erraten kann. Um Küchenchef zu werden, muß man die Approbation eines naturwissenschaftlichen Kollegiums besitzen, dessen Mitglieder höchst gelehrt und sehr geachtet sind, und die alle Prüfungen in allgemeiner Pflanzenkunde abgelegt haben. So kommt es, daß in jener Welt große Köche sehr selten und sehr teuer und alle sehr reich sind... ❞ »Eduard und Elisabeth« Band I, Seite 239 und 240

❞ ...Der Nachtisch besteht aus einem Körbchen voll Kräutern, die man vor jeden hinstellt. Sie öffnen alle gleichzeitig das kleine Fläschchen, entnehmen ihm ein einziges Korn eines roten Pulvers und lassen es in den Korb fallen. Das genügt, um die Kräuter zu entzünden, und die wunderbare, himmelblaue Flamme der brennenden Kräuter stimmt die ganze Gesellschaft fröhlich und erfüllt das Zimmer mit einem köstlichen Duft. Nach fünf Minuten sind alle Kräuter zu Asche verbrannt, und die einstündige Mahlzeit ist zu Ende... ❞ »Eduard und Elisabeth« Band I, Seite 241

A. Voltas Forschungen über Elektrizität beflügelten auch Casanova zu Schilderungen technischen Fortschritts in der Welt der Megamikren. So läßt er Eduard die Entdekkung der Elektrizität nachvollziehen.

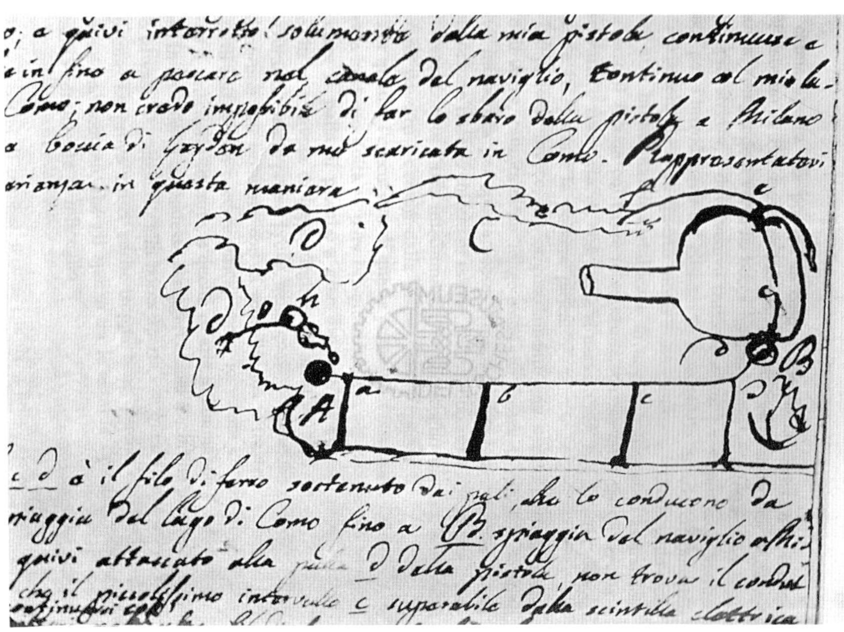

Dem Vorhaben Voltas folgend, der über eine Freileitung von Mailand nach Como eine mit Knallgas gefüllte »Bombarda electrica« durch einen elektrischen Funken zünden wollte, verblüfft Eduard die Megamikren durch die Erfindung eines einfachen elektrischen Telegraphen.

sollen diese Untiere mit Feuerwaffen bekämpft werden. Doch nicht immer trifft man, und ein religiöses Tabu verlangt, daß die Schlangen nicht mutwillig gereizt werden und ihr böses Zischen hören lassen. Daher kommt Eduard die Kunde von einem giftigen Mineral ganz gelegen: »... Ich setzte in einer Schale einen Brocken dieses tödlichen Stoffes aufs Feuer und ließ beim Auftreten des ersten Dampfes zwei Vögel darüber fliegen; sie fielen sogleich tot zu Boden. Ich glaube, daß dieser Stoff unserem Arsenik entspricht...«[27] In einer komplizierten Apparatur wird dieses Giftgas aufgefangen und in einer Art Gaspatrone auf die Schlangen geschossen.

Um die Megamikren besonders zu beeindrukken, veranstaltet Eduard im Rahmen eines Theaterstücks mit Gesangseinlagen ein gewaltiges, hier nie gesehenes Feuerwerk. Zur Inszenierung eines barocken Feuerwerksdramas benötigt man allerdings Dunkelheit, die in einer Welt mit nichtuntergehender Sonne gar nicht so leicht zu haben ist. Er baut also ein riesiges unterirdisches Theater, in dessen weitschweifende Beschreibung Casanova seine Erfahrung als Regisseur und Theaterdichter einbringt. In Eduards Fabrik für Feuerwerkskörper geht es recht chemisch zu: »... In den übrigen Räumen hatten wir Pulver, Kohle, Salpeter, Eisenfeilspäne, Schwefel, Sägemehl, Kampfer, Knallsilber, Harz und alkalisierte Geruchssubstanzen...«[28]

Zufällig entdeckt Eduard die Reibungselektrizität. Um seiner immer größer werdenden Schar von Nachkommen einen Begriff von der Geographie der für sie ja unerreichbaren Erdoberfläche zu geben, baut er, gestützt auf einen ehedem im Bleisarg vorhandenen Atlas, einen gläsernen Globus, der durch eine Phosphorfüllung aus sich selbst heraus leuchten soll. Dem Schmuckbedürfnis der Zeit entsprechend verziert er ihn mit edelsteinbesetzten Statuen. »... Eines Tages war ich allein in meiner kleinen Schmiede, wo ich ein Szepter aus Glas gegossen hatte, das ich ganz glatt polieren wollte... ich rieb es mit aller Kraft und hielt es dabei fest an ein großes Stück Erdharz gepreßt, das mir als Unterlage diente. Während ich es mit einem Wattebausch polierte, entzündete sich zu meiner großen Überraschung rechts von mir in sechs Fuß Entfernung ein Häufchen Pulver und ging in die Luft...«[29] Wie Eduard später herausfindet, hatte ein »elektrischer« Funke übergeschlagen. Da er von der Erdoberfläche Griechisch-Kenntnisse in die Unterwelt eingebracht hatte, kommt er – wie sich nach seiner Rückkehr zur Außenwelt zeigen wird – zur gleichen Benennung wie die oberirdischen Physiker. Durch konsequente Untersuchungsreihen – er bringt auch megamikrische Würdenträger dazu, Laboratorien zur Erforschung der Elektrizität zu gründen – gelingt ihm der Bau einer Reibungselektrisiermaschine. »Ich gedachte den größtmöglichen Nutzen aus dieser Entdeckung zu ziehen...«[30] Jeden seiner Einfälle nutzt Eduard konsequent, um seine soziale und politische Situation im Megamikrenreich weiter abzusichern. Als er schließlich noch her-

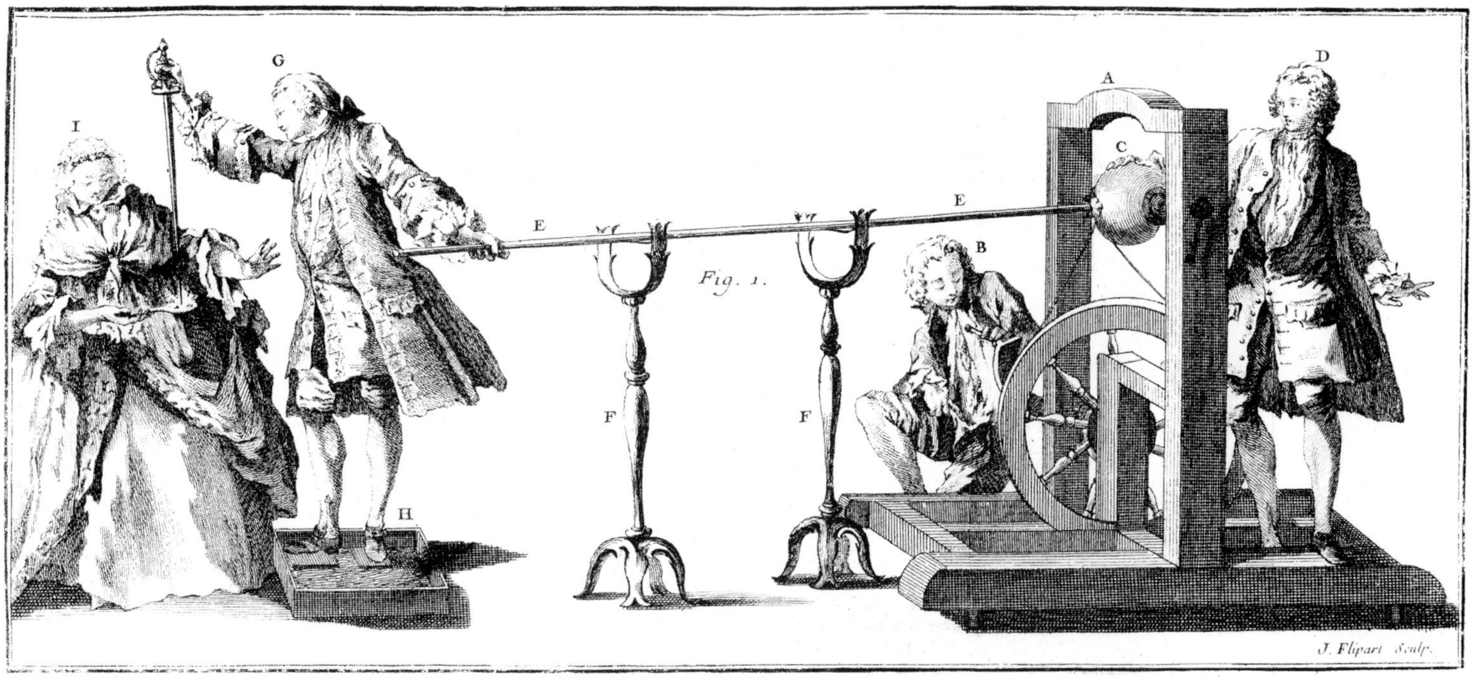

ausfindet, daß man das Vorhandensein elektrischer Ladungen durch das Abspreizen von gemeinsam auf einer Achse sich berührend aufgehängten Blattgoldstreifen zeigen kann – auf der Erdoberfläche hätte man dies ein Elektrometer genannt – und er dann noch die elektrische Leitfähigkeit von Metalldrähten entdeckt, nutzt er dies zur Übermittlung einer Nachricht über eine Entfernung von fünf Meilen und erfindet so den elektrischen Telegraphen. An zweihundert hölzernen Masten wird ein Draht aufgehängt und auf der – heute so bezeichneten – Geberseite eine geerdete Elektrisiermaschine betätigt. Ein dadurch überschlagender Funke entzündet auf der Empfängerseite ein Feuer. Der Schöpfer Eduards entlehnte diesen genialen Einfall bei seinem Zeitgenossen Alessandro Graf Volta (1745 bis 1827). Dieser hatte, übrigens vergeblich, versucht – er scheiterte an Isolierungsproblemen, die Porzellanglocken für Telegraphendrähte waren auch noch nicht erfunden –, eine Botschaft von seinem Stadtpalais in Mailand zu seinem Landgut in Como zu senden. Eine Knallgaspistole, die von Volta 1777 erfundene »Bombarda electrica«, sollte als Empfänger dienen.

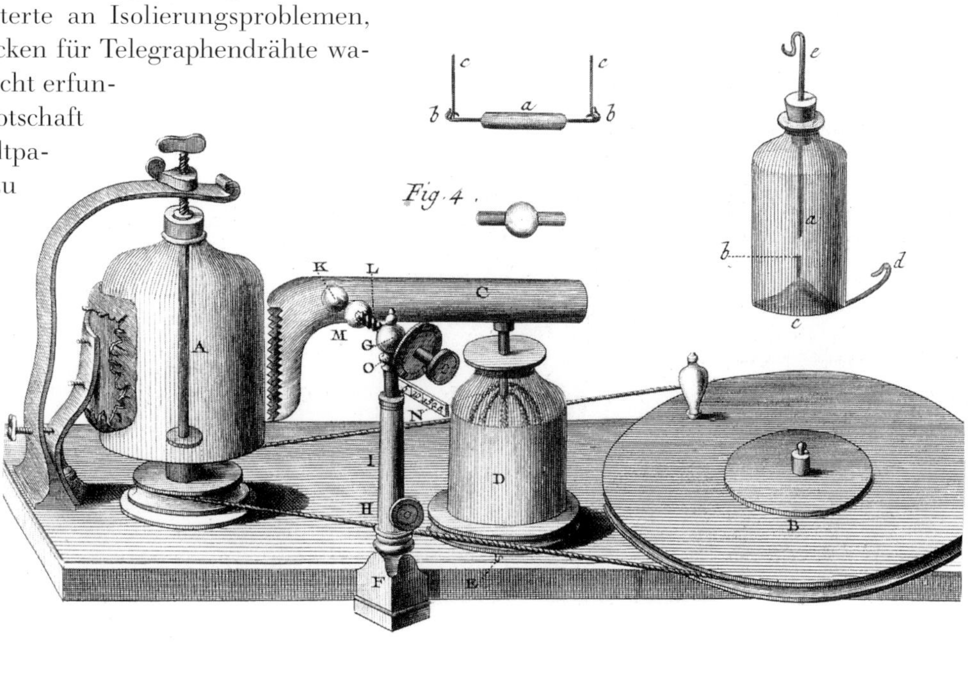

Oben: Wie Casanova in seinem Roman schildert, wird in diesem elektrischen Versuch durch Drehen einer Reibungselektrisiermaschine und Entzünden einer brennbaren Substanz durch einen elektrischen Funken ein Signal übertragen.

Links: Als Empfänger seines Telegraphen benutzt Eduard auch ein Elektroskop, wie es zum Nachweis geringer elektrischer Ladung verwendet wurde. Durch die Abstoßung gleichnamiger Ladung spreizen sich Blattgoldfolien.

Eduard erfindet die Reibungselektrisiermaschine nach (links), wie sie zu Casanovas Zeit allgemein üblich war.

Eduards großer Einfluß auf das Leben der Megamikren gründet sich auf seine Revolutionierung der komplizierten megamikrischen Schrift und die Einführung der Buchdruckerkunst. Er sichert sich eine Art Monopol für die Papierbereitung und das Druckwesen.

In Casanovas Roman glückt der Versuch tatsächlich, und wieder einmal staunen die Megamikren über die englischen Giganten. Auch durch technische Innovationen gewinnt Eduard nach und nach großes Ansehen in seiner neuen Umgebung.

Als Kinder ihrer Sonne schreiben die Megamikren ihre komplizierte gesungene und konsonantenlose Sprache in den sieben Farben des Regenbogens mit sieben verschiedenen Tinten. Eduard entwickelt nun ein einfacheres Notationssystem, das mit nur einer Farbe auszukommen gestattet und schafft so die Voraussetzung zum Übergang von der Handschrift zum Buchdruck. Als Hersteller von Papier und Besitzer einer Druckerei kommt er zu ungeahntem Wohlstand: »... eine Druckerei, wie es in ganz Europa nie eine prächtigere gegeben hat. An ihren fünfhundert Pressen arbeiteten fünftausend Megamikren als Setzer, Drucker, Buchhalter, Wäscher, im Papiermagazin und an den Korrekturen ...«[31] In der völlig auf Fortschritt ausgerichteten Welt im Erdinnern gibt es auch einige technische Defizite. Beispielsweise erfinden weder Eduard noch die Megamikren Dampfmaschinen. Wie von Casanovas Aufenthalt in Potsdam bekannt, hat er sich auch dort ihrer nicht bedient.

Bei allem fiktiven Erfolg im Erdinnern war Eduard und Elisabeth dieser in der Außenwelt nicht beschieden – beim Kurswert imaginärer Reisebeschreibungen im 18. Jahrhundert eigentlich verwunderlich. Der Venezianer kam mit seinem Werk wohl ein wenig zu spät, die Schrecknisse der revolutionären Umwälzungen in Frankreich hatten den Zeitgenossen Casanovas die Begeisterung für utopische Literatur für eine Weile vergällt. Doch sollte der Mißerfolg dieses Romans Casanova zu seinem letzten und zugleich größten Werk inspirieren: den Memoiren.

Auch der Kunstgriff, mit dem Eduard und Elisabeth schließlich wieder auf die Erdoberfläche gelangen, ist Kircher entlehnt: Plötzlich anschwellende Vulkanfeuer verdampfen Wasser in Erdklüften und treiben es an die Oberfläche. Wahrscheinlich kannte Casanova einen Karstsee, an dem dieses Phänomen scheinbar zu beobachten war.

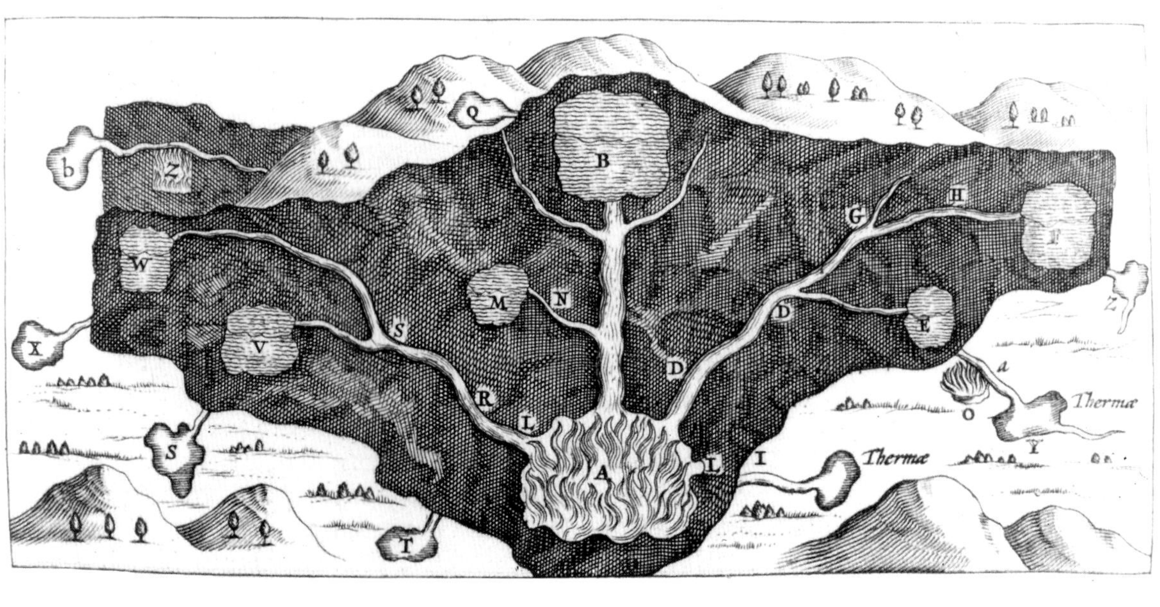

»... Wer viel lacht, ist glücklicher als einer, der gar nicht lacht; denn das Lachen erschüttert das Zwerchfell und wirkt günstig auf das Blut.«

Ein verhinderter Arzt als Patient und Heiler

Gerne hätte der junge Casanova Medizin studiert, war jedoch zur Jurisprudenz bestimmt worden. Er muß sich dennoch früh beachtliche Kenntnisse angeeignet haben, sei es, daß er neben seinen juristischen Studien noch heimlich medizinische Vorlesungen hörte oder sein Wissen aus Büchern holte. Über die Quelle seiner Kenntnisse erfährt man von ihm nichts, nur über sein praktiziertes Wissen. Wurde er beispielsweise einmal mehr seiner Freiheit beraubt, waren es meist medizinische Tricks, die ihm zu entkommen halfen. Seine Begeisterung für die medizinische Wissenschaft galt allerdings den tieferen Zusammenhängen körperlicher Existenz.

Als er über ein halbes Jahrhundert später den Tod seines Vaters beschreibt, sind ihm alle medizinischen Einzelheiten gegenwärtig. Eindringlich schildert er das Versagen des behandelnden Arztes: »... bekam mein Vater im Innern des Ohres ein Geschwür, das ihn binnen acht Tagen ins Grab brachte. Der Arzt Zambelli gab dem Kranken zunächst verstopfende Heilmittel und glaubte dann, diese Dummheit mit der Verabreichung von Bibergeil wiedergutzumachen. Mein Vater starb infolgedessen an Krämpfen. Eine Minute nach seinem Tode barst das Geschwür und floß durchs Ohr ab; es entfernte sich, nachdem es ihn getötet hatte, wie wenn es nun nichts mehr bei ihm zu tun hätte ...« [1]

Intensiver Lebensgenuß – wiewohl für angehende Kleriker eigentlich tabu – ließ schon den jungen Seminaristen Bekanntschaft mit allerlei Stärkungsmitteln machen: »... Der Pfarrer begleitete mich in einer Gondel nach dem Seminar; aber bei San Michele mußte er anhalten lassen, weil ich plötzlich heftiges Erbrechen bekam; der Bruder Apotheker stellte mich mit Melissenwasser wieder her. Dieser Schwächeanfall rührte ohne Zweifel davon her, daß ich zuviel Weihrauch auf dem Altar der Liebe verbrannt hatte ...« [2] Zu seinen medizinischen Kenntnissen kam ein pharmazeutisches Wissen, das der junge Casanova nicht immer geschmackvoll nutzte: »... man gab den jungen Damen harntreibende Pillen und zuweilen solche, von denen Blähungen erzeugt wurden, die man nicht zurückhalten konnte. Diese Scherze gingen manchmal ein bißchen weit ...« [3]

Die physiologischen Kenntnisse des 18. Jahrhunderts waren eher bescheiden, aber was man zu wissen glaubte, wußte auch Casanova. Aus der Aufzeichnung eines Gesprächs läßt sich schließen, daß ihn die physiologische Bedeutung des Lachens besonders interessierte. Nach seinem mißlichen Intermezzo in Martirano wieder in Neapel angelangt, schilderte er einem Dr. Gennaro – ein »... fetter Mann mit hochrotem Gesicht ...« [4] – seine traurigen Erlebnisse in Kalabrien. Gennaro hatte ein seltsames Leiden: Selbst die betrüblichsten Erzählungen reizten ihn fortwährend zu furchtbarem Gelächter. Casanova war befremdet und blieb es auch, als ihm dieser Lachzwang als gefährliche Familienerbkrankheit erläutert wurde, die sogar zum Tod eines Oheims geführt habe.

»... ›An Lachen gestorben?‹ rief ich.

›Ja. Diese Krankheit, die Hippokrates nicht gekannt hat, nennt man ‚il flati'.‹

›Wie? Dies hypochondrische Leiden, das sonst alle davon Betroffenen traurig stimmt, es macht Sie heiter?‹

›Ja. Ohne Zweifel kommt dies daher, daß meine ‚flati' statt auf die Rippenweiche bei mir auf die Milz wirken, die nach meinem Arzt das Organ des Lachens ist. Er hat da eine Entdeckung gemacht.‹

›Keineswegs. Diese Ansicht ist schon sehr alt; es ist sogar die einzige Funktion, die wir der Milz in unserem animalischen Organismus zuweisen können.‹ ...« [5]

Für Mediziner sind Casanovas Lebenserinnerungen schon allein deshalb einzigartig, weil aus dem 18. Jahrhundert kein weiterer literarisch-authentischer Fall so häufiger Infektion mit Geschlechtskrankheiten bekannt ist, in welchem der Patient – stets geheilt – ein so hohes Alter erreichte. Schon während seiner ersten Haft in dem Fort Sant' Andrea machte er eine Erfahrung, die ihm noch erstaunlich oft zuteil werden sollte. »... Leider gibt es keine Rosen ohne Dornen, am Morgen des dritten Tages bemerkte ich, daß eine Schlange sich unter den Blumen verborgen gehalten hatte, und ich mußte mich in die Behandlung eines Spagyrikers begeben. Durch sechswöchige Pflege und Enthaltsamkeit wurde ich vollkommen wieder hergestellt ...« [6]

Arzt bei der Untersuchung einer jungen Dame (Harnschau und Fühlen des Pulses). Gemälde von J. Chr. Fiedler. Semmelweis-Museum für Medizingeschichte, Budapest.

Da sich Casanova venerische Krankheiten überaus häufig einhandelte und in beobachtbaren Infektionsketten weitergab, erwarb er sich zuweilen den Dank behandelnder Ärzte. So berichtet er von einem Besuch bei einem ausgesprochen dankbaren Vertreter der Heilkunde auf Korfu: »... Was ich erwarb, reichte nicht zum Leben aus. Doch hat sich, ich kann es sagen, seit vergangenem Jahr meine Lage geändert, ich verdiente viel Geld ... Ihnen, Signor Capitano, Ihnen, den der Liebe Gott segnen möge, habe ich meinen gegenwärtigen Wohlstand zu verdanken ...«[7]

Dabei waren die damaligen Arzneimittel in diesem medizinischen Fachbereich wahrhaftig kein Kinderspiel. Besonders eindringlich schildert Casanova die psychische Auswirkung einer Quecksilberkur, die ihn zur völligen Überraschung seiner Umgebung beinahe zum Frömmler hätte werden lassen. »... Ich dankte Gott mit Inbrunst und vollkommen aufrichtig, daß er sich Merkurs bedient hätte, um meinen bis dahin von Finsternis umhüllten Geist zum Licht der reinen Wahrheit zu führen. Ohne Zweifel war dieser in meiner Vernunft sich vollziehende Wechsel der Weltanschauung eine Wirkung der durch das Quecksilber hervorgerufenen Schwächung. Dieses unreine und stets bösartige Mittel hatte mir dermaßen den Geist geschwächt, daß ich wie blödsinnig war und mir einbildete, ich wäre bisher in einem großen Irrtum befangen gewesen ...«[8] Daß er sich dann noch der Hingabe zweier junger Schönheiten entzog – dergleichen war ihm vorher noch nie passiert –, kann er sich in der Erinnerung nur lakonisch erklären: »... soweit war ich bereits durch meinen Mystizismus heruntergekommen ...«[9] Zum großen Glück für die Weltliteratur, wenngleich nicht unbedingt für sein Seelenheil, ließ die Wirkung des Giftes nach, und Casanova fand zu seiner gewohnten Gemütslage zurück.

Die Gefährlichkeit einer Quecksilberkur für die Physis erfährt man an anderer Stelle. Schwerkrank mußte sich Casanova 1761 in Augsburg von dem griechischen Arzt Salomon Ambrosius Kephalides, Mitglied des Collegium medicum, behandeln lassen. Die übliche Therapie mit strengster Diät, schweißtreibenden Mitteln, Bädern und Quecksilbereinreibungen schlug zu-

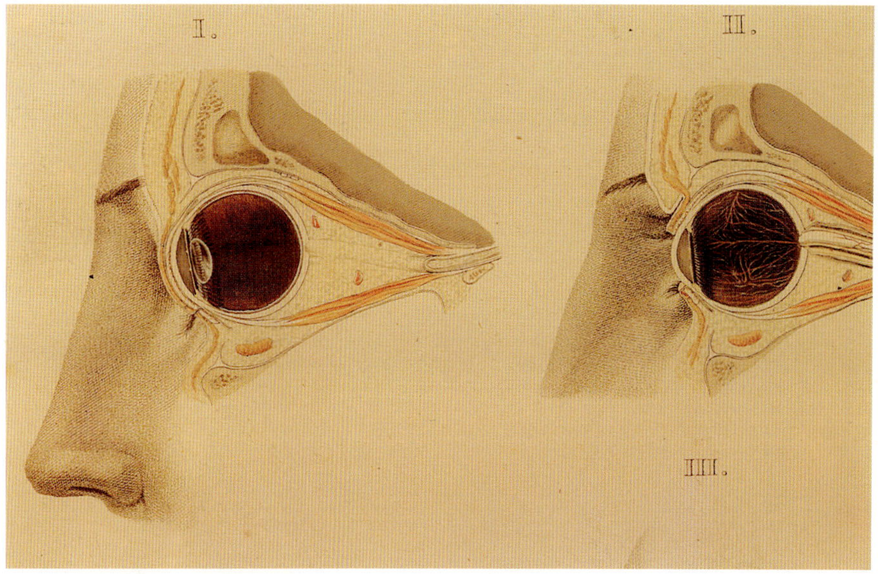

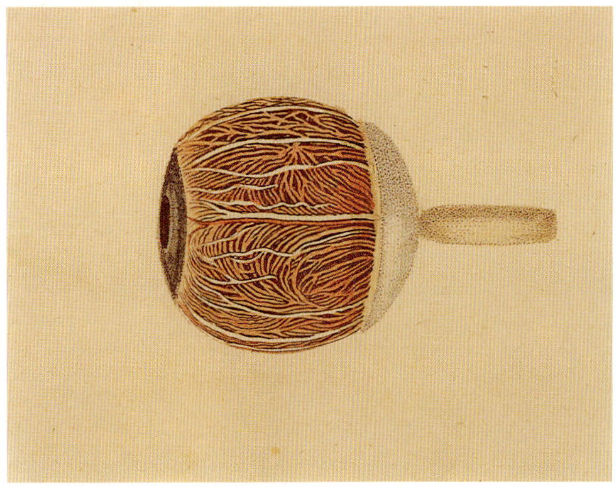

Die Anatomie des Auges war im 18. Jh. gut bekannt, die Kunst der Staroperation hatte einen hohen Stand erreicht. Die operative Entfernung getrübter Linsen aus dem menschlichen Auge faszinierte Casanova und regte ihn zur kenntnisreichen Schilderung in seinem Roman an.

nächst fehl. Nach sechs Wochen hatte sich Casanovas Zustand drastisch verschlimmert: »... Ich war von einer schreckenerregenden Magerkeit und hatte zwei Leistengeschwüre von entsetzlicher Größe. Ich mußte mich entschließen, sie öffnen zu lassen, aber diese sehr schmerzhafte Operation, die mich beinahe das Leben gekostet hätte, half mir gar nichts. Kephalides verletzte aus Ungeschicklichkeit die Arterie und verursachte dadurch eine Blutung, die nur mit großer Mühe gestillt werden konnte und die mir den Tod gebracht hätte, wenn sich nicht der bolognesische Arzt Algardi, der Leibarzt des Fürstbischofs von Augsburg, meiner angenommen hätte ...«[10]

Mit seinen medizinischen Kenntnissen konnte sich Casanova als Patient vehement selbstbestimmend, ja geradezu rabiat vor Pfusch bewahren. Nachdem er sich bei einem Picknick im Schloßpark von Schönbrunn regelrecht überfressen und sich dermaßen den Magen verdorben hatte, »... daß ich vierundzwanzig Stunden später dem Tode nahe war ...«[11], wollte man ihn zur Ader lassen. Vom medizinischen Nutzen dieser Maßnahme nicht recht überzeugt, nahm er seine letzten Kräfte zusammen: »... Ich streckte die

In Ca'Rezzonico am Canal Grande hat sich eine Hausapotheke mit kleinem pharmazeutischem Laboratorium erhalten. Casanova berichtet nur, daß er mit einem Gondoliere Carlo Rezzonicos – des späteren Papstes Clemens XIII. – befreundet war. Die Familie gehört zu den reichsten Venedigs.

❞... Dieses Leiden nennen wir *spleen.* Die Qualität der Speisen und Getränke, von denen sich die Engländer ernähren, könnte sie ebenfalls zu der Gewalttat treiben, von der hier die Rede ist. Große Mengen Fleisches, das sie mit nur wenig Brot verzehren, ohne daß sie jemals Suppe äßen und nur selten Gekochtes, viel Pökelfleisch, Bier und Schnäpse, denen sie in unglaublichem Maße zusprechen, erzeugen in ihnen vielleicht einen Verdauungssaft, ein Blut, einen Lebensstoff, die genau zu bestimmen ich nicht Arzt genug bin. Sie lösen bei der einzelnen Person jene organische Krankheit aus, die sie dann, ich weiß nicht wie, zu dem Schluß gelangen läßt, sie seien gezwungen, sich das Leben zu nehmen ... ❞

»Über den Selbstmord ...«, Seite 87

Hand aus, ergriff eine meiner Pistolen, und die Kugel riß ihm eine seiner Locken vom Kopfe. Dies genügte. Alle Anwesenden machten sich aus dem Staub ...«[12] Durch den Genuß reichlicher Mengen kalten Wassers gelang es ihm, sich selbst zu heilen: »... Ich fühlte jedoch, daß ich mich in acht nehmen mußte, um nicht krank zu werden. Denn höchstwahrscheinlich hätte ich nur mit größten Schwierigkeiten einen Arzt gefunden ...«[13]

Casanovas Neigung zur Völlerei ist eigentlich befremdlich, da er stets den Nutzen strenger Diät zu betonen pflegte, wenn ihn ein Leiden befallen hatte. Ein typisches Beispiel hierfür findet sich in der Beschreibung seines Zustandes nach der Flucht aus den Bleikammern: »... Infolge der Erschöpfung und der vielen Leiden, die ich durchgemacht hatte, litt ich an Nervenkrämpfen, die einen beunruhigenden Charakter anzunehmen drohten. Ich setzte mich auf strenge Diät, und in weniger als drei Wochen befand ich mich vollkommen wohl ...«[14]

Dementsprechend beeindruckten ihn Ärzte, die in Diätvorschriften eine wesentliche Stütze ihrer Therapiebemühungen sahen. Ganz besonders schätzte er den Schweizer Arzt Théodore Tronchin (1709–1781), den er 1760 in »Les Délices«, im Hause Voltaires, kennengelernt hatte: »... Ein gelehrter Naturkenner und ein geistreicher Mann. Er war ein Schüler Boerhaves, der ihn geliebt hatte, und da er weder das Kauderwelsch, noch den Scharlatanismus, noch die selbstgefällige Eitelkeit der medizinischen Größen an sich hatte, so gefiel er mir außerordentlich. Seine Heilkunst beruhte auf der Ernährungsweise, und um diese richtig zu verordnen, mußte er Philosoph sein ...«[15]

Nicht immer schoß Casanova auf die ihn behandelnden Ärzte, manchmal trickste er sie auch nur einfach aus, wie 1766 nach seinem berühmten Pistolenduell mit Franciszek Ksawery Graf Branicki (ca. 1730–1819) in Warschau. »... Branickis Kugel war mir unterhalb des Daumens in die Mittelhand eingedrungen und hatte den ersten Knochen zerschmettert, dort war sie steckengeblieben ...«[16] Der Wundarzt war bei der Öffnung der Wunde und dem Herumstochern mit der Pinzette auf der Suche nach der Kugel unge-

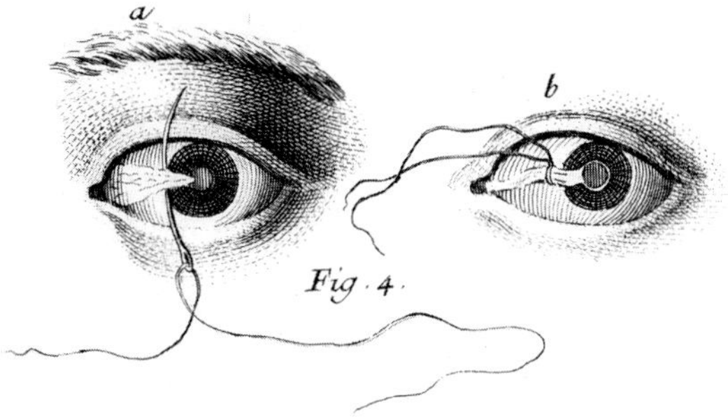

schickt, die Hand infizierte sich. Vier weitere Ärzte wurden zugezogen. »... Man wickelte den Arm aus und fand ihn zweimal so dick wie normal, und er war bis zu den Ellbogen bleifarben; als aber der Verband abgehoben wurde, sah ich gerötete Ränder, die vereitert waren ...«[17] Die Ärzte wollten am folgenden Morgen den Arm amputieren. Casanova erklärte sich einverstanden, doch wies er seinen Bedienten an, die Chirurgen am abermaligen Betreten des Hauses zu hindern. »... Ich habe meine Hand behalten ...«[18] Allerdings heilte sie äußerst langsam. »... erst nach achtzehn Monaten war ich völlig gesund ...«[19] Nie hat der verhinderte Arzt Casanova selbst eine Operation ausgeführt, doch beschrieb er gerne langatmig und sachkundig chirurgische Eingriffe in seinen literarischen Werken. Dabei scheinen es ihm besonders Augenoperationen angetan zu haben.

Über das Wesen vieler Krankheiten tappte man damals noch völlig im dunkeln. Entstehung und Verbreitung der Malaria erschienen völlig unbegreiflich: »... Es reicht aus, eine Nacht in Piperno oder in dessen Nähe zu sein, um nicht mehr aufzuwachen. Wer den Weg von Rom nach Neapel oder von Neapel nach Rom nimmt, fährt ohne Aufenthalt durch, er schläft dort auch nicht, wenn ihm sein Leben lieb ist. Lord Baltimore bezahlte seine englische Ungläubigkeit mit dem Leben ...«[20]

Natürlich verstand Casanova seine medizinischen Kenntnisse in mancherlei Situation im Umgang mit dem schönen Geschlecht zu nutzen. An eine »Glückliche Beinverletzung«[21] erinnert er sich leidenschaftlich. Fachkundig forschte er nach den Symptomen und fragte, »... ob sie eine Härte in der Wade verspüre und ob vielleicht die Rötung stufenweise höher steige; es war natürlich, daß ich diese Frage mit einer Untersuchung durch Hände und Augen begleitete. Ich sah keine Rötung und fühlte keine Härte, aber ... Liebeswahnsinn, zaubervolle Raserei! ... ich war in diesem Augenblick überzeugt, meine Küsse müßten das beste Heilmittel sein ...«[22]

Für Casanovas gesellschaftliches Ansehen während seines ersten Frankreichaufenthaltes waren die medizinischen Ratschläge, die er Louise-Henriette d'Orléans, Herzogin von Chartres

Die Ausbildung seiner signifikanten medizinischen Kenntnisse verrät Casanova an keiner Stelle. Seine Beschreibungen sind jedoch so plastisch und fachkundig, daß sein Wissen nicht nur angelesen sein konnte. Offenbar hat er selbst Augenoperationen beigewohnt. Es läßt sich vermuten, daß er während seines Jurastudiums in Padua heimlich das ihm verweigerte Neigungsfach Medizin hörte. Da man damals – fast – noch keine Narkose kannte, mußten Patienten gehalten und gefesselt werden.

»... Ich schloß mich also mit meinen beiden Söhnen in einem Gartenzimmer mit Tageslicht ein, wo ich drei Schweine untergebracht hatte. Eines von diesen legte ich Heinrich, der etwas tiefer saß als ich, in die Arme und befahl Ludwig, die Schnauze des Schweines geschlossen und gleichzeitig das Auge mit dem Spiegel offenzuhalten. Ich nahm meine spitze Nadel und öffnete den Augapfel des Tieres einen halben Strich unter dem äußeren Kreis der Iris; ich durchbohrte die Bindehaut, die Hornhaut und die Traubenhaut. Als ich sah, daß ein wenig Flüssigkeit austrat, zog ich meine Nadel zurück, verband die Augen des Tieres mit Kompressen und ließ es laufen. In eineinhalb Stunden führte ich bei allen dreien die gleiche Operation durch, nur mit einigen Unterschieden hinsichtlich des Ortes der Öffnung und der Tiefe der Verletzung. Jedesmal schrieb ich mir die Art der Operation auf und kennzeichnete die Schweine entsprechend. Ich ließ sie dort eine Pentamene mit ihrer normalen Nahrung, ohne die Binden zu entfernen. Bei der nachträglichen Untersuchung fand ich nur das blind, bei dem die Verletzung zu tief gewesen und vielleicht Glasflüssigkeit ausgetreten war. Zufrieden mit dem Ergebnis, führte ich die gleiche Operation an drei anderen Schweinen durch ...« »Eduard und Elisabeth«, Band 2, S. 165 f.

Die im Roman geschilderte lebensrettende Kehlkopfoperation zur Vermeidung des Erstikkungstodes ist ein Spezialisteneingriff und zeigt, daß Casanovas chirurgische Kenntnisse erstaunlich weitreichend waren.

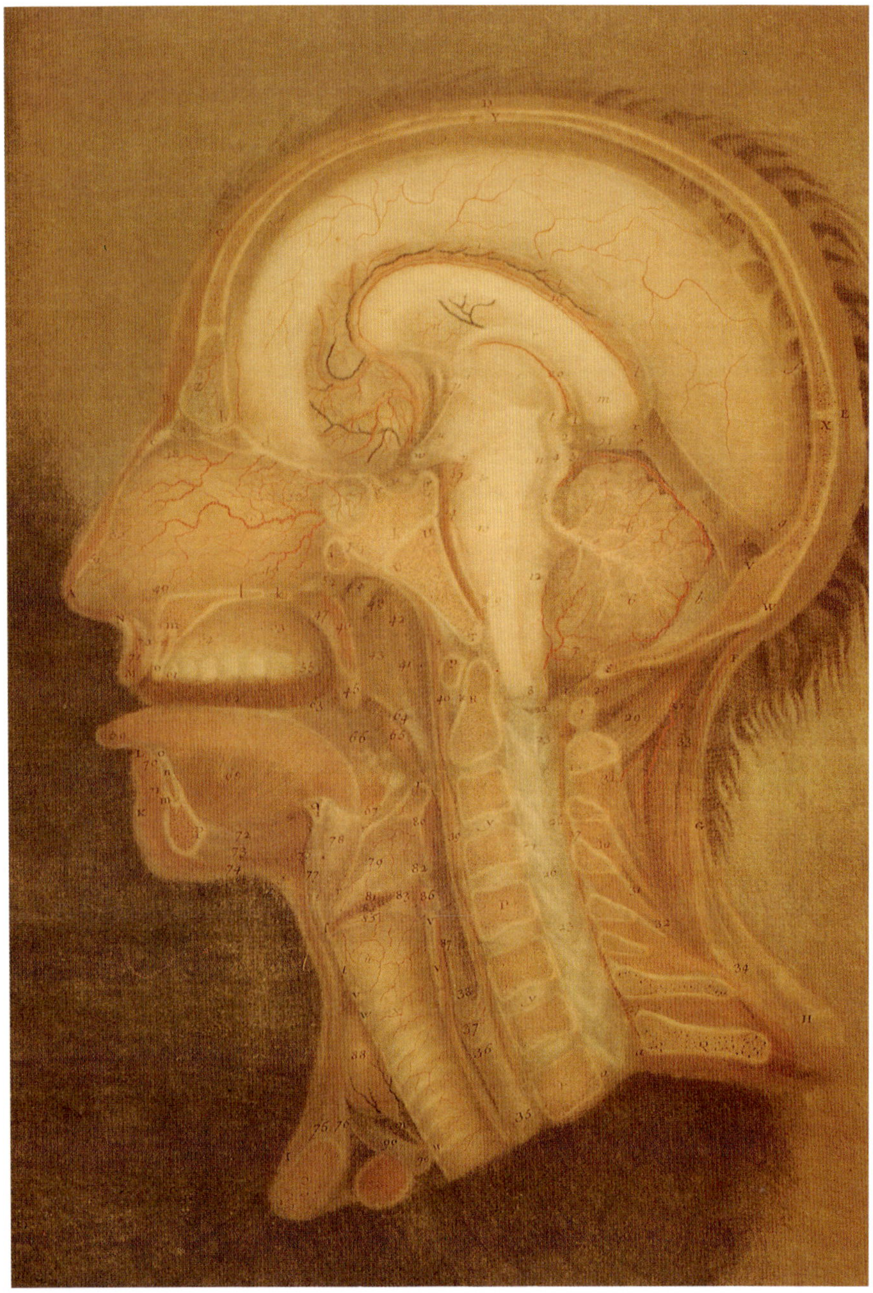

(1726–1759), zuteil werden ließ, von großer Bedeutung: »... Unglücklicherweise hatte sie in ihrem Gesicht Pickel, die ihrer Schönheit großen Abbruch taten ...«[23] Da die Dame Kabbalistin war, inszenierte Casanova wieder einmal sein Zahlenorakel, dessen Lösung er der Herzogin selbst überließ. Seine Therapie war schlicht, aber äußerst vernünftig, und in Gestalt des Orakels für die Herzogin auch überaus glaubhaft: »... Ich hatte an dergleichen Unannehmlichkeit gelitten, und ich verstand genug von der Arzneikunst, um zu wissen, daß der Versuch, eine Hautkrankheit durch örtliche Mittel gewaltsam zu heilen, ihr hätte den Tod bringen können ...«[24] Da man damals vorzugsweise stark überdosierte Schwermetallsalben einzusetzen pflegte, war die Besorgnis wohlbegründet. Doch »... acht Tage darauf waren alle häßlichen Pickel verschwunden ...«[25] durch eine höchst einfache Rezeptur: »... Ich ließ sie täglich ein gelindes Abführmittel nehmen, schrieb ihr vor, was sie essen sollte, und verbot ihr alle Schönheitsmittel; dagegen verordnete ich ihr, sich morgens und abends mit Wegerichwasser zu waschen.«[26] Diskret fügt Casanova hinzu: »... Das bescheidene Orakel befahl der Prinzes-

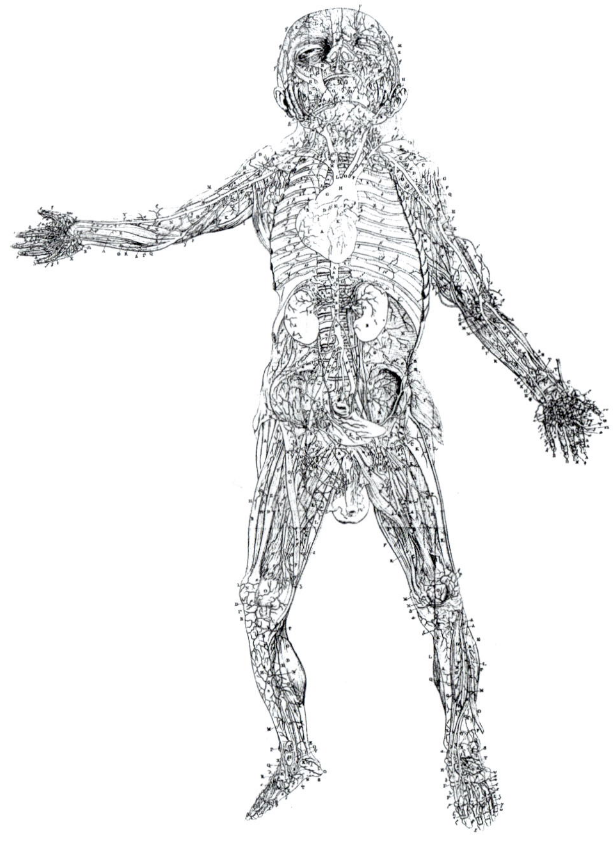

❞ ... mit einem kleinen Operationsmesser entfernte ich eine Art Geschwulst ganz hinten im Schlund, wobei ich mich sehr in acht nahm, die zum Kehlkopf gehörenden Muskeln nicht zu verletzen. Zwei Stunden später erkannte ich an der leichteren Atmung, daß die Geschwulst am Kehlkopf und im Schlund zurückging; auch die Schwellung der Mandeln, die ich unterhalb des Zäpfchens gesehen hatte, war beträchtlich kleiner geworden ... ❞

»Eduard und Elisabeth«, Band 3, Seite 102

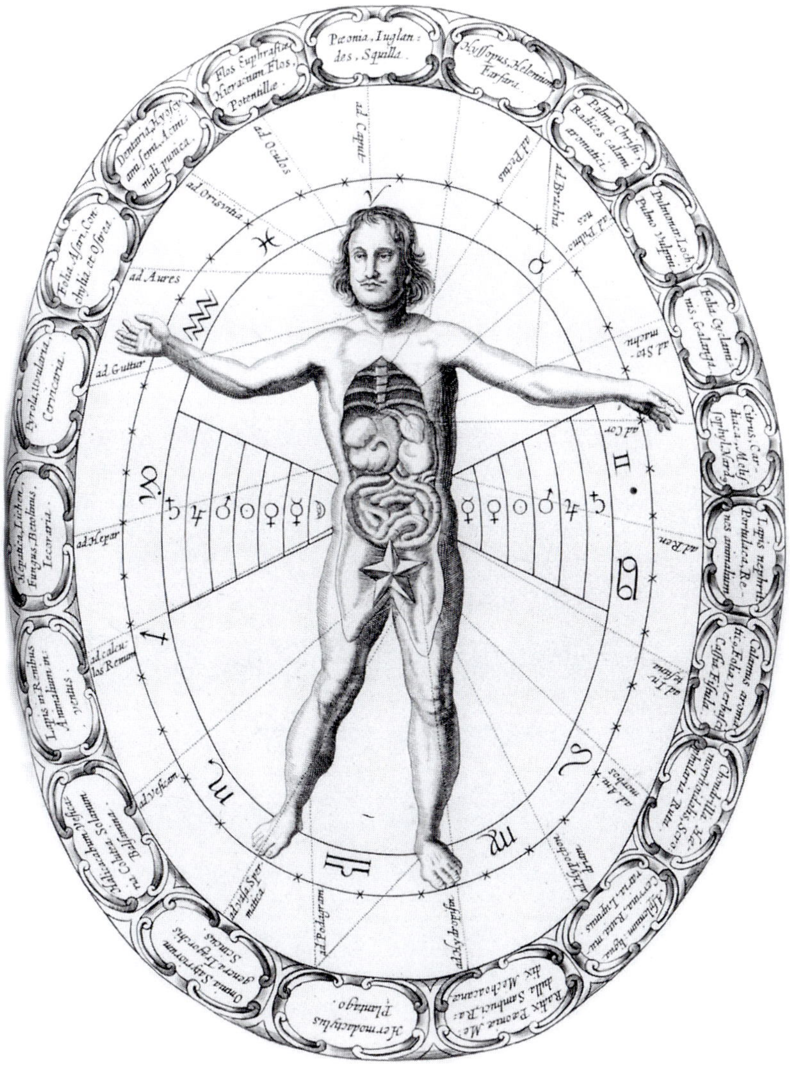

In dem von Casanova geschätzten Werk A. Kirchers »Mundus subterraneus« findet sich diese Darstellung des Einflusses der Planeten auf bestimmte menschliche Organe und Körperzonen. So läßt sich eine gewissermaßen astrologische Therapie aufbauen.

Seite 150, rechts unten: Ganz besonders schätzte Casanova den Schweizer Arzt und Gelehrten Albrecht von Haller (1708–1777). Anatomische Abbildung aus Hallers Lehrbuch »Iconum anatomicarum corporis humani«, 1756.

Unten: Für die detailreiche Schilderung der Kehlkopfoperation in seinem Roman muß sich Casanova eines ähnlich minutiösen anatomischen Atlasses bedient haben.

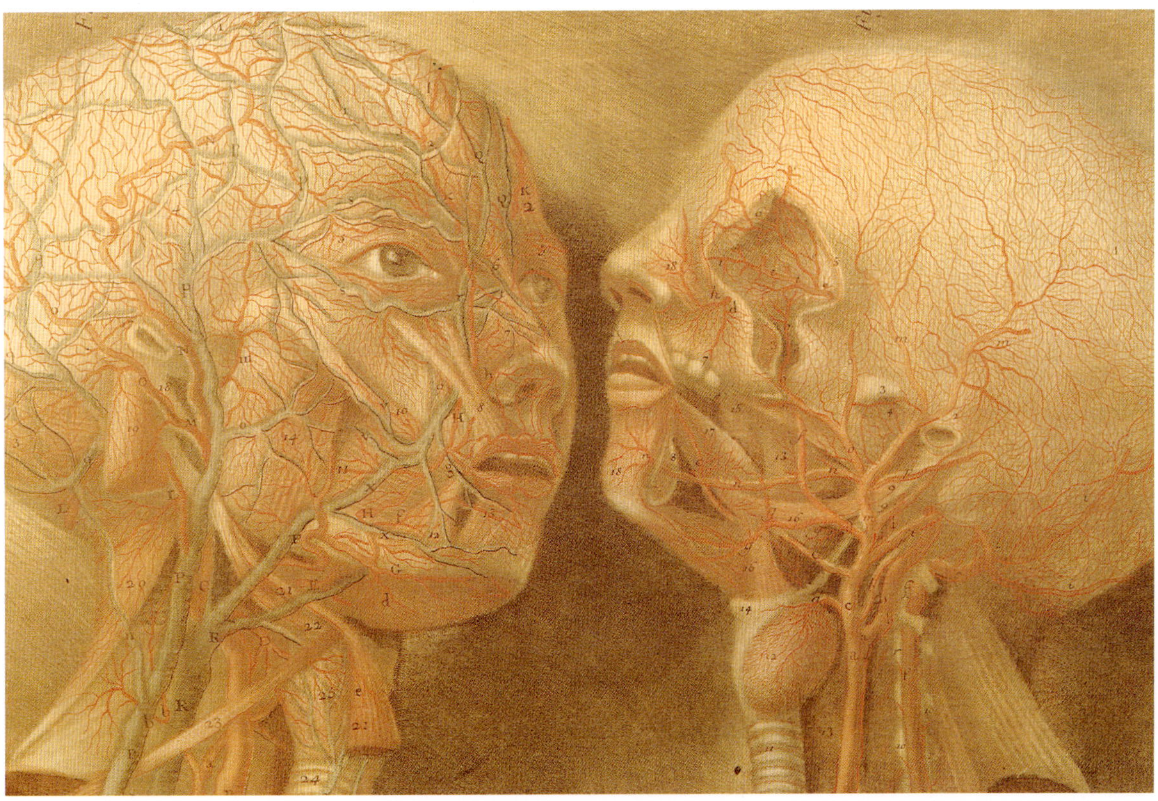

sin, die gleichen Abspülungen an allen Stellen vorzunehmen, an denen sie die gleichen Wirkungen zu erzielen wünschte. Und die Prinzessin gehorchte ...«[27] Nach einiger Zeit kam der Ausschlag jedoch wieder, und Casanova inszenierte abermals seinen kabbalistischen Hokuspokus. »... Die von der Prinzessin übertragenen Zahlen machten ihr den Vorwurf, die vorgeschriebene Lebensweise außer acht gelassen zu haben, und sie gab zu, daß sie Liköre getrunken und Schinken gegessen habe ...«[28]

Psyche und physiologische Eigenheiten des schönen Geschlechts interessierten Casanova ganz besonders. Intensiv beschäftigte ihn die Frage, ob »... die Gelüste schwangerer Frauen einen Einfluß auf die Haut des Fötus haben können? ...«[29] Das Gefühlsleben der Mutter als Ursache der Muttermale auf der Haut des Kindes also? So abergläubisch die Frage anmutet, steckt doch der Wunsch nach professioneller Ergründung der Wechselwirkung zwischen den spezifisch weiblichen Organen und der Psyche – oder auch der Steuerung durch das Gehirn – der Frau dahinter. Zur erregten zeitgenössischen Diskussion der medizinischen Fachwelt, welches der beiden Geschlechter bei der Begattung die intensiveren Gefühlserlebnisse habe, trug Casanova ebenfalls fachmännisch bei. Der damalige anatomische Befund, es gäbe keine nervliche Verbindung zwischen Gebärmutter und Vagina zum Gehirn, dominierte die hitzigen Erörterungen. Casanovas Betrachtungen zeichnen sich durch eine gewisse Originalität aus, wenn er zum Beispiel das »wilde innere Organ ...«[30] der Gebärmutter – ein »unabhängiges, unvernünftiges und unbezähmbares Wesen«[31] – für die psychischen Eigenheiten der Frau verantwortlich macht. Seine Ablehnung klerikaler Körperfeindlichkeit und eine gewisse Vorausahnung dessen, was inzwischen als komplexer Hormonhaushalt bekannt ist, führten ihn zu bemerkenswerten Auslassungen. Je nach Erregung »des wichtigsten Körperbereichs der Frau«[32] kann es nach Casanova zu recht unterschiedlichen Verhaltensweisen kommen: »... Das führt dann bei der einen zu Krämpfen, die anderen läßt es verrückt werden; noch andere werden fromm, wie die heilige Therese oder die heilige Maria von Agreda. Es läßt eine Menge Messalinas entstehen, die jedoch nicht unglücklicher sind als die zahllosen Frauen, die des Nachts halb schlafend, halb wachend in ihren Armen den heiligen Antonius von Padua, den heiligen Luigi Gonzaga, den heiligen Ignatius oder das Jesuskind halten ...«[33] Nun bricht aus Casanova die Abneigung gegen die Amtskirche voll heraus: »Bemerkenswert ist, daß diese armen Unglücklichen alles dem Priester oder dem Mönch beichten, der über ihr Gewissen wacht; und nur selten öffnet der geweihte Schinder ihnen die Augen ...«[34]

Der »wichtigste Körperbereich der Frau« hatte es Casanova dermaßen angetan, daß er sich einige Zeit später mit einer gewitzten Streitschrift in eine Polemik einmischte, die zwei junge Professoren der Medizin an der Universität Bologna austrugen. In der Buchhandlung »All' Insegna di S. Tommaso« des Dichters Jacopo Taruffi lernte er den jungen, schielenden Abbate Francesco Zacchiroli (1750–1826) kennen, »... bei dem ich binnen einer Viertelstunde Geist, Bildung und Geschmack fand ...«[35] Zacchiroli schenkte ihm zwei Druckschriften: »... Er sagte mir, ich würde beim Lesen lachen, und er hatte recht ...«[36]

Eine dieser Schriften trug den Titel »Di Geniali Delle Donne Ridotta Al Suo Vero Principio« und war 1771 in Bologna erschienen; ihr nichtgenannter Verfasser war Petronio Zecchini (1739–1793), Professor der Philosophie und Medizin an der Universität Bologna. Mit dem glossierenden Alternativtitel »der denkende Uterus« brachte Casanova den Inhalt dieser Broschüre

---

»... Bei meinem Bemühen, alles zu ergründen, erkannte ich, daß der Krampf nichts anderes war als eine unwillkürliche Bewegung, ein plötzliches Zusammenziehen der Muskeln, das nur durch Nervenreiz hervorgerufen sein konnte; dieser Reiz mußte von den Blutgefäßen des Gehirns herrühren, denn ich ging von dem Prinzip aus, daß jede äußere Bewegung ihren Anlaß nur im Gehirn haben kann, weil sie im gesunden Zustand ja vom Willen abhängt. Wenn also die Krankheit, sagte ich mir, ihren Ursprung im Gehirn hat, kann das Gehirn dieser Kinder nur durch starke seelische und den Organismus störende Ursachen angegriffen sein ...«

»Eduard und Elisabeth«, Band 3, Seite 32

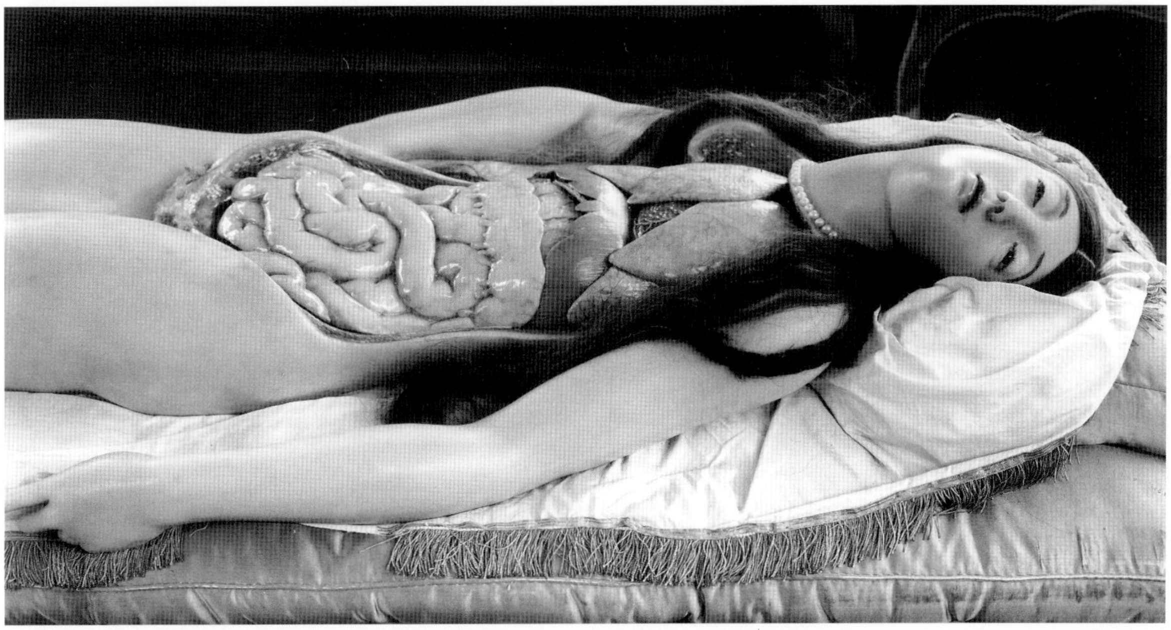

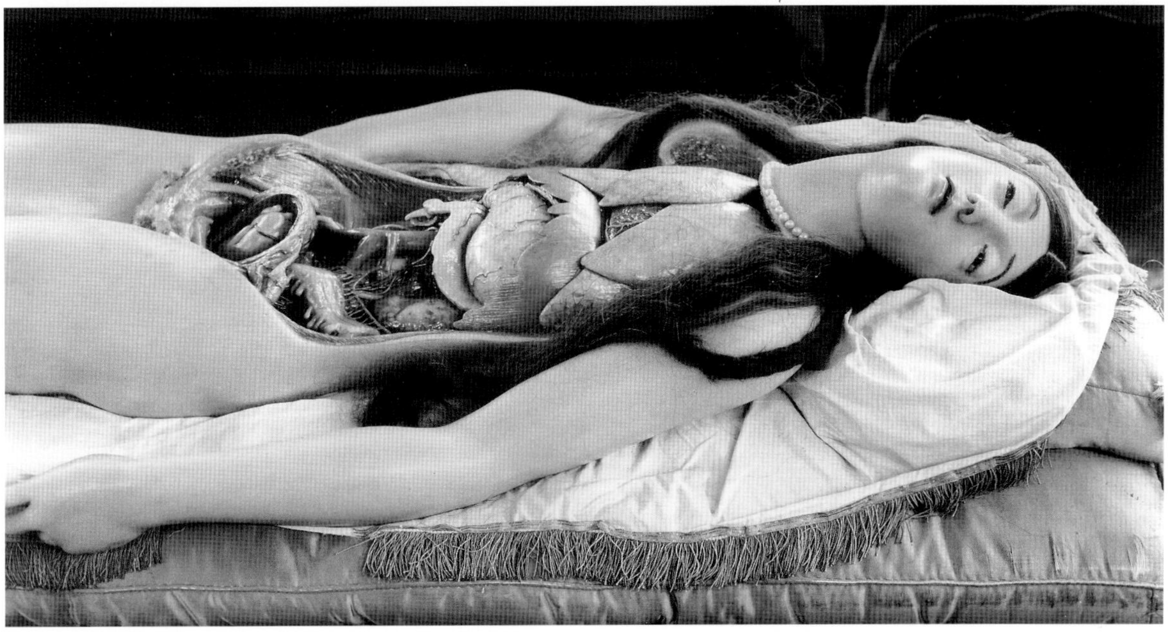

Für die Studiengänge in Anatomie bediente man sich im 18. Jh. gern verkleinerter, kunstreich aus Bossierwachs gefertigter Modelle des menschlichen Körpers als konkretes Anschauungsmittel. So konnte man dieser Dame von gespenstischer Schönheit der Künstler Susini und Ferrini aus Florenz – ein wächsernes Memento mori – zunächst Haut, Brüste und Muskulatur abnehmen. Die nun freiliegenden inneren Organe waren ebenfalls nach und nach herausnehmbar. Solche Figuren erfreuten sich bei Examenskandidaten der Anatomie als Vorbereitungshilfe zu Prüfungen größter Beliebtheit. Museo Zoologico »La Specola«, Florenz

1.

Wachsplastik eines Ungeborenen am Ende der Schwangerschaft in natürlicher Größe. Wahrscheinlich stammt dieses Kunstwerk aus den Sammlungen des italienischen Gelehrten Felice Fontana, Hofphysiker des Großherzogs der Toskana, Ende 18. Jh. Wien, Josephinum.

auf den kürzestmöglichen Nenner. Diese Schrift »... versuchte zu beweisen, daß man den Frauen alle ihre begangenen Fehler verzeihen müßte, weil sie von der Gebärmutter abhängig seien, die sie gegen ihren Willen beeinflusse ...«[37]

Dieser Auffassung widersprach Germano Azzoguidi (1740–1814), Professor der Anatomie und Medizin ebenfalls an der Universität Bologna, mit der anonym in Französisch verfaßten Schrift »Lettres de Madame Cunégonde écrites de B... à Madame Pacquettes à F...« Offenbar befürchtete der Verfasser ein Eingreifen der Zensur, denn er hatte Erscheinungsort und -jahr – Bologna 1771 – kaschiert und »Paris 1789« angegeben. Dieses Pamphlet bedachte Casanova mit dem Kurztitel »La force vitale«, »die Lebenskraft«. »... Die zweite Schrift war eine Kritik der ersten. Der Verfasser gab zu, daß der Uterus zwar etwas Tierisches sei, aber er behauptete, daß er keinen Einfluß auf die Vernunft der Frau ausübe, denn die Anatomie habe noch niemals die geringste Verbindung zwischen diesem Eingeweide, der Hülle des Fötus, und dem Gehirn entdeckt.«[38]

Casanova beschloß sofort, sich kräftig einzumischen. »... Ich bekam Lust, eine Widerlegung dieser beiden Abhandlungen drucken zu lassen, und ich verfaßte sie in drei Tagen. Als sie fertig war, schickte ich sie nach Venedig an Signor Dandolo, um sofort fünfhundert Exemplare davon drucken zu lassen ...«[39] Wieder einmal hatte er ein Motto aus seinem Lieblingsklassiker Horaz gewählt: »Alter rixatur de lana saepe caprina«[40] – »Der andere zankt oft um der Ziege Bart«. Und so nannte er sein Werk »Lana Caprina ...«

»... Ich machte mich über die beiden Autoren lustig und behandelte den Stoff in scherzhafter Art, jedoch nicht ohne ernsthafte Prüfung. Ich hatte der Schrift ein französisches Vorwort vorangeschickt, das mit echt Pariser Redensart des einfachen Volkes gespickt war, so daß der Text für viele unverständlich blieb. Dieser Schelmenstreich verschaffte mir die Bekanntschaft vieler jungen Leute ...«[41]

Jahrzehnte später sollte Casanova ausgerechnet in seiner Arbeit über die Verdoppelung des Würfels noch einmal auf dieses Thema zurückkommen. In »§ 16, Unbeweisbare Überlegungen« stellt er mechanistischen Ansichten, wie sie Julien Offray de La Mettrie (1709–1753) in seinem Werk »L'homme machine« 1748 geäußert hatte, seine eigene Theorie gegenüber, in der alle psychischen Aktivitäten aus physiologischen Ursachen entspringen. Im Gegensatz zu La Mettrie, der die Welt eher als Physiker – in modernem Verständnis – oder vielleicht gar als Mechaniker sah, war Casanova eben mehr Chemiker. Für ihn war es selbstverständlich, daß es zwischen Physis und Psyche stets Wechselwirkungen geben muß: »... Die animalischen Lebenskräfte haben keine Nerven, aber sie können auf sie wirken, und das müßte genügen, um zumindest als möglich erscheinen zu lassen, daß Gelüste auf der Haut des Kindes ein Zeichen hinterlassen ...«[42] Bemerkenswerterweise war es gerade dem beruflich gesehenen »Nichtmediziner« Casanova besonders bewußt, wie wenig die medizinische Wissenschaft des 18. Jahrhunderts zu erklären vermochte. »... Da der Gedanke nicht Materie ist, bin ich nicht imstande zu erklären, auf welche Weise er die Materie beeinflussen könnte, aber ich sehe, daß er auf sie wirkt, und halte mich nicht für berechtigt, die Tatsache zu leugnen, nur weil ich ihren Grund nicht kenne.«[43] Es sei angemerkt, daß es erst in jüngster Vergangenheit geglückt ist, die Physiologie des Gehirns und die

---

❞ ... Ohne ... die Geschicklichkeit dieses Kochkünstlers würde der berühmte atheistische Arzt La Mettrie nicht an einer Verdauungsstörung gestorben sein; denn die Pastete, von der er ... im Übermaß aß, war von Noël zubereitet worden.
La Mettrie speiste abends zu seinen Lebzeiten oft bei Madame Rufin, und ich bedauerte sehr, daß er so früh gestorben war. Er starb lachend, obgleich man behauptet, daß es keine schmerzhaftere Todesart gebe als die durch eine Verdauungsstörung. Voltaire sagte mir, er glaube nicht, daß es einen entschiedeneren Atheisten gegeben habe als La Mettrie und jedenfalls keinen mit gründlicheren Kenntnissen; ich war davon überzeugt, nachdem ich seine Werke gelesen hatte. Der König von Preußen hielt in eigener Person in der Akademie die Leichenrede auf diesen Arzt und sagte: Es sei nicht zu verwundern, daß La Mettrie nur habe die Materie gelten lassen; denn allen Geist, den es gebe, habe er selber besessen. Nur ein König kann sich in einer ernsten Leichenrede eine solche scherzhafte Ansicht erlauben ... ❞

Band 10, Seite 66

„... Eine tröstende Philosophie behauptet, im Einklang mit der Religion, die Abhängigkeit der Seele von Sinnen und Organen sei nur zufällig und vorübergehend; sie werde frei und glücklich sein, wenn der Tod des Körpers sie aus dieser sklavischen Abhängigkeit erlöst habe. Das ist sehr schön, aber – abgesehen von der Religion – welche Gewähr haben wir? Da ich also aus eigenem Augenschein die vollkommene Gewißheit der Unsterblichkeit erst dann erlangen kann, wenn ich nicht mehr lebe, so wird man mir verzeihen, daß ich es nicht sehr eilig habe, zur Erkenntnis dieser Wahrheit zu gelangen; denn die Erkenntnis, die das Leben kostet, scheint mir doch zu teuer bezahlt zu sein ...“

Band 1, Seite 11 und 12

chemischen Reaktionen der Nervenleitung physiologisch-chemisch zu erklären. Im Gegensatz zu einer Vielzahl der Ärzte seiner Epoche konnte sich Casanova eine gegenseitige Beeinflussung menschlicher Organe auch dann vorstellen, wenn keine Nervenbahnen sie verbanden. Es schienen ihm noch andere Möglichkeiten der Signalübertragung denkbar – eine Grundauffassung, die sich sehr viel später als richtig erweisen sollte: »... Ziehen wir schließlich in Betracht, daß dieses denkende Gehirn und diese beeinflußte Gebärmutter das gleiche Haus bewohnen und daß allein schon die Wärme, die darin zirkuliert, eine der Wissenschaft unbekannte Fähigkeit haben kann.«[44]

Energisch weist Casanova die Ärzte seiner Zeit darauf hin, daß sie über die Grundlagen der Vererbung so gut wie nichts wußten. Er hielt es durchaus für möglich, daß allein die Betrachtung des Portraits eines geliebten Menschen durch die werdende Mutter dem entstehenden Kind Ähnlichkeit mit einem Verblichenen aufprägen könnte: »... Man sieht immer wieder Kinder, die mit Gesichtszügen eines Menschen geboren sind, der nicht mehr lebt und dessen Portrait gegenüber dem Alkoven der Mutter hängt. Weise ist der Arzt, der bekennt: ›Ich begreife nicht, wie das möglich ist.‹ Ich weiß aus Erfahrung, daß geistige Leiden die Einbildungskraft beeinflussen und der Körper unmittelbar dadurch bestimmt wird, so daß man daran sogar stirbt.«[45]

Noch einmal leuchtet Casanovas Hochachtung vor den Kenntnissen der Antike und seine Skepsis vor dem Wissen seiner eigenen Zeit auf. Auch seine medizinischen Zukunftserwartungen sind nicht besonders hochgestimmt: »... Die Nachwelt wird den Alten vielleicht Fehler nachweisen; die Modernen aber würden in der gleichen Lage wie die Alten sich nicht verteidigen können. Dessenungeachtet schreiben wir andauernd und schaffen Objekte für die Kritik jener, die nach uns geboren werden und die, um unsere Stümpereien zu entlarven, gescheiter sein müssen als wir ...«[46]

Dieses Spätwerk Casanovas ist überhaupt von eher skeptisch-resignativer Stimmung: »Alles was der Mensch weiß und nicht niederschreibt, ist so gut wie verloren ... Unser Kopf ist der Behälter für alles, was wir uns durch Studium erworben haben, und bei unserem Tod wird der Behälter mit allem, was er enthält, begraben ...«[47] Dieser Zusammenhang führt ihn zu einer Infragestellung der Auffassung von der menschlichen Seele. Das Ergebnis seiner Analyse dürfte gestandenen Theologen wenig behagen: »... Das Ende des Lebens ist auch das unserer Kenntnisse, denn die Seele, obgleich unsterblich, ist eine Substanz, die über keine erworbenen Fähigkeiten verfügt; jedenfalls sieht man nicht, welchen Gebrauch sie davon nach ihrer Trennung von der Materie machen könnte ...«[48] Unvermittelt wird der Rückzug des Alters aus der dinglichen Welt bemerkbar: »... Jede Erinnerung ist materiell, und zu unserem Nachteil spüren wir das jeden Augenblick ...«[49] Und mit einem Ausblick in immaterielle Sphären – sei es aus Überzeugung oder zum Trost für gläubige Leser seiner mathematischen Abhandlung – schließt Casanova: »... Wenn wir nach unserer Auferstehung uns wieder daran erinnern müssen [!!], so wäre das ein Akt der göttlichen Allmacht; in Erwartung dieses großen Tages wird sich die erwählte Seele eines reinen und himmlischen Wissens erfreuen, von dem wir keine Vorstellung haben.«[50]

Zwei Ruderboote gleiten in Kiellinie durchs Wasser

Eine Neigung zu Natur- und Erlebnislyrik läßt sich dem Literaten Casanova kaum nachsagen. Obgleich er auf seinen langen und wechselvollen Reisen und Wanderschaften wohl unzählige eindrucksvolle Sonnenuntergänge, dräuende Gewitter und bedrohliche Stürme erlebt haben muß, schildert er sie stets nüchtern und distanziert. Auch die Seereisen im Dienst der Serenissima hinterließen in seinem Werk keine lyrischen Spuren – stimmungsvolle Naturbeobachtungen und empfindsame Beschreibungen mediterraner Häfen wird man bei ihm vergeblich suchen. So ist es für ihn typisch, daß er eine wichtige maritime Beobachtung (über die er sicherlich auf seinen Seereisen hatte reden hören) als Problemstellung der von ihm so sehr geschätzten Antike auffaßt und nicht als – unterstellterweise mitgehörte – Fachsimpelei über ein nachvollziehbares Erfahrungswissen venezianischer Seeoffiziere an Bord einer Galeere.

Zur Zeit Casanovas waren Hydraulik, Hydrodynamik und theoretische Fragen des Schiffbaus sowie Aerodynamik des Segelns in vielen Teilbereichen noch weit von einer vollen Mathematisierung entfernt. Zur Theorie des Segelns und zur Gestaltung von Schiffsrümpfen allerdings gab es recht beachtliche Untersuchungen. Trotzdem sollten noch zwei Jahrhunderte vergehen, bis man zu einer Theorie beispielsweise der wechselseitigen Beeinflussung von verschiedenen Segeln am gleichen Schiff kam oder die Frage der reziproken Wirkungen zweier sich in den Medien Luft oder Wasser bewegender Körper studierte. Doch waren – nach Casanova – dergleichen Phänomene schon in der Antike aufgefallen. So war es in der venezianischen Marine beispielsweise aus taktischen Gründen durchaus üblich, Galeeren dicht auf dicht in Kiellinie rudern zu lassen.

Im letzten Abschnitt von Gennaro Ghiradellis überaus verdienstvoller Herausgabe von Casanovas Werk »Über den Selbstmord und die Philosophen« finden sich »Neun Dialoge«, in denen zwei – wie Versuchskandidaten nur mit »A« und »B« benannte – Menschheitsvertreter über den Freitod philosophieren. Als sie das traurige Thema schließlich ermüdet – »... Laßt uns nun unseren Geist anderwo zerstreuen, wo es der Überlegung nicht so sehr bedarf ...«[1] –, wenden sich die beiden Wortfechter im achten Dialog der »Physik« zu. Doch mit ihr stellt sich Casanova ein nur scheinbar leichteres philosophisches Problem, da es ihm hier um die gar nicht triviale Frage geht, ob Newtons Satz »actio = reactio« auch wirklich immer gilt. Casanova läßt die Diskussion seiner Frage auf einer vorgeblich aus der Antike stammenden Gesprächsvorlage zwischen »Martius« und »Phokas« mit scheinbar einfacher Problemstellung basieren. Zwei Ruderboote fahren auf einem Fluß in Kiellinie dicht hintereinander her, einmal mit der Strömung, das andere Mal gegen sie. Casanova fragt sich, ob das hinten rudernde Boot das vor ihm fahrende derart beein-

Diese Skizze veranschaulicht, wie das Kielwasser des ersten Bootes das zweite Boot mitschleppt.

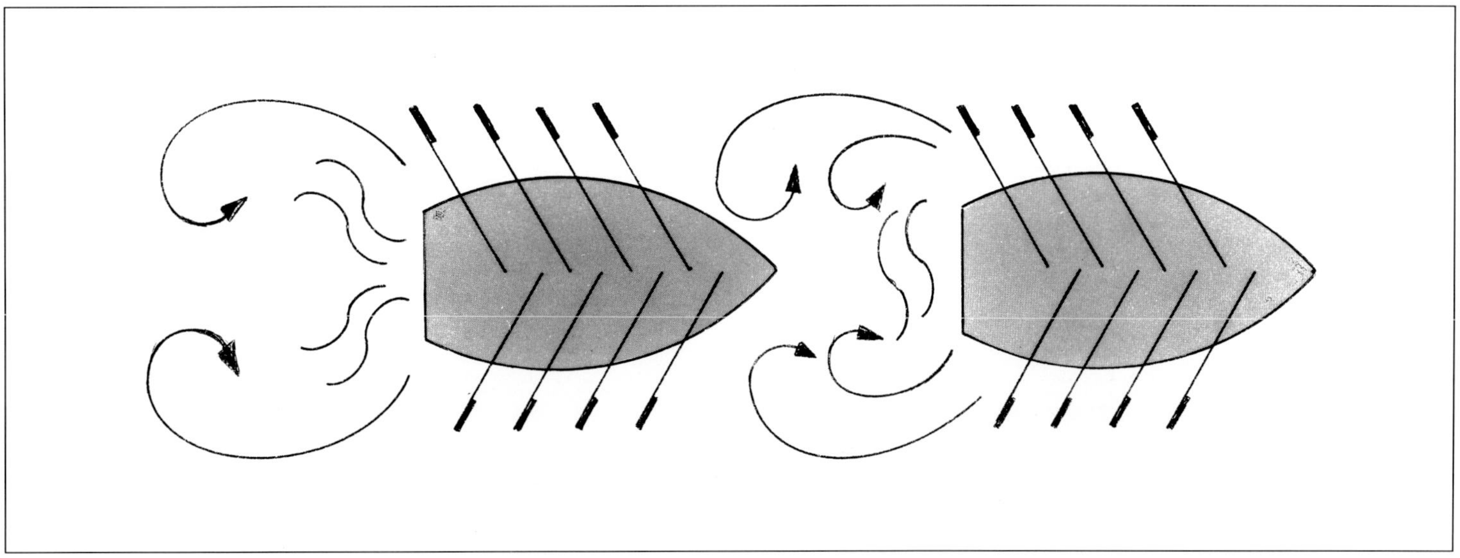

Casanova behauptete von sich, ein kundiger, aber nicht übertrieben geschickter Gondoliere gewesen zu sein. Bei seinen nächtlichen Bootsfahrten im Zeichen der Venus bevorzugte er allerdings das leichter zu handhabende »Sandolo«, in dem der bugwärts blikkende Ruderer, anders als der auf Deck stehende Gondoliere, das Boot mit gekreuzten Riemen antreibt. Auf diesem Gemälde Gabriele Bellas einer »Regatta delle Donne auf dem Canal Grande« sind im Hintergrund zwei für Casanovas Leben wichtige Gebäude zu erkennen: links die »Dogana del Mar« mit ihren Salzlagern, die er durch angeblichen Salzschmuggel betrogen haben soll, rechts das Priesterseminar von »Santa Maria della Salute«, wo er Physik studiert hatte. Fondazione Scientifica Querini Stampalia, Venedig.

flußt, daß die Ruderer des vorderen Bootes sich, um die gleiche Geschwindigkeit zu halten, mehr anstrengen müssen als jene des dicht in ihrem Kielwasser folgenden Bootes. Nach Casanova entspräche dies der Erfahrung der Ruderknechte, doch nach den physikalischen Grundtheoremen des 18. Jahrhunderts schien eine Beeinflussung des hinten rudernden Bootes auf das vordere kaum denkbar. Wie sollte hier der Ansatz für »actio = reactio« greifen?

Das Gespräch endet letztlich unentschieden: »... Der Druck von Flüssigkeiten, der die Grundlage ihres Gleichgewichtes darstellt, läßt vermuten, daß Phänomene auftreten werden, die außerhalb der allgemeinen Regeln zu sein scheinen und die wir selbst dann noch anzweifeln, wenn wir sie durch den Versuch bestätigt gesehen haben. Sobald diese Phänomene aber bekannt sind, bedarf die Hydrostatik keiner Versuche mehr; die Hydraulik selbst wird zu einer fast mathematischen Wissenschaft; denn wenngleich man die Gesetze von den Bewegungen der Flüssigkeiten aus den Gesetzen ihres Gleichgewichts herleitet, so gibt es doch Fälle, wo man die reinen nur vermittelst Hypothese auf die anderen zurückführen kann. Um aber zu beweisen, daß diese Hypothese keine willkürliche ist, bräuchte man den Versuch ...«[2]

Casanova wußte wahrscheinlich nicht – und konnte es auch nicht wissen –, daß der britisch-schwedische Schiffbauer Fredrik Henrik af Chapman (1721–1808) in seinem berühmten, 1768 erschienenen Werk »Architectura Navalis Mercatoria« eine Versuchsanordnung beschrieben hatte, mit der die wechselseitige Beeinflussung zweier dicht in Kiellinie fahrender Schiffe meßbar gewesen wäre. Die Versuchsapparatur galt Schleppversuchen von maßstabgetreuen Modellschiffen in Bassins; als Antrieb dienten Gewichte, die über Seilrollen und Flaschenzüge unter definierten Bedingungen die Modelle in Bewegung setzten. Inzwischen sind die Erfahrungen antiker Ruderknechte längst bestätigt und erklärt. Ähnliche Effekte wurden in unserem Jahrhundert an in Luft schnell bewegten Körpern oft beobachtet und studiert. Auch zu Lande hatte die Erkenntnis ihre praktischen Auswirkungen, unter anderem auf die in den zwanziger Jahren dieses Jahrhunderts beliebten »Steher-Rennen«, in denen Radfahrer dicht hinter Motorrädern herfuhren, an deren Heck Schilde in entsprechend berechneter Größe montiert waren. Bei den Autorennen unserer Tage läßt sich dieser Effekt ebenso beobachten, wenn dicht hinter einem einherrasenden Rennwagen ein zweiter auf dessen Kosten gewissermaßen Energie nassauert. Tatsächlich verlangsamt das hintere Fahrzeug das vordere und kann so selbst Benzin sparen.

❞ A: ... Das Verhältnis zwischen Aktion und Reaktion muß im selben Augenblick zustande kommen, in dem der agierende Körper auf den reagierenden einwirkt; wenn dem nicht so wäre, gäbe es keine Reaktion. Das Boot übt seine Aktion aufs Wasser aus, das Wasser seine Reaktion aufs Boot, dasselbe Boot, das zuvor auf es einwirkte. Das nachfolgende Boot übt eine andere Aktion aus, die zur Ursache der unverzüglichen Reaktion jenes Wassers wird, auf das es stößt, also anderes Wasser, nicht dasselbe, das auf das vorausfahrende Boot agierte beziehungsweise reagierte.

Da die Flüssigkeiten ineinander übergehen, löst die Aktion des ersten Bootes auf das Wasser zwangsläufig eine Reaktion aus, die zum Ursprung vieler nachfolgender Aktionen und Reaktionen des Wassers wird, welche dann bis zum zweiten Boot, ja noch weiter gelangen können.

Ich sehe aber nicht, wie die Wirkung dieser Aktionen oder Reaktionen die Bewegung des ersten Bootes verlangsamen soll; sie können nicht mit ihm in eins gehen, da es in jedem Augenblick seines Laufs auf ein neues Wasservolumen einwirkt und jenes hinter sich läßt, das es mit gleicher Geschwindigkeit durchmessen hat. Das von ihm durchmessene Volumen aber kann nicht durch das zweite Boot verändert worden sein, da dieses in jenem Augenblick, in dem sein Aufprall auf das Volumen einwirkt, das es durcheilt, nicht auf ein anderes Volumen einwirken kann ... ❞

»Über den Selbstmord und die Philosophen«, Seite 151

»Der Tod ist ein Ungeheuer, das den aufmerksamen Zuschauer aus dem großen Welttheater hinausjagt, bevor das Stück, das ihn interessiert, zu Ende gespielt ist ...«

Was blieb?

❞ A: Als der Philosoph einen alles verfügenden Schöpfergott zuließ, so tat er dies, ... nur dank der eigenen Unwissenheit. Er warf einen Blick auf das Universum, betrachtete den Himmel, sah die Dinge auf Erden, beobachtete tausend verschiedene Entwicklungen, wie sie in allen Dingen angelegt sind, und sie erschienen ihm würdig, Ordnung genannt zu werden; und Ordnung mußte er sie tatsächlich nennen, denn nichts kann ohne Ordnung bestehen. Doch merke wohl, daß in derselben Ordnung derselbe Philosoph, untersuchte er sie gründlich, die von der Ordnung ausgehende Unordnung entdecken könnte. Ihn aber überraschten tausend Schönheiten. Die Unermeßlichkeiten des Raumes, die verschiedenen Himmel, die massigen flammenden Lichtquellen, die sie erleuchten, die Elemente, der Mensch, die Tiere, Pflanzen, Mineralien und alles. Es ist unmöglich, sagte er sich, daß all diese großen Dinge vom Menschen gemacht wurden, doch sicherlich wurden sie von jemandem gemacht: Wer also war der Urheber dieses großen Werkes? Der Zufall nicht, da der Zufall nicht überlegt, alles, was ich sehe, aber wohlüberlegt ist; es war also ein Gott, welcher immer war und immer sein wird ... ❞

»Über den Selbstmord und die Philosophen«, Seite 104

Möglicherweise war es Prince de Ligne, der seinem Schwiegersohn, Graf Waldstein, den greisen Abenteurer Casanova als Bibliothekar auf Schloß Dux in Böhmen empfahl.

In seiner exzessiven Lebensfülle hatte Casanova kaum je einen Gedanken ans Älterwerden, geschweige denn ans Alter verschwendet, erst im zwölften und letzten Band seiner Memoiren dämmert zunehmend das Bewußtsein herauf, den Zenit des Lebens überschritten zu haben: »... Ich hatte das Gefühl, nicht mehr jung zu sein. Sechsundvierzig Jahre erschienen mir ein hohes Alter. Es begegnete mir bereits, daß ich den Liebesgenuß weniger lebhaft, weniger verführerisch fand, als ich ihn mir vorgestellt hatte ... Außerdem fand ich, daß sich das schöne Geschlecht nicht mehr auf den ersten Blick für mich interessierte; ich mußte erst sprechen ...«
Wehmut und Resignation begannen ihn anzufechten. Nie hatte er sich um mehr als den Augenblick gesorgt – wo war nun seines Lebens Ernte, wovon überhaupt wollte er im Alter leben? »... Ich mußte mir gegen meinen eigenen Willen eingestehen, daß ich meine ganze Zeit vergeudet hatte, und das wiederum bedeutete, daß ich mein

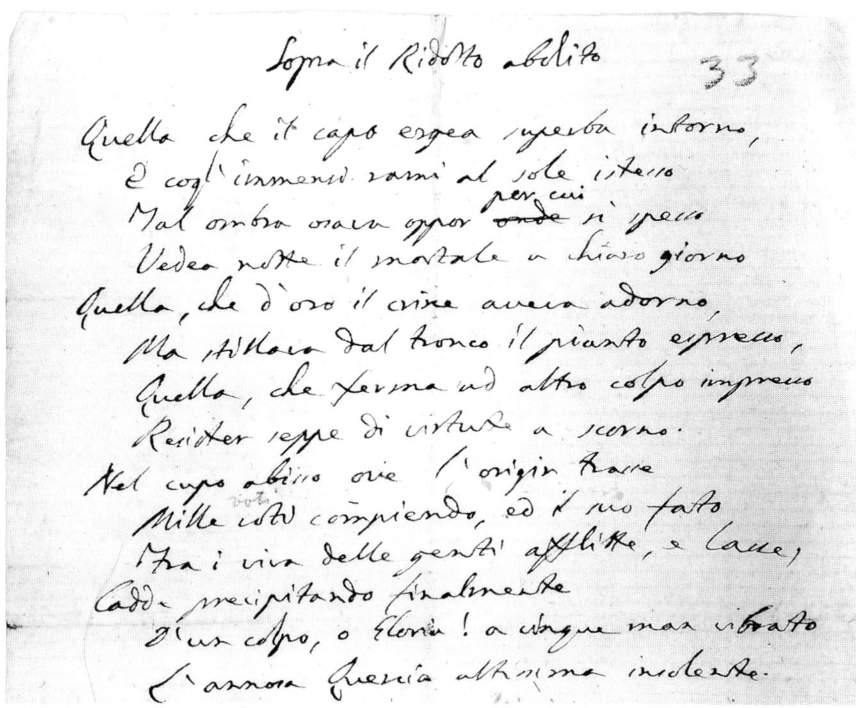

Sopra il Ridotto abolito 33

Quella che il capo ergea superba intorno,
E cogl' immensi rami al sole istesso
Mal ombra oscura oppor ~~onde~~ per cui si spesso
Vedea notte il mortale a chiaro giorno
Quella, che d'oro il crine avea adorno,
Ma stillava dal tronco il pianto espresso,
Quella, che ferma ad altro colpo impresso
Resister seppe di virtude a scorno.
Nel cupo abisso ove l'origin trasse
Mille voti compiendo, ed il suo fato
Fra i viva delle genti afflitte, e lasse,
Cadde precipitando finalmente
D'un colpo, o Eloria! a dunque mai vibrato
L'annosa Quercia altissima insolente.

Sonett Casanovas auf die Schließung des Ridotto in Venedig 1774 (?).

Giacomo Casanova im 63. Lebensjahr, gezeichnet und gestochen von Heinrich Berka.

Auf Schloß Dux gab es eine herrliche Bibliothek von über vierzigtausend Bänden. Der Graf gewährte Casanova beim Ankauf von Büchern völlig freie Hand. Es scheint, daß diese Bibliothek zur Zeit Casanovas nur einen einzigen eifrigen, ewig wißbegierigen Leser hatte: ihn selbst. Er beschaffte vor allem Werke, die er für sein eigenes Œuvre benötigte. Die dreizehn Jahre auf Schloß Dux waren die literarisch fruchtbarsten seines langen Lebens.

ganzes Leben vergeudet hatte...« Unter dem Gesichtspunkt des Genusses war es so vergeudet wohl nicht, doch Casanovas Lebenstief sollte ihn – auch als existentielle Krisis – noch drastischer bedrängen. Nachdem er wegen der Affäre um »Weder Liebe noch Frauen« aus Venedig entwichen war, schrieb er am 22. September 1782 aus Triest: »... der Winter ist bald da; der Gedanke, wieder ein Abenteurerleben zu führen, läßt mich lachen, besonders wenn ich mich im Spiegel betrachte...« Doch alle Selbstbespiegelung konnte ihn nicht davor bewahren.

Schließlich stellte ihn Joseph Karl Emanuel, Graf von Waldstein, als Bibliothekar auf Schloß Dux an. Die Bibliothek umfaßte vierzigtausend Bände. Offenbar ließ der Graf, der selbst das Leben vorwiegend anderswo genoß, seinem Bibliothekar völlig freie Hand, und so widmete sich Casanova intensiv der Neuanschaffung von Büchern und Zeitschriften, vorzugsweise von Werken, die seinen eigenen Interessen und literarischen Arbeiten nützlich waren. Von seiner geradezu fürstlichen Apanage – jährlich tausend Gulden bei freier Kost und freiem Wohnen, eigenem Diener und eigener Kutsche – blieb ihm allerdings wenig übrig, denn nun hatte er nach seinem abenteuerlich unsteten Flucht- und Wanderleben einen festen Wohnsitz und war somit freilich auch für seine Gläubiger zu fassen.

Sein Altersfreund Charles de Ligne beschreibt liebevoll, jedoch mit kritischer Distanz die Seltsamkeiten des alten Casanova: »... man bilde sich nicht ein, daß Casanova ohne Stürme leben konnte. Kein Tag verging, ohne daß es wegen seines Kaffees, seiner Milch, seiner Schüssel Makkaroni... Lärm im Hause gab...« Auch blieb es de Ligne nicht verborgen, daß Casanova – durch und durch ein Mensch des »Ancien Ré-

gime« – langsam aus der Zeit geriet. »... Er hat deutsch gesprochen, man hat ihn nicht verstanden. Er hat sich geärgert; man hat gelacht. Er hat mit großen Gestikulationen seine italienischen Verse deklamiert; man hat gelacht... Er hat seinen Hut mit der großen Seidenfeder aufgesetzt, seinen goldgestickten Seidenrock, seine schwarze Sammetweste... angelegt; man hat gelacht...«
Allerdings konnte Casanova zu keiner Lebenszeit mit seiner Umgebung spannungsfrei auskommen. Jemand, der in jüngeren Jahren leidenschaftlich Duelle mit Pistolen und Degen auszutragen pflegte, mußte wohl auch ab und an seine Händel mit dem Duxer Schloßpersonal ausfechten. Vielleicht brauchte er überhaupt das Elixier Spannung, um der zu sein, der er war oder, genauer gesagt, der er erst noch werden sollte. Denn erst dieser, der wunderliche, der alte, ja altmodische und verdrossene Casanova wird seinem, dem 18. Jahrhundert als Schriftsteller ein bis auf die heutige Zeit unvergängliches literarisches Denkmal setzen. Seine letzten dreizehn Lebensjahre in Dux sollten die schaffensreichsten werden. Im übrigen hatte er als Bibliothekar die seinen Leidenschaften absolut gemäßeste Altersbeschäftigung gefunden – dieser Bibliophile, eher schon Bibliomane, der ernsthaft die Gemeinsamkeiten von Frauen und Büchern diskutieren konnte: »... Die Frau ist wie ein Buch, das immer, mag es gut oder schlecht sein, zunächst durch das Titelblatt gefallen muß. Wenn dieses

❞ Ich liebte alle scharfgewürzten Speisen: Makkaronipastete von einem guten Neapolitanischen Koch, die Olla potrida der Spanier, recht klebrigen Neufundländer Stockfisch, Wildbret im höchsten Stadium des Duftes und von Käse gerade diejenigen Sorten, deren Vollendung sich dadurch zeigt, daß die Tierchen, die sich in ihnen bilden, sichtbar werden. Süß fand ich stets den Geruch der Frauen, die ich geliebt habe, und je stärker eine roch, um so süßer schien sie mir! ❞ Band 1, Seite 14

Casanova (links) und Graf Waldstein in einer sehr idealisierten Darstellung; im Hintergrund Schloß Dux.

nicht interessant ist, so erweckt es keine Lust zum Lesen... Das Titelblatt der Frau ist genau wie das eines Buches von oben bis unten zu lesen...« Wenn sich die »Titelblätter« in eins ergaben und die beiden Leidenschaften in Casanovas Lebensbegegnungen sich vereinten, geriet er auf den Höhepunkt der Beglückung. Belesene schöne Frauen oder solche, deren Intellekt nach seinen eigenen Bildungsidealen formbar war, liebte er ganz besonders. Noch in der Erinnerung euphorisch, beschreibt er ein derart erfüllendes Abenteuer: »Am nächsten Tag fuhr ich... nach Lodi und kaufte dort alle Bücher, die für die schöne Clementina paßten... Es waren mehr als hundert Bände, Dichter, Geschichtsschreiber, Geographen und Naturforscher – nichts fehlte an der Sammlung...« Casanova muß die »schöne Clementina« – in Wahrheit Contessa Angela Gandini – schon sehr geliebt haben, und sie selbst muß sehr aufnahmebereit und fähig gewesen sein, den Intellekt ihres Liebhabers zu ertragen. »Ich verbrachte den Nachmittag im Schloß und beschäftigte mich nur damit, meiner Hebe einen Begriff von der Himmelskugel und Verständnis der Wolffischen Philosophie beizubringen. Ich schenkte ihr meine mathematischen Instrumente, die in ihren Augen eine unschätzbare Gabe waren. Ich war in Liebe zu ihr entflammt...«

Das Szenario ist schon bemerkenswert: In einem alten, ziemlich verfallenen Castell am Lombro gibt sich der sprichwörtlich klassische Liebhaber begeisterten Bemühungen hin, einer Achtzehnjährigen den »dogmatischen Rationalismus« und die auf Leibniz basierende Philosophie des zeitweilig von Friedrich II. sehr geschätzten, von Voltaire eher belächelten deutschen Philosophen Christian Freiherr von Wolff (1679–1754) nahezubringen!

Kein Zweifel, Casanova war in der Bibliothek des Grafen Waldstein gut aufgehoben.

Aber dennoch fühlte er sich nicht wohl. Die gesellschaftlichen Entwicklungen gingen an ihm vorüber: Die Französische Revolution konnte und wollte er nicht billigen; ihre Auswirkungen vermochte er letztlich nicht zu verstehen. Schmerzlich wurde ihm bewußt, daß sein Zeitalter verschwunden war, ihn in einer neuen Epoche zurückgelassen hatte. Die Apotheosen, die man für sein geliebtes und gehaßtes Vorbild Voltaire in Szene setzte, können ihm ebensowenig gefallen haben, wie die geradezu ungeheuerliche Wertschätzung, die die Öffentlichkeit gegenüber den von ihm als langweilig empfundenen Zeitgenossen Franklin und Rousseau an den Tag legte.

Zwar unterhielt der bejahrte Casanova weiter den ausgedehntesten Briefwechsel. Doch die

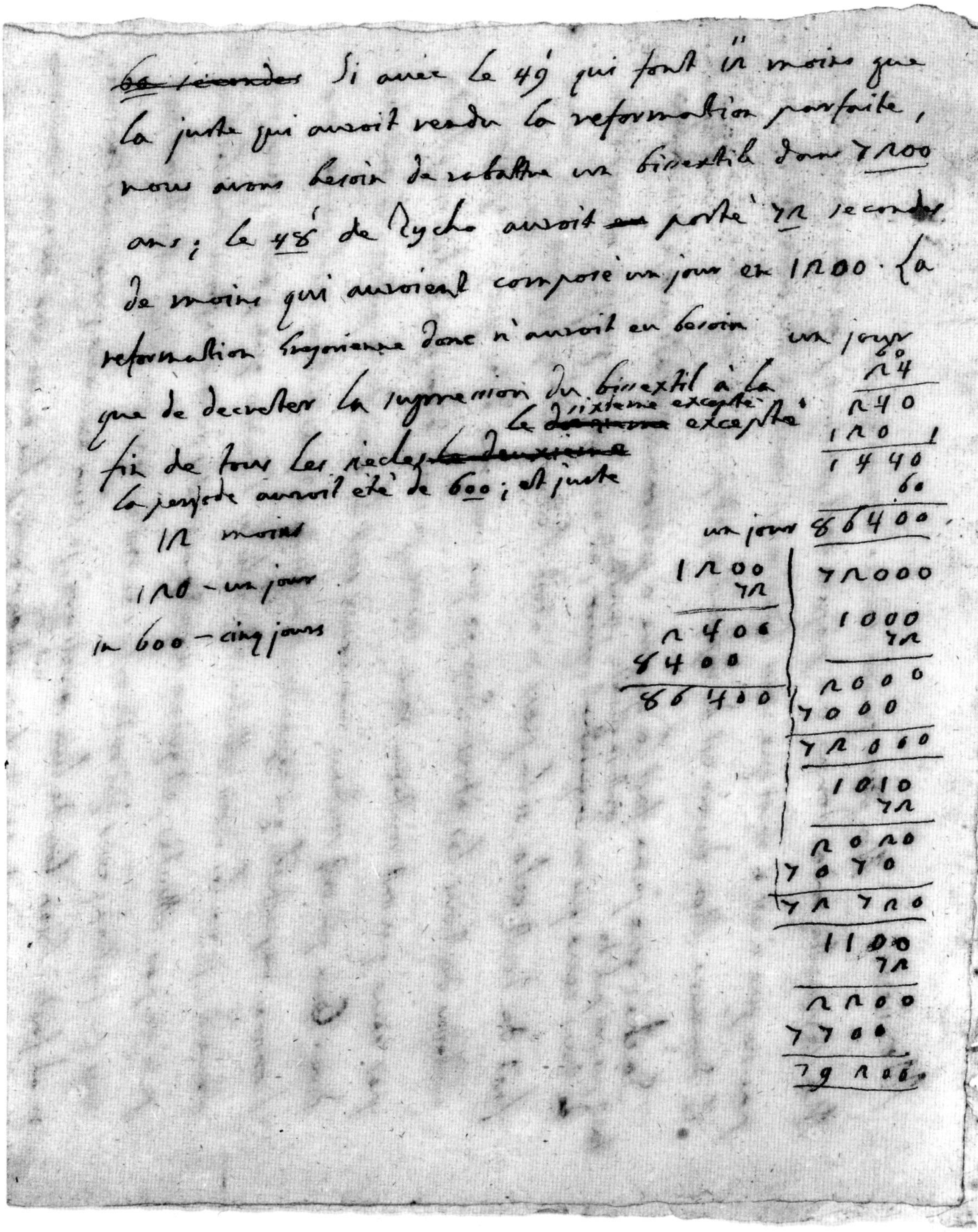

~~la seconde~~ Si avec le 49 qui font 11 moins que
la juste qui auroit rendu la reformation parfaite,
nous avons besoin de rabattre un bissextile dans 7200
ans; le 48 de Tycho auroit ~~eu~~ porté 72 secondes
de moins qui auroient composé un jour en 1200. La
reformation Gregorienne donc n'auroit eu besoin
que de decreter la suppression du bissextil à la
fin de tous les siecles ~~le douzieme~~ le dixieme excepté
La periode auroit été de 600; et juste

12 moins
120 – un jour
in 600 – cinq jours

un jour 60 / 24 / 240 / 120 / 1440 / 60 / 86400

1200 × 72 = 2400 + 8400 = 86400

72000 / 1000 × 72 = 2000 + 7000 = 72000 / 1010 × 72 = 2020 + 7070 = 72720 / 1100 × 72 = 2200 + 7700 = 79200

Casanovas Notizen zur Reform des Gregorianischen Kalenders in einem Brief an O'Reilly, März 1792 (?).

Viele seiner Zeitgenossen empfand Casanova als fade. Für die in der damaligen Kunst häufige Darstellung einer Apotheose, wie die Benjamin Franklins – hier von Fragonard –, dürfte er kaum Verständnis gehabt haben. Bilbiothèque Nationale, Paris.

Saint-Aubin, »Krönung Voltaires im Théâtre Français«. Musée du Louvre, Paris. Solch herausragende Ehrungen wie die einer »Dichterkrönung im Theater« oder die spätere Überführung von Voltaires Leichnam ins Pantheon blieben Casanova versagt.

Welt hatte ihn vergessen. Die Opern, zu denen er einst Libretti verfaßt hatte, und die Theaterstücke, die er einst bearbeitet hatte, wurden nicht mehr gespielt. Niemand hatte mehr Bedarf an wohlformulierten Sonetten in klassischem Latein oder zierlichem Französisch. Casanova war nicht der Mensch, der dies alles mit heiterer Gelassenheit ertragen konnte.
Die Wiederentdeckung dieser Werte und damit seiner Person begann erst Jahrzehnte nach seinem Tod, als die ersten genüßlich ausgewählten und reich illustrierten Teileditionen seiner Memoiren erschienen, die ihm den posthumen Ruhm eines besonders ausdauernden Sexathleten und eines erfolgreichen Technokraten für intime Stunden eintrug. Erst als in der zweiten Hälfte des vorigen Jahrhunderts ungekürzte Ausgaben seiner Memoiren auf den Markt kamen, brach sich die Erkenntnis Bahn, daß wir ihm die eingehendste Beschreibung des 18. Jahrhunderts verdanken. Erst jetzt – zweihundert Jahre nach seinem Tod – beginnt so etwas wie die Renaissance des Denkers Casanova, zu der auch der hier vorgelegte Versuch gehört. Uns Nachgeborenen bleibt nur die vielleicht ein wenig schmerzliche Erkenntnis, daß mit Casanova die Epoche wirklich allumfassend gebildeter Dilettanten wohl für immer dahinging. Nichts spricht dafür, daß sie je wiederkommen wird.

❞ ... Aber ich bin dennoch fest davon überzeugt, daß unsere Sonne eine Kreisbahn um ein anderes Gestirn durchläuft, das wir nicht sehen, stets begleitet von all ihren Planeten, die dabei nicht aufhören, sie ihrerseits ständig zu umkreisen. Das Zentralgestirn unserer Sonne muß sich nach einem gleichen Gesetz um ein anderes drehen, das andere um ein drittes, das dritte um ein viertes und so weiter bis ins Unendliche. Das ist meine Vorstellung von der Unermeßlichkeit des Weltraums. Sie übersteigt mein Fassungsvermögen, das gebe ich zu; doch wie ist Euch zumute, Mylady, wenn ihr die vierzehnhundert Sonnen bedenkt, die wir ohne Fernrohr sehen, und die unzähligen, die wir mit seiner Hilfe sehen, und schließlich alle jene, die wir auch damit nicht sehen werden. Gestattet mir also, daß ich mich in einem unermeßlichen Raum ergehe, indem ich mir zumindest eine Ordnung vorstelle ... ❞

»Eduard und Elisabeth«, Band I, Seite 269

»Selig,
wer es vermochte,
das Wesen der Welt
zu ergründen ...«

Vergil, »Georgica«, II, 490, in:
»Über den Selbstmord und die Philosophen«, S. 69

Casanovas Lebensreise

»... denn nachdem ich ganz Europa durchstreift hatte, wurde das Bedürfnis, meine Heimat wiederzusehen, so heftig, daß mir zumute war, als wenn ich woanders überhaupt nicht mehr leben konnte.«

CM, Band 10, Seite 223

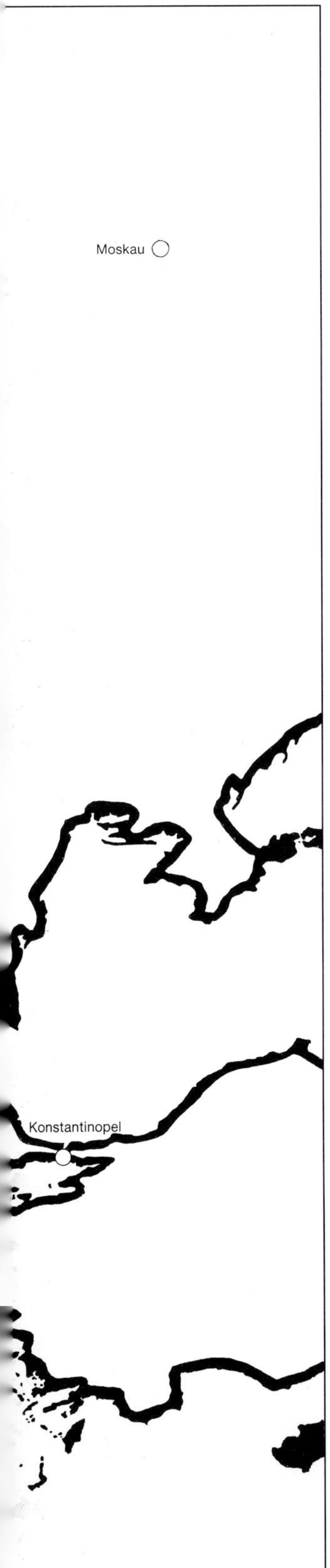

1734 Auf Anraten des Dichters Giorgio Baffo und eines Arztes in Padua in Pension.
1737 Immatrikulation in Padua.
1741 Im Frühjahr erste Reise nach Korfu und Konstantinopel.
1742 Im Frühjahr nach Venedig. Promotion an der Universität Padua.
1743 Aufenthalt auf Korfu. Priesterseminar auf Murano. Haft im Fort Sant' Andrea. Reise über Chioggia nach Ancona. Über Loreto zu Fuß nach Rom. 14. Dez. Abreise nach Neapel, dann nach Martirano in Kalabrien.
1744 Rückkehr nach Neapel, dann Rom, dann Ancona, über Rimini, Bologna nach Venedig. Im August nach Korfu.
1745 Juni bis Oktober über Korfu nach Konstantinopel, dann zurück nach Venedig.
1746 bis einschl. 1748 in Venedig.
1749 Über Verona, Mailand, Cremona nach Mantua. Im Herbst nach Parma, dann nach Genf.
1750 Von Genf über Parma nach Venedig. Ende Mai nach Ferrara, Bologna, Reggio nach Turin. Im Juni nach Lyon. Mitte August nach Paris.
1751 Paris.
1752 Im Herbst von Paris über Metz, Frankfurt/M. nach Dresden.
1753 Von Dresden über Prag nach Wien. Rückkehr nach Venedig.
1754 Venedig.
1755 Venedig. 26. Juli Einkerkerung unter den Bleidächern.
1756 1. Nov. Flucht. Über Mestre, Treviso, Bozen, München, Augsburg nach Straßburg.
1757 5. Jan. Ankunft in Paris. Ende Aug. bis Mitte Sept. in geheimer Mission in Dünkirchen. Über Aire und Amiens nach Paris.
1758 Als Finanzagent Ludwigs XV. im Okt. in Den Haag. Im Dez. Amsterdam, dann Rotterdam.
1759 Im Jan. Rückkehr Paris. Ende Sept. über Brüssel nach Amsterdam, wieder als Finanzagent.
1760 Über Utrecht nach Köln, dann Bonn, wieder Köln. 20. März Abreise nach Stuttgart. 2. April nach Zürich. Über Baden, Luzern, Freiburg nach Solothurn, dann Bern, Anfang Juli über Murten nach Lausanne. Juli–August in Genf. 5.–8. Juli Besuch bei Voltaire. Aug.–Sept. über Aix-les-Bains, Grenoble, Avignon, Vaucluse, Aix-en-Savoie nach Genf. Dann Annecy, Aix-en-Savoie, Grenoble, nach Marseille. Oktober bis Nov. Toulon, Antibes, Nizza, Genua, Livorno, Pisa nach Florenz. Dort ausgewiesen, im Dez. nach Rom.
1761 Im Jan. Neapel, dann Rom. 5. Feb. nach Bologna und Parma. März–April Turin. Über Chambéry, Lyon, Paris, Chalons und Straßburg nach Augsburg. 22. Juli–September in München. Mitte Dez. Abreise aus Augsburg.
1762 Jan. Paris. Feb. Metz, dann im April nach Pontcarré. Im Mai über Brüssel, Lüttich nach Aachen. Juni bis Herbst: Lüttich, Metz, Sulzbach, Besançon, Basel, nach Genf, Lausanne. Ende Sept. Turin. Anfang Nov. Ausweisung, dann nach Genf und Chambéry.
1763 Turin, Mailand, Lodi. Anfang April Genua, Antibes. Im Mai über Aix-en-Provence, Avignon, Lyon nach Paris. 14. Juni Ankunft in London.
1764 15. März Flucht über Dover, Dünkirchen, Tournai, Brüssel nach Wesel. Mai–Juni Minden, Hannover, Braunschweig, Wolfenbüttel. Anfang Juli nach Berlin. Anfang Sept. Danzig, Königsberg, Mitau. Okt.–Dez. Riga. Im Dez. St. Petersburg.
1765 Im Mai Moskau, dann St. Petersburg. 15. Sept. nach Riga, Königsberg. 10. Oktober Eintreffen in Warschau.
1766 März–Mai Reisen in Kurland. Im Juli nach Breslau. Im Herbst in Dresden. Im Dez. über Prag nach Wien.
1767 Im Jan. München, bis Mitte Juni Augsburg, dann Schwetzingen, Spa. Im Herbst Paris. 15. Nov. über Bordeaux nach Madrid.
1768 Im April in Aranjuez, Mai Toledo, Juli–August Madrid. Im Herbst über Saragossa, Valencia nach Barcelona, Perpignan, Narbonne, Bézier.
1769 In Südfrankreich. Im Juni Marseille, Turin. Juli–Dez. Lugano, dann Turin.
1770 Bis 15. März Turin, dann Parma, Bologna, Pisa, Livorno, Florenz. Juni–August Neapel, dann Rom.
1771 Juli bis Dez. in Florenz, dann Bologna.
1772 Bis Oktober Bologna, dann Triest.
1773 Triest. Ab August bis Okt. Görz.
1774 Triest, 14. Sept. Venedig.
1775 Venedig.
1776 Venedig. Dez. Triest.
1777–78 Venedig.
1779 Im Sommer Kur in Abano.
1780 Venedig, im Juli nach Florenz, dann Venedig.
1781 Venedig.
1782 Sept. nach Triest.
1783 Im Jan. nach Venedig, dann Wien. 24. Juni für wenige Stunden in Venedig, dann über Augsburg nach Spa. Im Herbst über Antwerpen nach Paris. Im Spätherbst Wien, Dresden, Berlin, Prag.
1784 Wien.
1785 Bis Juli in Wien, dann über Brünn nach Karlsbad und Teplitz. Ab Sept. Dux.
1786–87 Dux. Prag.
1788 Im Herbst Dresden, Leipzig.
1789–90 Dux.
1791 im Sept. Kaiserkrönung Prag, dann Dux.
1795 Reise Berlin und Thüringen, dann nur Dux.

Anhang

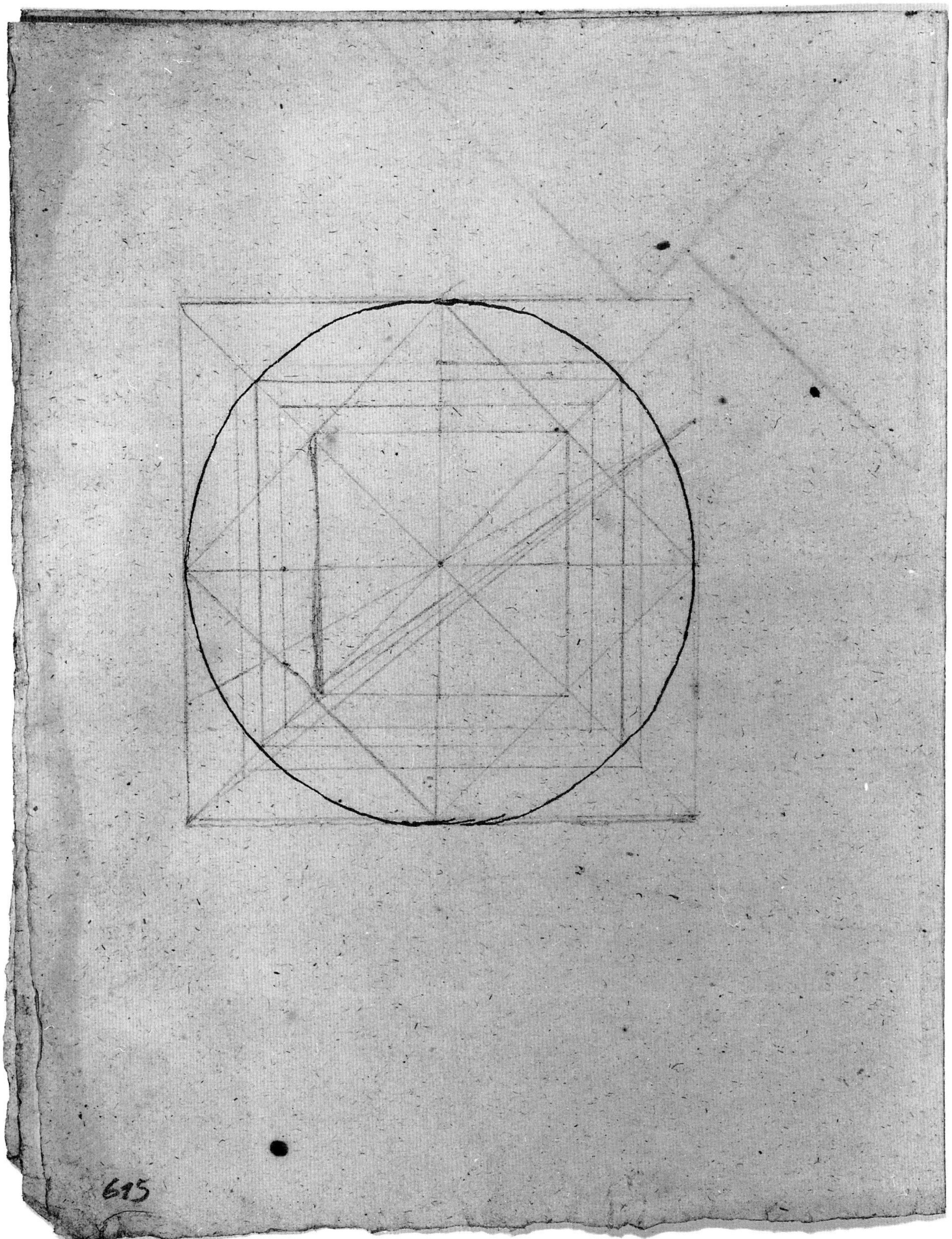

Konstruktionszeichnung Casanovas zur Verdoppelung des Würfels.

Quellen

Zitiert wurde im wesentlichen nach:

1 Casanovas Memoiren – im folgenden mit »CM« abgekürzt – und zwar nach der Ausgabe »Casanovas Memoiren. Vollständige Übersetzung in zwölf Bänden von Heinrich Conrad. Nach der Ausgabe München und Leipzig 1907/1909, 12 Bände. Revidiert und ergänzt nach »Jacques Casanova de Seingalt Vénetien, Histoire de ma Vie, Edition intégrale«, Wiesbaden und Paris 1960/1962. Herausgegeben in zwölf Bänden und kommentiert von Günter Albrecht in Zusammenarbeit mit Barbara Albrecht. Übersetzung der Textergänzungen aus dem Französischen von Regina Salffner. Verlag C. H. Beck, München 1984.

2 Giacomo Casanova: »Ma fuite des plombs de Venise. Meine Flucht aus den Bleikammern von Venedig.« Übersetzt von Ulrich Friedrich Müller und Kristian Wachinger. dtv zweisprachig. Edition Langewiesche Brandt, München 1989. Im folgenden unter »MF« zitiert.

3 Giacomo Casanova, ...: »Gesammelte Briefe, Bd. II, Aus der gelehrten Korrespondenz.« Ausgewählt, eingeleitet und mit Anmerkungen versehen von Enrico Straub. Neu und zum Teil erstmals nach den französischen und italienischen Manuskripten übersetzt von Heinz von Sauter. Propyläen Verlag, Berlin 1970. Im folgenden zitiert als »Ges. Brief«.

4 Giacomo Casanova ...: »Vermischte Schriften. Aus dem gelehrten und literarischen Werk.« Ausgewählt, eingeleitet und mit Anmerkungen versehen von Enrico Straub. Nach den französischen, italienischen und lateinischen Originalhandschriften oder Erstausgaben neu übersetzt von Heinz von Sauter und Enrico Straub. Propyläen Verlag, Berlin 1971. Im folgenden zitiert als »Verm. Schrift«.

5 Giacomo Casanova, ... »Eduard und Elisabeth, oder die Reise in das Innere des Erdballs. Roman.« Herausgegeben und eingeleitet von Erich Loos. Erstmals vollständig nach der Originalausgabe aus dem Französischen übersetzt von Heinz von Sauter. Drei Bände. Propyläen Verlag, Berlin 1968. Im folgenden zitiert als »Ed. u. El.«

6 Giacomo Casanova: »Über den Selbstmord und die Philosophen«. Aus dem Italienischen von Martina Kempter. Mit einem einführenden Essay von Lothar Müller. Campus Verlag, Frankfurt 1994. Im folgenden zitiert als »Üb. d. Selbstm.«

Einführung

Motto: CM, Bd. 1, S. 17
1 CM, Bd. 1, S. 13
2 CM, Bd. 2, S. 123
3 CM, Bd. 2, S. 52
4 CM, Bd. 1, S. 179
5 CM, Bd. 1, S. 227
6 CM, Bd. 1, S. 42
7 CM, Bd. 1, S. 36
8 CM, Bd. 1, S. 13
9 CM, Bd. 2, S. 93
10 CM, Bd. 1, S. 10
11 CM, Bd. 1, S. 13
12 CM, Bd. 1, S. 181
13 Ü. d. Selbstm.

Magische und naturwissenschaftliche Einflüsse auf Casanovas Jugend

Motto: CM, Bd. 1, S. 71
1 CM, Bd. 1, S. 25
2 CM, Bd. 1, S. 27
3 CM, Bd. 1, S. 28
4 CM, Bd. 1, S. 29
5 CM, Bd. 1, S. 30
6 CM, Bd. 1, S. 31
7 CM, Bd. 1, S. 31
8 CM, Bd. 1, S. 39
9 CM, Bd. 1, S. 41
10 CM, Bd. 1, S. 41
11 CM, Bd. 1, S. 40
12 CM, Bd. 1, S. 40
13 CM, Bd. 1, S. 72
14 CM, Bd. 1, S. 75
15 CM, Bd. 1, S. 75
16 CM, Bd. 1, S. 71
17 CM, Bd. 1, S. 84
18 CM, Bd. 1, S. 76
19 CM, Bd. 1, S. 79
20 CM, Bd. 1, S. 83
21 CM, Bd. 1, S. 87
22 CM, Bd. 1, S. 89
23 CM, Bd. 1, S. 128

Die erste alchemistische Betrügerei

Motto: CM, Bd. 1, S. 212
1 CM, Bd. 1, S. 211
2 CM, Bd. 1, S. 211
3 CM, Bd. 1, S. 211
4 CM, Bd. 1, S. 211
5 CM, Bd. 1, S. 211
6 CM, Bd. 1, S. 212
7 CM, Bd. 1, S. 213
8 CM, Bd. 1, S. 213

[9] CM, Bd. 1, S. 216
[10] CM, Bd. 1, S. 217
[11] CM, Bd. 1, S. 217
[12] CM, Bd. 1, S. 217
[13] CM, Bd. 1, S. 219

Drei Junggesellen und der »Engel des Lichts«

Motto: CM, Bd. 2, S. 200 u. 201
[1] CM, Bd. 2, S. 186
[2] CM, Bd. 2, S. 186
[3] CM, Bd. 2, S. 188
[4] CM, Bd. 2, S. 190
[5] CM, Bd. 2, S. 196
[6] CM, Bd. 2, S. 196
[7] CM, Bd. 2, S. 196
[8] CM, Bd. 2, S. 198
[9] CM, Bd. 2, S. 198
[10] CM, Bd. 2, S. 200
[11] CM, Bd. 2, S. 202
[12] CM, Bd. 2, S. 293
[13] Giacomo Casanova...: »Geschichte meines Lebens«. Herausgegeben und eingeleitet von Erich Loos. Erstmals nach der Urfassung ins Deutsche übersetzt von Heinz von Sauter. Propyläen Verlag, Berlin 1965, Bd. IV, S. 393–396.
[14] Siehe Anm.: 13, S. 394
[15] Siehe Anm.: 13, S. 394
[16] M. F., S. 21
[17] CM, Bd. 2, S. 234
[18] CM, Bd. 3, S. 249

Ludwig XV. von Frankreich als Alchemist und Chemiker

Motto: CM, Bd. 3, S. 181
[1] CM, Bd. 3, S. 134
[2] CM, Bd. 3, S. 134 u. 135
[3] CM, Bd. 3, S. 165
[4] CM, Bd. 4, S. 103
[5] CM, Bd. 4, S. 42
[6] CM, Bd. 4, S. 42
[7] CM, Bd. 4, S. 43
[8] CM, Bd. 4, S. 54
[9] CM, Bd. 4, S. 56
[10] CM, Bd. 4, S. 48
[11] CM, Bd. 4, S. 49
[12] Louis de Rouvroy, Duc de Saint-Simon: »Die Memoiren des Herzogs von Saint-Simon«, herausgegeben und übersetzt von Sigrid von Massenbach. Frankfurt/M., Berlin, Wien, 1985, Bd. 3, S. 144
[13] Siehe Anm.: 12, S. 217
[14] Alain Corbin: »Pesthauch und Blütenduft. Eine Geschichte des Geruchs.« Aus dem Französischen von Grete Ostwald. Frankfurt/M. 1992, S. 101 ff.
[15] CM, Bd. 5, S. 203
[16] CM, Bd. 5, S. 203
[17] Lea Ritter-Santini: »Lessing und die Wespen. Die italienische Reise eines Aufklärers.« Aus dem Italienischen von Gabriele Kroes-Tillmann.« Campus Verlag, Frankfurt/M. 1993, S. 78 u. 79

Die Medizin als Dienerin eines fliehenden Gefangenen

Motto: MF, S. 27
[1] CM, Bd. 1, S. 154
[2] CM, Bd. 1, S. 164
[3] CM, Bd. 1, S. 164
[4] CM, Bd. 1, S. 164
[5] CM, Bd. 1, S. 164
[6] CM, Bd. 1, S. 165
[7] CM, Bd. 1, S. 165
[8] CM, Bd. 1, S. 165
[9] CM, Bd. 4, S. 374
[10] MF, S. 7
[11] CM, Bd. 4, S. 376
[12] CM, Bd. 4, S. 376
[13] CM, Bd. 4, S. 379
[14] CM, Bd. 4, S. 205
[15] MF, S. 19
[16] MF, S. 19
[17] MF, S. 19
[18] MF, S. 39
[19] MF, S. 45
[20] MF, S. 47
[21] MF, S. 51
[22] MF, S. 53
[23] MF, S. 59
[24] MF, S. 73
[25] MF, S. 89
[26] MF, S. 99
[27] MF, S. 99
[28] MF, S. 103
[29] MF, S. 105
[30] MF, S. 123
[31] MF, S. 129
[32] MF, S. 147
[33] MF, S. 231
[34] MF, S. 273

Wie wahrscheinlich ist das Glück im Spiel?

Motto: CM, Bd. 2, S. 72
[1] CM, Bd. 1, S. 183
[2] CM, Bd. 1, S. 183
[3] Johann Georg Krünitz, »... Encyklopädie oder allgemeines System...«, Bd. 81, Berlin 1801, S. 13–137
[4] Siehe Anm.: 4
[5] CM, Bd. 1, S. 183
[6] CM, Bd. 1, S. 184
[7] CM, Bd. 2, S. 45
[8] CM, Bd. 2, S. 64
[9] CM, Bd. 2, S. 108
[10] Siehe Anm.: 4, Bd. 157, Berlin 1833, S. 749–784
[11] CM, Bd. 2, S. 71
[12] CM, Bd. 3, S. 18
[13] CM, Bd. 3, S. 18
[14] CM, Bd. 2, S. 105
[15] CM, Bd. 2, S. 208
[16] Siehe Anm.: 10
[17] CM, Bd. 2, S. 143
[18] CM, Bd. 3, S. 292
[19] CM, Bd. 3, S. 295
[20] CM, Bd. 3, S. 297
[21] CM, Bd. 3, S. 302
[22] CM, Bd. 4, S. 19

[23] CM, Bd. 5, S. 28
[24] CM, Bd. 5, S. 30
[25] CM, Bd. 5, S. 31
[26] CM, Bd. 5, S. 33
[27] CM, Bd. 5, S. 33
[28] CM, Bd. 5, S. 33
[29] CM, Bd. 5, S. 36
[30] CM, Bd. 5, S. 41
[31] CM, Bd. 5, S. 38
[32] CM, Bd. 5, S. 44
[33] CM, Bd. 5, S. 46
[34] CM, Bd. 5, S. 46
[35] Ges. Brief, S. 74
[36] Ges. Brief, S. 74
[37] Ges. Brief, S. 74
[38] Ges. Brief, S. 74
[39] Ges. Brief, S. 74
[40] Ges. Brief, S. 75
[41] Ges. Brief, S. 75
[42] Ges. Brief, S. 75
[43] Ges. Brief, S. 76
[44] Ed. u. El. Bd. II, S. 237

»Egeria-Seramis« oder die »Hypostase« einer leichtgläubigen Alchemistin

Motto: CM, Bd. 9, S. 59
[1] CM, Bd. 5, S. 117
[2] CM, Bd. 5, S. 125
[3] CM, Bd. 5, S. 127
[4] CM, Bd. 5, S. 128
[5] CM, Bd. 5, S. 128
[6] CM, Bd. 5, S. 128
[7] CM, Bd. 5, S. 136
[8] CM, Bd. 5, S. 137
[9] CM, Bd. 5, S. 137
[10] CM, Bd. 5, S. 137
[11] CM, Bd. 5, S. 139
[12] CM, Bd. 5, S. 139
[13] CM, Bd. 5, S. 140
[14] CM, Bd. 5, S. 140
[15] CM, Bd. 5, S. 140
[16] CM, Bd. 5, S. 141
[17] CM, Bd. 5, S. 141
[18] CM, Bd. 5, S. 193
[19] CM, Bd. 5, S. 204
[20] CM, Bd. 5, S. 253
[21] CM, Bd. 7, S. 83 u. 84
[22] CM, Bd. 7, S. 165
[23] CM, Bd. 7, S. 173
[24] CM, Bd. 7, S. 269
[25] CM, Bd. 7, S. 311 u. 312
[26] CM, Bd. 7, S. 312
[27] CM, Bd. 8, S. 9
[28] CM, Bd. 8, S. 24
[29] CM, Bd. 8, S. 32
[30] CM, Bd. 8, S. 32
[31] CM, Bd. 8, S. 33
[32] CM, Bd. 8, S. 16
[33] CM, Bd. 8, S. 53
[34] CM, Bd. 8, S. 54
[35] CM, Bd. 8, S. 68
[36] CM, Bd. 8, S. 68
[37] CM, Bd. 8, S. 83
[38] CM, Bd. 8, S. 85 u. 86
[39] CM, Bd. 9, S. 34
[40] CM, Bd. 9, S. 60
[41] CM, Bd. 9, S. 60
[42] CM, Bd. 9, S. 60
[43] CM, Bd. 9, S. 60
[44] CM, Bd. 9, S. 417
[45] CM, Bd. 9, S. 418

Künstliches Gold, veredelte Diamanten und der Graf von Saint-Germain

Motto: CM, Bd. 5, S. 351
[1] CM, Bd. 5, S. 135
[2] CM, Bd. 5, S. 353
[3] CM, Bd. 5, S. 353
[4] CM, Bd. 5, S. 202
[5] CM, Bd. 5, S. 202 u. 203
[6] CM, Bd. 5, S. 353
[7] CM, Bd. 8, S. 123
[8] CM, Bd. 10, S. 45
[9] Gustav Berthold Volz: »Der Graf von Saint Germain...«, Dresden 1923, S. 353
[10] Siehe Anm.: 9, S. 359

Versuche, in der Welt der Technik eine Existenz zu gründen

Motto: CM, Bd. 5, S. 398
[1] Ges. Brief, S. 60
[2] Ges. Brief, S. 60
[3] CM, Bd. 5, S. 258
[4] CM, Bd. 5, S. 259
[5] CM, Bd. 5, S. 259
[6] CM, Bd. 5, S. 260
[7] CM, Bd. 5, S. 260
[8] CM, Bd. 5, S. 260
[9] CM, Bd. 5, S. 261
[10] CM, Bd. 5, S. 261
[11] CM, Bd. 5, S. 261
[12] CM, Bd. 5, S. 398
[13] CM, Bd. 5, S. 262
[14] CM, Bd. 5, S. 273
[15] CM, Bd. 10, S. 89
[16] CM, Bd. 10, S. 90
[17] CM, Bd. 10, S. 91
[18] CM, Bd. 10, S. 93
[19] CM, Bd. 10, S. 95
[20] CM, Bd. 10, S. 97
[21] CM, Bd. 10, S. 97
[22] CM, Bd. 10, S. 98
[23] CM, Bd. 10, S. 98
[24] Ges. Brief, S. 66–71

Mit Friedrich II. im Park von Sanssouci

Motto: CM, Bd. 10, S. 79
[1] »Aus dem Briefwechsel Voltaire – Friedrich der Große«. Herausgegeben, vorgestellt und übersetzt von Hans Pleschinski. Haffmanns Verlag AG, Zürich 1992, S. 27
[2] Siehe Anm.: 1, S. 119
[3] Siehe Anm.: 1, S. 125 u.
[4] Siehe Anm.: 1, S. 144
[5] Siehe Anm.: 1, S. 149
[6] Siehe Anm.: 1, S. 184
[7] Hermann Kopp: »Die Alchemie in älterer und neuerer Zeit. Ein Beitrag zur Kulturgeschichte. Er-

ster Teil. Die Alchemie bis zum letzten Viertel des 18. Jahrhunderts.« Georg Olms Verlag, Hildesheim 1971, S. 138 u. 139
[8] Siehe Anm.: 7, S. 139
[9] CM, Bd. 10, S. 74
[10] CM, Bd. 10, S. 76
[11] CM, Bd. 10, S. 77
[12] CM, Bd. 10, S. 77
[13] CM, Bd. 10, S. 77
[14] CM, Bd. 10, S. 79
[15] CM, Bd. 10, S. 88
[16] CM, Bd. 10, S. 89
[17] CM, Bd. 10, S. 89
[18] Siehe Anm.: 1, S. 552
[19] Potsdamer Schlösser in Geschichte und Kunst, hrsg. Staatl. Archivverwaltung der DDR, Leipzig 1984, S. 110

Gold, Amalgam, Tinte und der Prinz von Kurland

Motto: CM, Bd. 10, S. 261
[1] CM, Bd. 10, S. 99
[2] CM, Bd. 10, S. 131
[3] CM, Bd. 10, S. 404
[4] CM, Bd. 10, S. 177
[5] CM, Bd. 10, S. 177
[6] CM, Bd. 10, S. 177
[7] CM, Bd. 10, S. 200
[8] CM, Bd. 10, S. 209
[9] CM, Bd. 10, S. 261
[10] CM, Bd. 10, S. 262
[11] CM, Bd. 10, S. 262
[12] CM, Bd. 10, S. 262
[13] CM, Bd. 10, S. 405

Katharina II. und die Kalenderreform in Rußland

Motto: CM, Bd. 10, S. 153
[1] CM, Bd. 10, S. 107
[2] CM, Bd. 10, S. 110
[3] CM, Bd. 10, S. 134
[4] CM, Bd. 10, S. 138
[5] CM, Bd. 10, S. 141
[6] CM, Bd. 10, S. 147
[7] CM, Bd. 10, S. 148
[8] CM, Bd. 10, S. 150
[9] CM, Bd. 10, S. 151
[10] CM, Bd. 10, S. 151 u. 152
[11] CM, Bd. 10, S. 153
[12] CM, Bd. 10, S. 156
[13] CM, Bd. 10, S. 156 u. 157

»Weder Liebe noch Frauen
oder der ausgemistete Stall«

Motto: Verm. Schrift, S. 439
[1] Verm. Schrift, S. 176
[2] Verm. Schrift, S. 179
[3] Verm. Schrift, S. 157
[4] Verm. Schrift, S. 159

Nutzen und Gefahren der Optik im Kampf
der Geschlechter

Motto: Verm. Schrift, S. 346
[1] Verm. Schrift, S. 347
[2] Verm. Schrift, S. 345
[3] Marc Mitouflet Thomin: »Instruction sur l'usage des lunettes ...«, Paris 1746
[4] Verm. Schrift, S. 388

Mathematische Schwierigkeiten mit dem Grabmal
eines minoischen Königssohnes

Motto: Verm. Schrift, S. 323
[1] Verm. Schrift, S. 294
[2] Verm. Schrift, S. 273
[3] Verm. Schrift, S. 291
[4] Verm. Schrift, S. 300
[5] Verm. Schrift, S. 264
[6] Verm. Schrift, S. 268
[7] Verm. Schrift, S. 270
[8] Verm. Schrift, S. 268
[9] Verm. Schrift, S. 272 u. 273
[10] Verm. Schrift, S. 276
[11] Verm. Schrift, S. 278
[12] Verm. Schrift, S. 280 u. 281
[13] Verm. Schrift, S. 288
[14] Verm. Schrift, S. 313
[15] Verm. Schrift, S. 313
[16] Verm. Schrift, S. 286

Späte Rache eines Weltmannes an den Sophismen der Kirchenväter

Motto: Ed. u. El., Bd. I, S. 53
[1] Ed. u. El., Bd. I, S. 13
[2] Sir Thomas More, »Utopia ...«, Löwen 1516. Deutsche Ausgabe: »Ordentliche und ausführliche Beschreibung ... der Insel Utopia«. Übers. G. Wintermonatl, Leipzig 1612
[3] Francis Bacon: »Nova Atlantis«, London 1627
[4] Gottfried Leibniz, »Essais de théodicée sur la bonté de Dieu, la liberté ...«, Amsterdam 1710
[5] Athanasius Kircher »Mundus Subterraneus«, Amsterdam 1665
[6] Ed. u. El., Bd. I, S. 13: »Lektüre ließ in mir den Wunsch reifen«.
[7] Voltaire: »Sämtliche Romane und Erzählungen«. Mit einer Einleitung von Victor Kemperer ...: »Mikromegas«, Insel Taschenbuch 209, Baden-Baden 1976, S. 245
[8] Ed. u. El., Bad. I, S. 47
[9] Plato (427–347)
[10] Erasmus von Rotterdam (1469–1536), besonders bedeutend durch kritische Ausgaben antiker Klassiker und Kirchenväter.
[11] Ed. u. El., Bd. I, S. 24
[12] Ed. u. El., Bd. I, S. 24
[13] Ed. u. El., Bd. I, S. 24
[14] Ed. u. El., Bd. I, S. 57
[15] Ed. u. El., Bd. I, S. 59
[16] Ed. u. El., Bd. I, S. 62
[17] Ed. u. El., Bd. I, S. 65
[18] Ed. u. El., Bd. I, S. 106

[19] Ed. u. El., Bd. I, S. 23
[20] Ed. u. El., Bd. I, S. 52
[21] Ed. u. El., Bd. I, S. 55
[22] Ed. u. El., Bd. III, S. 269
[23] Ed. u. El., Bd. I, S. 199
[24] Ed. u. El., Bd. I, S. 312
[25] Ed. u. El., Bd. I, S. 210
[26] Ed. u. El., Bd. II, S. 47
[27] Ed. u. El., Bd. II, S. 131
[28] Ed. u. El., Bd. II, S. 283
[29] Ed. u. El., Bd. III, S. 76
[30] Ed. u. El., Bd. III, S. 79
[31] Ed. u. El., Bd. II, S. 95

Ein verhinderter Arzt als Patient und Heiler

Motto: CM, Bd. 5, S. 149
[1] CM, Bd. 1, S. 29
[2] CM, Bd. 1, S. 145
[3] CM, Bd. 2, S. 272
[4] CM, Bd. 1, S. 222
[5] CM, Bd. 1, S. 222 u. 223
[6] CM, Bd. 1, S. 160
[7] CM, Bd. 2, S. 68
[8] CM, Bd. 3, S. 94
[9] CM, Bd. 3, S. 104
[10] CM, Bd. 8, S. 32
[11] CM, Bd. 3, S. 240
[12] CM, Bd. 3, S. 240
[13] CM, Bd. 3, S. 240
[14] CM, Bd. 5, S. 31
[15] CM, Bd. 6, S. 261
[16] CM, Bd. 10, S. 196
[17] CM, Bd. 10, S. 201
[18] CM, Bd. 10, S. 201
[19] CM, Bd. 10, S. 201
[20] CM, Bd. 11, S. 264
[21] CM, Bd. 2, S. 137
[22] CM, Bd. 2, S. 167
[23] CM, Bd. 3, S. 218
[24] CM, Bd. 3, S. 219
[25] CM, Bd. 3, S. 219
[26] CM, Bd. 3, S. 219 u. 220
[27] CM, Bd. 3, S. 220
[28] CM, Bd. 3, S. 220
[29] CM, Bd. 1, S. 247
[30] CM, Bd. 11, S. 85
[31] CM, Bd. 11, S. 85
[32] CM, Bd. 11, S. 86
[33] CM, Bd. 11, S. 86
[34] CM, Bd. 11, S. 86
[35] CM, Bd. 12, S. 136
[36] CM, Bd. 12, S. 136
[37] CM, Bd. 12, S. 136
[38] CM, Bd. 12, S. 136
[39] CM, Bd. 12, S. 136
[40] CM, Bd. 12, S. 137
[41] CM, Bd. 12, S. 137
[42] Verm. Schrift, S. 307
[43] Verm. Schrift, S. 308
[44] Verm. Schrift, S. 308
[45] Verm. Schrift, S. 308
[46] Verm. Schrift, S. 309
[47] Verm. Schrift, S. 309
[48] Verm. Schrift, S. 309
[49] Verm. Schrift, S. 309
[50] Verm. Schrift, S. 309; »Meine unersättliche Neugier, Menschen im Gespräch kennen lernen zu wollen ...«, Bd. 11, S. 67

Zwei Ruderboote gleiten in Kiellinie durchs Wasser

Motto: Ü. d. Selbstm., S. 150
[1] Ü. d. Selbstm., S. 145
[2] Ü. d. Selbstm., S. 150

Was blieb?

Motto: CM, Bd. 1, S. 17
[1] CM, Bd. 12, S. 111
[2] CM, Bd. 12, S. 164
[3] CM, Bd. 12, S. 251
[4] CM, Bd. 12, S. 258
[5] CM, Bd. 12, S. 258 u. 259
[6] CM, Bd. 1, S. 177
[7] CM, Bd. 8, S. 255
[8] CM, Bd. 8, S. 256
[9] Ü. d. Selbstm., S. 190
[10] Ü. d. Selbstm., S. 191
[11] Ü. d. Selbstm., S. 200
[12] Ü. d. Selbstm., S. 195
[13] Ü. d. Selbstm., S. 193
[14] Ü. d. Selbstm., S. 194
[15] Ü. d. Selbstm., S. 198

»... Man soll sich vor Menschen hüten, die nur ein Buch gelesen haben...«

»Über den Selbstmord...«, Seite 89

Literatur

Siehe auch die große Bibliographie der Werke Casanovas und der Literatur über ihn in »Casanovas Memoiren«, München 1989 (»CM«) S. 421–448.

Alpers, Fuchs, Hahn, Jeschke: »Lexikon der Science Fiction Literatur«. München 1987, Heyne Sachbuch 01/7287

Amt der niederösterreichischen Landesregierung, Abt. III/2 – Kulturabteilung (Hrsg.): »Niederösterreichische Landesausstellung. 800 Jahre Franz von Assisi. Franziskanische Kunst und Kultur des Mittelalters«. Krems-Stein 1982

Berchtolsheim, Hubert von: »Leningrad. Biographie einer Stadt«. München 1988

Berckenhagen, Ekhart und Gretel Wagner: »Bretter, die die Welt bedeuten. Entwürfe zum Theaterdekor und zum Bühnenkostüm«. Berlin 1978

Biedermann, Hans: »Materia Prima. Eine Bildersammlung z. Ideengeschichte d. Alchemie«. Graz 1973

Bischoff, Erich: »Mystik und Magie der Zahlen«. Wiesbaden 1992

Bischoff, Erich: »Die Elemente der Kabbalah«. Wiesbaden 1990

Boethius: »Trost der Philosophie«. Insel TB 1215

Braudel, Fernand, Natalie Zemon Davis, Lucien Fèbvre, Carlo Ginzburg, Jacques LeGoff, Beinhart Koselleck, Arnoldo Momigliano: »Der Historiker als Menschenfresser. Über den Beruf des Geschichtsschreibers«. WAT 187, Berlin 1990

Brentjes, Burchard: »Atlantis. Geschichte einer Utopie«. Köln 1993

Bruford, Walter H.: »Die gesellschaftlichen Grundlagen der Goethezeit«. Ullstein 3142, Frankfurt (Main) / Berlin / Wien 1979

Burke, Peter: »Venedig und Amsterdam im 17. Jahrhundert«. Göttingen 1993

Busch, Werner: »Joseph Wright of Derby. Das Experiment mit der Luftpumpe. Eine heilige Allianz zwischen Wissenschaft und Religion.« Fischer kunst stücke 3941, Frankfurt (Main) 1986

Butor, Michel: »Die Alchemie und ihre Sprache. Essays zur Kunst und Literatur.« Frankfurt (Main) u. Paris 1984

Calimani, Ricardo: »Die Kaufleute von Venedig. Die Geschichte der Juden in der Löwenrepublik«. dtv 11302, München 1990

Carrere, Emmanuel: »Kleopatras Nase. Kleine Geschichte der Uchronie«. Berlin 1993

Casanova, Giacomo: »Das Duell oder Versuch über das Leben des Venezianers G. C.«. Herausgegeben, aus dem Italienischen übertragen und mit einem Nachwort versehen von Hartmut Scheible. München/Zürich 1988

Childs, J. Rives: »Casanova. Die große Biographie«. München 1977

Comité International des Amis de Casanova: »Sui passi di Casanova a Venezia. Guida ai luoghi Casanoviani«. Milano 1993

Corbin, Alain: »Pesthauch und Blütenduft. Eine Geschichte des Geruchs«. Berlin 1984

Devilliers, Christian und Bernard Huet: »Le Creusot. Naissance Et Developpement D'Une Ville Industrielle. 1782–1914«.

Durant, Will und Ariel: »Europa und der Osten im Zeitalter der Aufklärung«. Bd. 15 von »Durant Kulturgeschichte der Menschheit«. Ullstein Buch Nr. 36115, Frankfurt (Main)/Berlin/Wien 1982

Durant, Will und Ariel: »Am Vorabend der Französischen Revolution«. Ullstein Buch Nr. 36116. Bd. 16 von »Durant Kulturgeschichte der Menschheit«. Frankfurt (Main)/Berlin/Wien 1982

Durant, Will und Ariel: »Die Französische Revolution und der Aufstieg Napoleons«. Ullstein Buch Nr. 36117. Bd. 17 von »Durant Kulturgeschichte der Menschheit«. Frankfurt (Main)/Berlin/Wien 1982

Eco, Umberto: »Kunst und Schönheit im Mittelalter«. dtv-Wissenschaft 4603, München 1992

Eco, Umberto: »Über Spiegel und andere Phänomene«. dtv 11319, München 1990

Eco, Umberto: »Nachschrift zum ›Namen der Rose‹.« dtv 10552, 8. Aufl., München 1987

Eco, Umberto: »Die Suche nach der vollkommenen Sprache«. München 1994

Endres, Franz Carl, Annemarie Schimmel: »Das Mysterium der Zahl. Zahlensymbolik im Kulturvergleich«. 3. Aufl. Diederichs Gelbe Reihe 52, Köln 1986

Enzensberger, Hans Magnus: »Diderot und das dunkle Ei. Eine Mystifikation«. Berlin 1990

Faure, Paul: »Magie der Düfte. Eine Kulturgeschichte der Wohlgerüche. Von den Pharaonen zu den Römern«. dtv 30370, München 1993

Fondation Claude-Nicolas Ledoux: »La Saline Royale D'Arc Et Senans«. Paris 1992

Fortis, Umberto: »Juden und Synagogen. Venedig, Florenz, Rom, Livorno«. Venedig 1991

Friedenthal, Richard: »Diderot. Ein biographisches Portrait«. SP 316, München 1984

Gersmann, Gudrun: »Im Schatten der Bastille. Die Welt der Schriftsteller, Kolporteure und Buchhändler am Vorabend der Französischen Revolution«. Stuttgart 1993

Goldoni, Carlo: »Geschichte meines Lebens und meines Theaters«. SP 676, München 1988

Gugitz, Gustav: »Giacomo Casanova und sein Lebensroman«. Historische Studien zu seinen Memoiren. Wien/Prag/Leipzig 1921.

Hermand, Jost: »Adolph Menzel. Das Flötenkonzert in Sanssouci. Ein realistisch geträumtes Preußenbild«. Fischer kunst stück 3928, Frankfurt 1987

Historisches Museum der Stadt Wien: »Freimaurer. Solange die Welt besteht«. Wien 1993

Hornung, Erik: »Geist der Pharaonenzeit«. dtv 30318, München 1992

Im Hof, Ulrich: »Das Europa der Aufklärung«. München 1993

Katharina II., »Memoiren«. Aus dem Französischen und Russischen übertragen von Erich Boehme. Neu durchgesehene Fassung. Herausgegeben und mit einem Nachwort versehen von Aneließ Graßhoff. Bibliothek des 18. Jahrhunderts. 3 Aufl., 2 Bde., München 1990

Katharina Die Grosse / Voltaire: »Monsieur – Madame. Der Briefwechsel zwischen der Zarin und dem Philosophen.« Übersetzt, herausgegeben und mit einer Einführung versehen von Hans Schumann. Zürich, 1991

Kesten, Hermann: »Casanova«. Ullstein/Werkausgaben, Frankfurt (Main)/Berlin/Wien 1981

Klinger, Friedrich Maximilian: »Sturm und Drang«. Reclam Universal-Bibliothek 248, Stuttgart 1992

Knobloch, Heinz: »Herr Moses in Berlin. Auf den Spuren eines Menschenfreundes«. Berlin 1993

Kopp, Hermann: »Die Alchemie in älterer und neuerer Zeit. Ein Beitrag zur Kulturgeschichte«. Hildesheim/New York 1971

Laarß, R. H.: »Das Buch der Amulette und Talismane«. Diederichs Gelbe Reihe 75, München 1988

Manguel, Alberto, Gianni Guadalupi: »Von Atlantis bis Utopia. Ein Führer zu den imaginären Schauplätzen der Weltliteratur«. 3 Bde., Ullstein Sachbuch 34210, Frankfurt (Main)/Berlin/Wien 1984

Matena, Dick: »Mozart und Casanova. Masken der Leidenschaft«. Bastei Comic Edition 72552, Bergisch Gladbach, die junge Großstadt mit Blick auf Köln am Rhein (!), ohne Jahr (!)

Maurer, Doris, Arnold E. Maurer: »Venedig. Reisebuch«. it 626, Frankfurt (Main) 1982

Morus, Thomas: »Utopia«. Mit einem Nachwort von Thomas Elias. it 1206

Nachama, Andreas und Gereon Sievernich: »Jüdische Lebenswelten«. Berlin 1991

Niederösterreichische Landesausstellung: »800 Jahre Franz von Assisi. Franziskanische Kunst und Kultur des Mittelalters«. Katalog des NÖ Landesmuseums. Neue Folge Nr. 122, Wien 1982

Neumann-Hoditz, Reinhold: »Katharina die Große mit Selbstzeugnissen und Bilddokumenten«. rm 1080, Reinbek bei Hamburg 1988

Oberfinanzdirektion Stuttgart, Referat Staatliche Schlösser und Gärten ... (Hrsg.), Konzeption und Text: Klaus Merten und Carla Fandreyl: »Italienische Reisen. Herzog Carl Eugen von Württemberg in Italien«. Weißenhorn 1993

Orieux, Jean: »Das Leben des Voltaire«. Frankfurt (Main) 1968

Papus: »Die Kabbala«. Autorisierte Übersetzung von Julius Nestler. Wiesbaden 1993

Ploss, Emil Ernst, Heinz Roosen-Runge, Heinrich Schipperges, Herwig Buntz: »Alchimia. Ideologie und Technologie«. München 1970

Ritter Santini, Lea: »Eine Reise der Aufklärung. Lessing in Italien 1775«. Ausstellungskatalog der Herzog August Bibliothek Nr. 70, 2 Bde., Berlin 1993

Ruh, Kurt: »Geschichte der abendländischen Mystik. Bd. II. Frauenmystik und Franziskanische Mystik der Frühzeit«. München 1993

Schama, Simon: »Der zaudernde Citoyen«. München 1989

Schenk, Erich: »Mozart. Eine Biographie«. Serie Musik. Piper-Schott, Bd. 8268, Mainz 1990

Schmidt-Pauli, Edgar von (Hrsg.): »Der andere Casanova«. Berlin 1930

Schulze, Winfried: »Der 14. Juli 1789. Biographie eines Tages«. Stuttgart 1989

Szabadvary, Ferenc: »Antoine Laurent Lavoisier. Der Forscher und seine Zeit. 1743–1794«. Stuttgart 1793

Schleunig, Peter: »Geschichte der Musik in Deutschland. Das 18. Jahrhundert: Der Bürger erhebt sich«. rororo 7792, Reinbek bei Hamburg 1984

Schneider, Ivo: »Die Entwicklung der Wahrscheinlichkeitstheorie von den Anfängen bis 1933. Einführungen und Texte«. Darmstadt 1988

Schreiber, Georg: »Franz I. Stephan«. Graz 1986

Schwedt, Georg: »Chemie zwischen Magie und Wissenschaft. Ex Bibliotheca Chymica 1500–1800«. Ausstellungskatalog der Herzog August Bibliothek Nr. 63, Wolfenbüttel 1991

Tulard J., J.-F. Fayard, A. Fierro: »Histoire et dictionnaire de la Révolution française. 1789–1799«. Paris 1987

Vivian, Frances: »Die Sammlung des Consul Smith. Meisterwerke italienischer Zeichnung aus der Royal Library, Windsor Castle. Von Raffael bis Canaletto«. München 1989

Volz, Gustav Berthold: »Der Graf von Saint-Germain. Das Leben eines Alchemisten nach großenteils unveröffentlichten Urkunden«. Dresden 1923

Wehr, Gerhard (Hrsg.): »Die Bruderschaft der Rosenkreuzer«. (Johann Valentin Andreä) DG 53, 2. Aufl., Köln 1987

Zacharias, Gerhard: »Satanskult und schwarze Messe. Die Nachtseite des Christentums. Ein Beitrag zur Phänomenologie der Religion«. 4. Aufl., Dießen 1990

Zondergeld, Rein A.: »Lexikon der phantastischen Literatur«. Suhrkamp Phantastische Bibliothek, Bd. 91, Frankfurt (Main) 1983

Zorzi, Alvise: »Venedig – eine Stadt – eine Republik – ein Weltreich«. 697–1797. Verona 1979

Zorzi, Alvise und Paolo Marton (Fotos): »Paläste in Venedig«. München 1989

Dank

Für ihre Mithilfe bei Recherchen im Staatsarchiv zu Prag danke ich Herrn Dr. Borivoj Indra und Frau Marie Tarantová ganz besonders herzlich. Wertvolle Hinweise, wesentliche Anregungen und Hilfe verdanke ich Frau Dipl.-Biologin Ellen Presser, Herrn Dr. Claus Priesner, Herrn Dipl.-Ing. Ernst Schönberger, Frau Dr. Elisabeth Vaupel, Frau Eva Reineke sowie Herrn Prof. Ivo Schneider. Und ohne die liebevolle und geduldige Betreuung durch Frau Dr. Veronika Baur-Callwey, Dorothea Montigel und Andrea Hölzl im Callwey Verlag wäre das Buch so nicht machbar gewesen.

Bildnachweis

Albright-Knox Art Gallery, Buffalo, N.Y./USA: S. 62 (Geschenk von Seymour H. Knox)
Archiv Autor: S. 26 Mitte, 36 unten, 37, 48, 58 oben, 63, 67 rechts (Federzeichnung von Pier Leone Ghezzi, um 1740), 76, 78, 104, 118
Archiv Prof. Goerke, München: S. 16 oben
Archiv für Kunst und Geschichte, Berlin: S. 6/7, 10, 15, 19, 31, 55 (Foto Erich Lessing), 69, 81 (Foto E. Lessing), 93, 114, 122/123, 131 (2), 158/159, 162 und Titel oben rechts
Archiv Verlag: S. 9, 35, 37, 82, 87 oben rechts (Stich von L. Sarughue, nach Hogarth, 1741), 105 oben (Holzschnitt nach einem Gemälde von Adolph von Menzel, 1850), 116 unten, 139
Archives nationales (CARAN), Paris: S. 44
ARTOTHEK J. Hinrichs, Peissenberg: S. 39, 42
Bayerische Staatsbibliothek, München: S. 71, 161
Bibliothèque Nationale, Paris: S. 166
Bildarchiv Preußischer Kulturbesitz, Berlin: S. 18 (Foto Jörg P. Anders), 34 (Foto J. P. Anders), 38, 54 (nach einem Kupferstich von Johann Berka), 103 (Foto J. P. Anders), 107
CAMERAPHOTO-Arte, Venedig: S. 17 (Foto Vittorio Pavan), 24, 25 oben, 49 unten, 51 (Foto Pavan/M. Venchierrutti)
Ca'Rezzonico, Venedig: S. 60, 148
CIBA-GEIGY, Saronno/Italien: S. 151 rechts
Columbia University, New York: S. 127 (unbekannter Künstler, Öl auf Leinwand, undatiert; Foto Rick Osentoski)
Deutsches Freimaurermuseum, Bayreuth: S. 79, 83 (2)
Deutsches Museum, München: S. 11, 12 rechts (2), 13 (3), 20, 21, 22, 28 (2), 45 rechts, 61 (4), 72, 73 (2), 74 (2), 75 (2), 80, 84 (2), 85, 87 (2), 88/89, 90 (2), 91, 92, 96 (2), 97 (3), 98 (2), 99 (2), 100 (3), 101 (2), 102 (4), 106, 108 links, 110, 116 oben, 121, 125 (2), 126 (2), 128, 129, 131 (2), 132 (2), 133 (3), 134, 135 (2), 136 (2), 137 (2), 138 (2), 140, 142 (2), 143 (3), 144 (4), 147 (2), 149 (2), 150, 151 (2), 157
Deutsches Spielkartenmuseum, Leinfelden-Echterdingen: S. 57, 65 unten
Documentation photographique ROGER-VIOLLET, Paris: S. 41, S. 86 (Stich von Thomas, 1783; BN), 124 (Stich nach Leclercq), 164
drom fragrances international – München, Paris, New York: S. 43
Edizione Codess, Venedig: S. 16 unten (Hebräisches Museum, Venedig)
Fondazione Scientifica Querini Stampalia, Venedig: S. 50 oben (Foto Luigino Ronchieri, Mestre), 59
Germanisches Nationalmuseum, Nürnberg: S. 45 links, 65 oben, 66
Hansmann, Claus und Lieselotte, Bildarchiv, München: S. 36 oben (GNM), 89 rechts
Hartung & Hartung GmbH., Antiquariat, München: S. 115 (Mit freundlicher Genehmigung des Antiquariats)
Hölzl, Andrea, München: S. 25 unten, 26 rechts
Marton, Paolo, Fotograf, Treviso: S. 26 unten, 27, 50 unten
Metropolitan Museum of Art, Purchase, New York: S. 46/47 (Geschenk von Mrs. Charles Wrightsman, 1988)
Museo Correr, Venedig: S. 12 (Stich von Antonio Codognato, 1753; Foto Elisabetta di Zennaro, Venedig), 49 oben (Stich von H. Carattoni nach einem Gemälde von Angelica Kauffmann), 52, 53 (Fotos O. Böhm)
Museum Boymans-van Beuningen, Rotterdam: S. 14 unten (Zeichnung von Giovanni Domenico Tiepolo; Foto Frequin)
National Gallery, London: S. 119
National Museum of Wales, Cardiff: S. 2
Nationalmuseum, Stockholm: S. 68
Neidhardt Antiquitäten GmbH., München: S. 58 unten (ehemals Besitz Neidhardt; mit freundlicher Genehmigung des Antiquariats)
Niedersächsische Staats- und Universitätsbibliothek, Göttingen: S. 14 oben (Stich von Giovanni Francesco Costa)
Österreichische Nationalbibliothek, Handschriftensammlung, Wien: S. 29
Památkový Ústav Hradiště, CZ-Ústí Nad Labem: S. 163
Réunion des musées nationaux, Paris: S. 40, 95, 167
Schmidt-Glassner, Helga (Archiv Callwey, München): S. 153 (3), 154
Schweizerisches PTT-Museum, Bern: S. 94 (Radierung von Johann Rudolf Schellenberg, 1781)
Semmelweis-Museum für Medizingeschichte, Budapest: S. 146
SPADEM, Paris: S. 23
Státni Oblastní Archiv (Staatsarchiv), Prag (Archivfonds G. Casanova; Fotos Miloš Klimeš): S. 32, 64, 74/75 (2), 77 (2), 111, 112, 120, 130, 165, 171, Vor- und Nachsatz
Stiftung Schlösser und Gärten, Potsdam-Sanssouci: S. 105 unten (Radierung von Peter Jona Haas), 108 rechts (Aquarell von H. Hintze, vor 1844)
Topkapı Sarayi Müzesi, Istanbul: S. 30
Town Hall, Manchester: S. 22
Victoria & Albert Museum, Picture Library, London: S. 88 links
Westfälisches Landesmuseum für Kunst und Kulturgeschichte, Münster (Besitz: Porträtarchiv Diepenbroick; Fotos R. Wakonigg): S. 45 (Radierung mit Kupferstich von D. Cunego), 67 links (Radierung von B. Pinelli)

Personenregister

Die geraden Ziffern beziehen sich auf die Text-, die kursiven auf die Abbildungsseiten.

Sachregister

Die geraden Ziffern beziehen sich auf die Text-, die kursiven auf die Abbildungsseiten.

364 91/16
16 546
2184 91
364 1456
5824
11648
364
5824
1456
48
7328
1832
86
9246
2311
1157
139
11696

118
16
708
118
1888
778
2616
1918

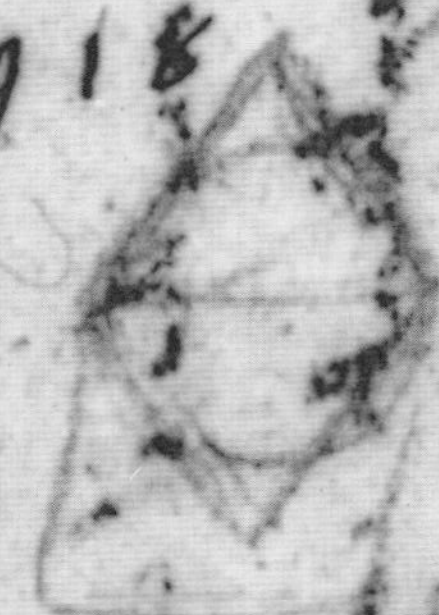

128
5
640

128
91
128
1152
11648

1832
2311

5824

1504
376
86
1966
491
139
2596

94
16
564
94
1504

128
12
496
128

376

128
11
128
128
1408

91
16
546
91
1456

11648

1966
2596
6066

455
113
1/60

64
80
100
125

86
16
9

139
16
19

273
16
17 : 1/16
128
9

113

5726
2240